Rafael Buchegger

Irren mit Hausverstand

RAFAEL BUCHEGGER

IRREN MIT HAUSVERSTAND

Warum scheinbar einfache Lösungen und Alltagsregeln falsche Ratgeber sind

GOLDEGG VERLAG

Der Goldegg Verlag achtet bei seinen Büchern und Magazinen auf nachhaltiges Produzieren. Goldegg Bücher sind umweltfreundlich produziert und orientieren sich in Materialien, Herstellungsorten, Arbeitsbedingungen und Produktionsformen an den Bedürfnissen von Gesellschaft und Umwelt.

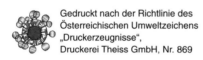

Gedruckt nach der Richtlinie des
Österreichischen Umweltzeichens
„Druckerzeugnisse",
Druckerei Theiss GmbH, Nr. 869

MIX
Papier aus verantwor-
tungsvollen Quellen
FSC® C012536

ISBN Print: 978-3-902903-52-5
ISBN E-Book: 978-3-902903-53-2

© 2013 Goldegg Verlag GmbH
Friedrichstraße 191 • D-10117 Berlin
Telefon: +49 800 505 43 76-0

Goldegg Verlag GmbH, Österreich
Mommsengasse 4/2 • A-1040 Wien
Telefon: +43 1 505 43 76-0

E-Mail: office@goldegg-verlag.com
www.goldegg-verlag.com

Layout, Satz und Herstellung: Goldegg Verlag GmbH, Wien
Druck und Bindung: Theiss GmbH

Vorwort

Als Kind bekommen wir einen großen Rucksack an Regeln mit auf den Lebensweg. Dieser Rucksack der Alltagsweisheiten soll uns helfen ein gesunder erwachsener Mensch zu werden. Wenn du dir die Zähne putzt, lese ich dir eine Geschichte vor. Wenn du brav bist, bringt dir der Weihnachtsmann Geschenke. Äpfel sind gut, Gummibärchen nicht so. Steckdosen aber sind böse, also nicht anfassen – Finger weg, sonst ...!

Diese Faustregeln sind im Kindesalter durchaus wertvoll. Sie halten die „Kleinlinge" nicht nur davon ab, mit dem Küchenmesser in der Steckdose herumzustochern, sondern vermitteln ihnen auch ein Gefühl davon, wie man sein Leben einigermaßen unter Kontrolle bekommt. Viele dieser Regeln werden uns mit zunehmendem Alter freilich wieder abtrainiert. Schließlich kann man nicht ein Leben lang Steckdosen, Messer, Gabeln und Putzmittel meiden. Bei Faustregeln, die den Alltag weniger stark einschränken, fällt das Abgewöhnen einfacher Wahrheiten jedoch deutlich kümmerlicher aus. Als Folge davon tragen wir noch Jahrzehnte später ein Weltbild mit uns herum, das gerade einmal der Komplexität eines Kinderzimmers gerecht wird. Die beschönigende Bezeichnung für diese menschliche Kuriosität: der gesunde Menschenverstand.

Der gesunde Menschenverstand ist das große Missverständnis, das uns ständig begleitet. Er sagt uns, man könne vom Schein auf das Sein schließen, vom Sein auf das

Sollen oder von gegenwärtigem Leid auf zukünftiges Glück. Und das Perfide daran: Es fällt uns noch nicht einmal auf. Bei mir hat es einige Jahre meines Erwachsenenlebens gebraucht, bis mir das wirklich klar wurde. Im Lauf der Zeit hatten sich mehr und mehr kleinere und größere Erlebnisse, Beobachtungen und Alltagserfahrungen angesammelt, die einfach nicht zu dem passen wollten, was mir mein gesunder Menschenverstand ständig einzubläuen versuchte. Schließlich erkannte ich den Grund: Das, was mir mein gesunder Menschverstand einzutrichtern versucht, ist oftmals ziemlicher Unfug. Warum hat mir das bloß niemand früher gesagt? Vermutlich deswegen, weil sich die meisten Menschen dessen selbst nicht bewusst sind. Da es hier ganz offensichtlich Aufklärungsbedarf gibt, habe ich mich dazu entschlossen, *Irren mit Hausverstand* zu schreiben. Ich gelobe, dass ich dabei stets nach bestem Wissen und Gewissen versucht habe meinen gesunden Menschenverstand so gut es nur ging zu ignorieren. Das war keineswegs immer einfach.

So hätte ich es in einer ursprünglichen Fassung des Buches gerne gesehen, dass das Gute letztlich doch immer über das Böse triumphiert – doch meine Recherchen ließen es einfach nicht zu. Auch hätte mir der durch und durch demokratische Gedanke gefallen, dass die Mehrheit *immer* recht behält. Auch hierbei war natürlich schnell klar, dass es sich eher um Wunschdenken handelt. Man kann von der Popularität einer Idee ebenso wenig auf ihre Richtigkeit schließen wie von ihrer Unpopularität auf Seriosität. Beides wird aber immer wieder implizit behauptet.

Genau aus solchen Gründen erachte ich es als ungemein wichtig, dass wir uns der Schwächen des gesunden Menschenverstands bewusst werden. Denn wer seinem gesunden Menschenverstand uneingeschränkt vertraut, macht sich freiwillig zum leichten Opfer von gewieften Politikern, Werbern, Verkäufern, der PR-Industrie und Tricksern aller

Art. Der gesunde Menschenverstand ist eben leicht hereinzulegen. Grund genug, sich näher damit auseinanderzusetzen. Zwar kann ich Ihnen nicht versprechen, dass Sie nach der Lektüre dieses Buches unfehlbar sein werden, klar denken, richtig handeln, strategisch führen und dabei auch noch abnehmen. Aber vielleicht werden Sie zur Erkenntnis kommen, dass manche Ihrer Probleme nicht deswegen so schwer aus der Welt zu schaffen sind, weil Sie so ungeschickt oder undiszipliniert sind, sondern weil einfach die Lösungsansätze nicht stimmen, die Ihr gesunder Menschenverstand für Sie bereithält. Natürlich können Sie den gesunden Menschenverstand niemals abschütteln. Sehr wohl aber können Sie eine gelassenere Einstellung zu den Vorannahmen und Urteilen entwickeln, die der gesunde Menschenverstand für Sie trifft. Am Ende könnte ein reiferer und weiserer Mensch stehen.

Abschließend möchte ich mich bei all jenen bedanken, die mich bei diesem Projekt unterstützt haben. Besonders hervorheben möchte ich Christian Ruckensteiner, dem das Kunststück gelang, mich mit seinem fortwährenden Feedback zum disziplinierten Weiterschreiben anzutreiben. Vielen Dank!

Rafael Buchegger

Inhaltsverzeichnis

EINLEITUNG

Denn wir wissen nicht, was wir tun

Ich bin in einer Hütte in Amarete, sie ist vielleicht 4 × 6 m groß. Es ist Nacht. Die Hütte ist mit wenigen Kerzen beleuchtet. Wir befinden uns in einem Ritual. Es sind mehr als vierzig Menschen in dieser engen Hütte – Männer und Frauen –, es herrscht ein enormes Gedränge. Ich sitze zu Beginn dieses Rituals bei den Frauen auf dem nackten Erdboden. Ich sitze außerdem ganz nah an der Wand aus rohen Erdbacksteinen. Ich entdecke an der Wand, die dicht an meiner Schulter ist, … eine Tarantel. Ich rühre mich nicht. Ich bin schließlich bei der Arbeit. Ich achte nur darauf, daß ich nicht noch MEHR an die Wand gerate.[1]

Da hatte sich Ina Rösing ja etwas Schönes eingebrockt. Die Kulturanthropologin hatte in Harvard studiert, in Sozialpsychologie promoviert und eine Ausbildung zur Psychotherapeutin absolviert. Als Professorin für Wissenschaftssoziologie an der Universität Ulm war sie eine jener Frauen, die es bereits Anfang der 1980er-Jahre geschafft hatten, sich in einer von Männern dominierten Berufswelt zu profilieren. Nun saß sie am Boden einer winzigen Strohhütte, Schulter an Schulter mit mehr als 40 Bewohnerinnen und Bewohnern eines bolivischen Bergdorfs – und einer Tarantel. Nun stieß auch noch Maria in der Hütte dazu, grüßte und quetschte sich zwischen zwei andere Frauen. „Kannst du denn nicht woanders sitzen, verdammt"[2], fluchte Ina Rösing im Flüsterton voll dunkler Vorahnung, noch näher Richtung Tarantel gedrängt zu werden. Zwecklos. Offenbar gab es da etwas, das wichtiger war als die Gefahr einer Giftspinne im Nacken. „Nun, ich habe es überlebt"[3], hielt Ina Rösing später lakonisch fest. „Und ich habe, wie es sich als Kulturanthropologin im Dienst gehört, die Szene im Kopf archiviert."

Ina Rösing war in Amarete gelandet, einem 1.500-Seelen-Dorf in den bolivianischen Anden nahe der peruanischen Grenze. Viele Jahre studierte sie die rätselhafte Kultur des indianischen Bergdorfs – und die ist für Außenstehende wahrlich nicht leicht zu verstehen.

In Europa mögen wir nur zwei Geschlechter kennen, männlich und weiblich. Die Amareteñer hingegen haben zusätzlich zu ihrem biologischen Geschlecht auch noch ein symbolisches. So kann jemand biologisch eine Frau sein, symbolisch jedoch ein Mann. Umgekehrt kann aber auch ein Mann symbolisch eine Frau sein. Welches symbolische Geschlecht in Amarete jemand hat, lässt sich von außen allerdings nur an einem einzigen Merkmal erkennen: Symbolisch weibliche Personen sitzen links, symbolisch männliche rechts. Das war der Grund, weshalb Nachzüglerin Maria bei der Opferzeremonie unnachgiebig auf ihrem Sitzplatz beharrte und Ina Rösing Richtung Tarantel drängte. Maria war symbolisch männlich und musste daher unbedingt auf der rechten Seite sitzen. Andernfalls hätte sie mit einer Strafe rechnen müssen.

So einfach, wie das zunächst klingt, ist die Sache mit dem

symbolischen Geschlecht jedoch nicht. Da war etwa Juana, biologisch wie symbolisch eine Frau. Doch eines Tages saß sie nicht mehr links, sondern rechts. Ina Rösing war verdutzt. Wieso war Juana plötzlich männlich? „Das ist schon immer so gewesen, seit Geburt der Welt"[4], erklärte Juana. Wirklich weitergeholfen war der Forscherin aus dem fernen Europa damit freilich nicht. Genau umgekehrt zu Juana verhielt es sich mit Ubaldo. Der einst symbolisch männliche Mann hockte auf einmal bloß noch auf der linken Seite. Wie Ina Rösing herausfand, hatte dies irgendetwas damit zu tun, dass Ubaldo Chef des Dorfrats geworden war. Wieso das zu einer symbolischen Geschlechtsumwandlung führte? „Das ist schon immer so gewesen, seit Geburt der Welt."

Doch links ist unter Amareteñern nicht immer links und rechts nicht immer rechts – zumindest nicht so, wie wir es verstehen. Als Ina Rösing eines Tages Paulino zum Friedhof begleitete, erzählte er, das Grab seiner verstorbenen Frau liege rechts. Die Wissenschaftlerin wollte es genauer wissen und fragte, wo denn rechts sei. „Na, dort natürlich"[5], deutete Paulino mit seiner linken Hand. Die Antwort auf die Frage, warum rechts links sei, ist nicht schwer zu erraten: „Das ist schon immer so gewesen, seit Geburt der Welt."

Was war da nur los? War Ina Rösing doch nicht so willkommen, wie sie dachte? Misstrauten die Dorfbewohner ihr oder hätten sie vielleicht gar Verrat an ihren Göttern begangen, wenn sie der Fremden mit den gelben Haaren ihre Geheimnisse erzählt hätten?

Trotz der fortwährenden Wiederholung des wenig ergiebigen Hinweises, dass es schon immer so gewesen sei, seit Geburt der Welt, gelang es Ina Rösing während ihrer Zeit in Amarete nach und nach, den rätselhaften kulturellen Code der Dorfbewohner zu entschlüsseln. So fand sie etwa heraus, dass das symbolische Geschlecht zweier Menschen bei der Heirat übereinstimmen muss. Passen sie nicht zweinander, nimmt die Frau – so wie Juana – das symbolische Geschlecht des Mannes an. Überhaupt hat in Amarete nicht nur jeder Mensch, sondern alles Mögliche ein symbolisches Geschlecht: Berge, Äcker und Ämter, bis hin zu den Tageszeiten. Vielmehr noch: So haben etwa Äcker sogar mehrere Geschlechter, die wiederum zumeist das symbolische Geschlecht seines Besitzers bestimmen. Wenn beispielsweise ein Mann ein *älteres Oben-Land* besitzt, dann ist er biologisch männlich und symbolisch männlich-weiblich, denn *älter* ist *männlich* und *oben* ist *weiblich* (jedoch nur bei Äckern), wobei *oben* nicht zwangsläufig etwas mit der Höhenlage zu tun haben muss und *älter* schon gar nicht mit dem Bewirtschaftungszeitraum in Verbindung steht.

Wir sehen: Von einer „primitiven Kultur" kann bei den Amareteñern keine Rede sein. Stattdessen folgt ihre soziale Ordnung unglaublich komplizierten Mustern, bei denen es von Ausnahmeregelungen nur so wimmelt. Daher hatte es weder mit einem mystischen Geheimnis noch mit Misstrauen zu tun, wenn die Dorfbewohner auf Ina Rösings Fragen stets nur zu antworten wussten: „Das ist schon immer so gewesen, seit Geburt der Welt." Sie taten das nicht, weil sie der Wissenschaftlerin keine Auskunft geben wollten. Sie konnten es einfach nicht.

Trotzdem fällt es den Bewohnern von Amarete leicht, ihre komplexe Geschlechtergrammatik anzuwenden – ein Vorgang, der „implizites Wissen" genannt wird. Die Amareteñer brauchen nicht darüber nachzudenken, wer wo aus welchen Gründen sitzt. Sie wissen es einfach. Warum? Weil es ihnen ihr gesunder Menschenverstand sagt! Die symbolischen Geschlechter von Amarete mögen mit unserem gesunden Menschenverstand inkompatibel sein. Trotzdem ticken wir nicht grundsätzlich anders.

„Hallo, kann mir einer hier im Forum sagen, welche Endung bei dem folgenden Satz richtig ist und warum?"[6], fragt Userin Birgit in einem deutschen Rechtschreibforum. „Tabuthemen machen die Kommunikation gerade zweier in einer Beziehung *stehender* Menschen enorm schwierig" oder „Tabuthemen machen die Kommunikation gerade zweier in einer Beziehung *stehenden* Menschen enorm schwierig"? „Ich glaube, es müsste ‚stehender' heißen, da man es auch so sagen würde, wenn man ‚in einer Beziehung' wegließe", meint ein User namens Tom. Doch Bernd scheint wenig Gefallen an dieser Version zu finden: „Hallo Birgit und Tom, ich würde es anders sehen. Nach meinem Gefühl ist nur die zweite Version richtig." Allerdings, so Bernd: „Eine Regel könnte ich nicht nennen, wäre da auch auf andere Antworten gespannt." Bernd erging es nicht anders als den Bewohnern von Amarete – er glaubte zwar zu wissen, wie der Satz richtig heißen müsste, konnte dafür jedoch keine plausible Erklärung anbieten. So geht es wohl den meisten von uns: Spielerisch können wir Zeitwörter konjugieren und Kommas setzen, wir können Adjektive steigern und Nomen deklinieren. Es fällt jedoch schwer, die Regeln zu nennen, nach denen wir dabei vorgehen. Das spielt zwar oftmals keine große Rolle, kann aber in Zweifelsfällen problematisch werden.

Doch was können wir in solchen Fällen tun, wenn wir nicht gerade einen Germanisten neben uns sitzen haben? Wir können versuchen uns an unser grammatikalisches Schulwissen zurückzuerinnern. Aber Vorsicht! Oft sind unsere Erinnerungen nämlich alles andere als zuverlässig. Und manchmal können sie uns sogar den Appetit verderben.

Dass es dafür nicht mal einen Anlass geben muss, zeigte ein kulinarischer Versuch von Elke Geraerts und ihren Kollegen von der Universität Maastricht. Die Ingredienzien:

Eiersalat, 180 Studenten und deren Kindheitserinnerungen.[7] Elke Geraerts wollte damit herausfinden, ob es möglich sei, bei Studenten eine Abneigung gegen Eiersalat hervorzurufen, wenn man sie davon überzeugt, dass ihnen als Kind einmal davon schlecht geworden wäre. Die Studenten wurden dafür bei einem ersten Termin ausgiebig über ihr Essverhalten während der Kindheit befragt: Was hatten sie als Kind gerne gegessen? Was hatte ihnen nicht geschmeckt? Und wovon war ihnen einmal übel geworden? Eine Woche später bekamen die Studenten ein genaues Feedback zu ihren Angaben, etwa dass sie Spinat verabscheuten, aber gerne Schnitzel und Eis aßen. Doch nicht bei allen Versuchsteilnehmern entsprach das Feedback der vollen Wahrheit. Einem per Zufallsprinzip ausgewählten Teil der Probanden wurde fälschlicherweise suggeriert, dass ihnen als Kind einmal von Eiersalat schlecht geworden war. Darüber hinaus wurden sie sogar noch gebeten das vermeintliche Ereignis näher zu beschreiben und anzugeben, wie sehr es sie geprägt hatte.

Erstaunlicherweise glaubten daraufhin 40 Prozent der Versuchsteilnehmer, dass sich diese vorgetäuschte „Erinnerung" tatsächlich ereignet hatte. Doch hatte das erfundene Eiersalat-Trauma auch einen Einfluss auf das tatsächliche Ernährungsverhalten der Studenten? Um das herauszufinden, bauten Elke Geraerts und ihre Kollegen ein Buffet mit verschiedenen Sandwiches auf, bei dem sich die Studenten bedienen konnten. Dabei machten die Wissenschaftler eine bemerkenswerte Beobachtung: Fast alle Probanden, die Opfer des Eiersalat-Schwindels geworden waren, griffen seltener zu Eiersalat-Sandwiches als jene Versuchsteilnehmer, die eine korrekte Rückmeldung erhalten hatten. Auch wenn sich dieser Effekt nach ein paar Wochen verflüchtigte: Jene 40 Prozent, die sich von der angeblich negativen Kindheitserfahrung hatten überzeugen lassen, langten noch geraume Zeit später im Zuge einer

Nachuntersuchung bei den Eiersalat-Sandwiches nach wie vor weniger oft zu.

Das Experiment zeigt, dass Erlebnisse gar nicht stattgefunden haben müssen, damit wir uns an sie „erinnern" können – es reicht schon, dass wir es bloß glauben. Das steht im fundamentalen Widerspruch zu dem, was die meisten Menschen glauben: Das menschliche Gedächtnis arbeite wie eine Art Videokamera.[8] Demnach bräuchte man das Gedächtnis einfach bloß wie eine alte Videokassette zurückspulen und schon hat man das reale Ereignis vor Augen, wie man es einst erlebt hat. Doch wie Elke Geraerts Eiersalat-Trick und viele andere Untersuchungen gezeigt haben, ist das nicht der Fall. Damit haben wir den ersten großen Irrglauben des gesunden Menschenverstands aufgedeckt. Genau von solchen Irrtümern handelt dieses Buch: Annahmen, die wir oft wie selbstverständlich für gut, wahr und richtig halten, ohne dass wir auch nur einen Moment darüber nachgedacht haben.

Die Kernthese lautet: Der gesunde Menschenverstand, auch Hausverstand genannt (beide Begriffe werden in diesem Buch gleichbedeutend verwendet), erspart uns zwar vordergründig Kraft, Zeit und Sorgen und macht damit das Leben in vielerlei Hinsicht einfacher. Diese Einfachheit geht allerdings auf Kosten der Wahrheit, wodurch uns der gesunde Menschenverstand manchmal mehr schadet als nützt. Ich werde versuchen zu zeigen, nach welchen Regeln der Hausverstand dabei vorgeht und wie diese Regeln zu weitverbreiteten, selten hinterfragten Irrtümern führen, die uns in unserem Leben fortwährend auf verschiedenster Ebene begegnen.

In diesem Kapitel möchte ich Sie mit dem Gedanken vertraut machen, dass der gesunde Menschenverstand nicht wie ein rationaler Supercomputer funktioniert, sondern eher wie ein naiver Wissenschaftler arbeitet, der sich von allerlei

Mumpitz nur allzu gerne in die Irre führen lässt. Das zweite Kapitel wird sich mit den Entscheidungen des gesunden Menschenverstands befassen. Manchmal sind diese gar nicht so schlecht – doch nur, solange die Rahmenbedingungen stimmen. Natürlich tickt der Hausverstand nicht immer gleich. Ganz besonders gilt das für weltanschauliche Fragen. Warum sind manche Menschen politisch eher links und andere eher rechts eingestellt? Damit werden wir uns im dritten Kapitel auseinandersetzen. Dort werden wir sehen, dass einiges davon abhängt, ob wir die Welt als prinzipiell gerecht ansehen oder nicht. Das führt uns zum vierten Kapitel, das sich Fragen widmet wie: Gewinnen am Ende immer die Guten, so wie man es aus Hollywoodfilmen kennt? Oder muss man „ein Schwein sein in dieser Welt", wie es in einem Song der Prinzen heißt? Damit wären wir auch schon beim fünften Kapitel, das sich mit Belohnungen und Bestrafungen beschäftigt. Sie werden an dieser Stelle sehen, dass Zuckerbrot und Peitsche nicht immer das halten, was sich der gesunde Menschenverstand davon verspricht. Im sechsten Kapitel lassen wir den Hausverstand selbst zu Wort kommen und beschäftigen uns mit seinen kritischen Einwänden.

Wenn Sie meiner Argumentation folgen, werden Sie am Ende des Buches zur Überzeugung gelangen, dass der gesunde Menschenverstand keineswegs so gesund ist, wie es zunächst scheint, und dass wir den Hausverstand besser da lassen sollten, wo er am wenigsten Schaden anrichten kann: zu Hause.

Außen hui, innen hui

Von zerstreuten Professoren und falschen Ärzten
Als eines Tages der US-amerikanische Mathematiker
Norbert Wiener über den Campus seiner Universität schlenderte, wurde er von einem Studenten aufgehalten, der eine
mathematische Frage hatte. Nachdem Wiener mit dem
Studenten die Angelegenheit besprochen hatte, fragte der
Professor: „Bin ich aus dieser Richtung oder aus der entgegengesetzten Richtung gekommen, als Sie mich ansprachen?"[9] Artig zeigte ihm der Student die Richtung an, aus
der er gekommen war. „Aha", antwortete Wiener Richtung
Mensa schreitend, „dann habe ich noch nicht gegessen."

Eine ähnliche Geschichte wird von dem großen schottischen Physiologen John Scott Haldane berichtet: Eines
Abends wurde er von seiner Frau zum Umziehen ins
Schlafzimmer geschickt, weil das Ehepaar Gäste erwartete.
Als er nicht und nicht zurückkam, ging seine Frau schließlich ins Schlafzimmer, um nach ihrem Gatten zu sehen. Sie
fand ihn schlafend in seinem Bett vor. Nachdem er sich ausgezogen hatte – so erklärte der wiedererwachte Haldane –,
habe er geglaubt, dass es Schlafenszeit sei.

Vermutlich halten Sie Norbert Wiener und John Scott
Haldane für gedankenverlorene Schussel Marke „zerstreuter Professor". Tatsächlich sind diese Anekdoten jedoch
typisch für die Art, wie der gesunde Menschenverstand
Schlussfolgerungen zieht. Im Rahmen einer Studie bekamen
in den 1960er-Jahren männliche Versuchsteilnehmer Fotos
von aufreizenden Frauen aus dem Playboy-Magazin vorgelegt.[10] Gleichzeitig trugen die Probanden Kopfhörer, über die
sie angeblich ihren eigenen Herzschlag hören konnten. Doch
in Wahrheit hatten die vermeintlichen Herzfrequenztöne
mit dem tatsächlichen Puls der Probanden nichts zu tun.
Was die Versuchsteilnehmer da zu hören bekamen, war

nicht ihr eigener Herzschlag, sondern eine manipulierte Pseudo-Herzfrequenz, die man beim Herzeigen mancher Bilder hochschnellen ließ und bei anderen absenkte. Der Einfluss, den dieser simple Trick ausübte, war erstaunlich: Die Probanden fühlten sich laut eigenen Angaben tatsächlich zu jenen Frauen am meisten hingezogen, bei deren Anblick ihr Puls hochzuschnellen schien – selbst dann noch, als man sie darüber aufklärte, dass es sich bei dem Klopfen in ihren Kopfhörern gar nicht um ihre Herztöne gehandelt hatte. Die Männer bekamen also kein Herzklopfen, weil sie der Anblick der ausgewählten Bilder wirklich so erregt hatte, sondern aufgrund ihres Eindrucks, Herzklopfen bekommen zu haben, hielten sie die Bilder für besonders erregend. Diese bizarre Verwechslung von Ursache und Wirkung ist keineswegs ein Ausnahmefall, sondern Alltag. Manchmal kann das gravierende Folgen haben.

Klaus D. wurde im Jahr 1982 Assistenzarzt an einer Fachklinik in Oberbayern. Von dieser Tätigkeit scheinbar nicht ganz ausgelastet eröffnete er schon im Jahr darauf seine eigene Praxis im oberbayerischen Kurort Bad Aibling, wo er im Lauf der Zeit einen ansehnlichen Patientenstamm aufbauen konnte. Nachdem er die Praxis Mitte der 1990er-Jahre für ein stattliches Sümmchen verkauft hatte, wurde Klaus D. Chefarzt an einer Rehaklinik in der Nähe von Rosenheim. 1997 eröffnete er am Tegernsee, einer der nobelsten Gegenden Deutschlands, neuerlich eine Praxis, die jedoch ausschließlich Privatpatienten vorbehalten war. Viele seiner Patienten kamen vor allem wegen seiner wundersamen „Hühnereiweiß-Präparate", die tatsächlich gegen ihre Beschwerden halfen. 1999 arbeitete er nebenher sogar an der Krebsklinik eines renommierten Prominentenarztes. Diese Bilderbuchkarriere eines offenbar sehr kompetenten Mediziners hat bloß einen Haken: Klaus D. war gar kein

Arzt. Er hatte weder ein Medizinstudium noch das Abitur hinter sich gebracht, sondern war ein ehemaliger Friseur, der seinen Salon in den 1970er-Jahren wegen einer Allergie aufgeben musste. Über die Jahrzehnte fielen nicht nur Tausende Patienten auf seinen Betrug herein, sondern auch zwei bayerische Ministerien und mehrere echte Mediziner. Nicht einmal seine Frau wusste etwas von dem Schwindel. Knapp 20 Jahre hatte es gebraucht, bis schließlich Patienten Verdacht geschöpft hatten und der Scharlatan überführt werden konnte. Waren seine ahnungslosen Opfer deswegen Dummköpfe? Keineswegs. Angenommen, Sie würden einen beliebigen Passanten auf der Straße bitten sich außerordentlich schwierige Wissensfragen auszudenken, auf die er selbst jedoch die Antworten wüsste – dann wäre doch klar, dass er alle Antworten kennt, während andere Passanten ziemlich kümmerlich abschneiden müssten, wenn man sie mit den Fragen konfrontiert. Zu behaupten, dass der Fragesteller deswegen gebildeter sei als seine Quizkandidaten, wäre naturgemäß vollkommen abwegig. Zumindest sollte man das meinen. Doch wie ein Laborexperiment zeigte, ist das alles andere als selbstverständlich.[11] Beobachter, die sich über die unfairen Regeln des Fragespiels vollkommen im Klaren waren, hielten einen per Münzwurf ausgewählten Quizmaster trotzdem für weitaus gebildeter als seine Quizkandidaten. Auch die Kandidaten selbst hatten diesen Eindruck. Lediglich die Fragesteller blieben in ihrer Selbsteinschätzung weitgehend realistisch. Wen wundert es da noch, dass Klaus D. leichtes Spiel hatte?

Seine Patienten verließen sich bloß auf das gleiche Denkschema wie die Quizbeobachter, Norbert Wiener oder John Scott Haldane: Sie orientierten sich am äußeren Schein. Die Quizbeobachter schlossen aus der Tatsache, dass der Fragesteller selbst auf die kniffligsten Fragen eine Antwort wusste, dass er gebildeter war als seine Kandidaten – obwohl sie es eigentlich besser wissen hätten müssen. Professor Wiener schloss aus der Tatsache, Richtung Mensa gegangen zu sein, dass er noch nichts gegessen hatte. John Scott Handale schloss aus dem Ablegen der Kleidung im Schlafzimmer, dass es Zeit zum Schlafen war. Und die betrogenen Patienten schlossen aus der Tatsache, dass Klaus D. einen weißen Kittel anhatte, dass er wohl Arzt sein musste.

Die Karriere von Klaus D. ist ein Beispiel von vielen, wie leicht der gesunde Menschenverstand hinters Licht zu führen ist. Das Hauptproblem: Da wir oft nicht über wirklich relevante Informationen verfügen, zieht unser gesunder Menschenverstand einfach jene Informationen heran, die gerade verfügbar sind. Diese Vorgehensweise ist prinzipiell nicht schlecht. So fahren wir bei einem Spitalsaufenthalt in der Regel ganz gut damit, wenn wir die Leute im weißen Kittel um eine Diagnose bitten und nicht jene, die mit dem Wischmopp durch die Gänge wirbeln. So eindeutig ist das jedoch nicht immer.

Schön und gut

Fünf Jahre lang arbeitete der Biograf, Autor und freie Journalist Jon Lee Anderson an seiner Biografie über Ernesto Rafael Guevara de la Serna, besser bekannt unter dessen Spitznamen Che Guevara. Das Ergebnis kann sich sehen lassen: Jon Lee Andersons 1997 erschienenes Buch „Che Guevara: A Revolutionary Life" umfasst viele hundert Seiten. Knapp drei der fünf Jahre verbrachte Anderson in der kubanischen Hauptstadt Havanna, wo er nicht nur Zugang zu den kubanischen Archiven hatte, sondern auch zu Ches Witwe Aleida. Die Interviews für seinen epochalen Wälzer führten Jon Lee Anderson aber auch nach Europa, Südamerika und Russland. Einer seiner russischen Interviewpartner war ein Mann namens Nikolai Metutsov.

Metutsov, ein ehemals hoher sowjetischer Funktionär mit buschigen Augenbrauen und finsterer Miene, war Anfang der 1960er-Jahre nach Kuba entsandt worden, um die neuen kubanischen Machthaber auf ihr ideologisches Fundament abzuklopfen. Fidel Castros sozialistische Revolution direkt vor den Toren der USA hatte in Moskau keineswegs für Stürme der Begeisterung gesorgt: Für die Hardliner im Kreml waren die kubanischen Revolutionäre bloß Emporkömmlinge, deren marxistische Grundsatztreue keineswegs bewiesen war. Fidel galt als liberaler bourgeoiser Demokrat, sein Bruder Raúl kam ihren Vorstellungen schon näher. Che Guevara selbst war zwar in Moskau als echter Kommunist anerkannt, doch hatten sie den Verdacht, er wäre eher vom maoistischen China als von der Sowjetunion angetan. Die Beziehung der beiden Länder war zu diesem Zeitpunkt bereits von heftigen Rivalitäten geprägt. Also reiste Nikolai Metutsov nach Havanna, um auszuloten, auf wessen Seite die neuen kubanischen Machthaber nun denn wirklich standen. Zwar hatte Metutsov dabei mehrere Unterhaltungen mit Che Guevara geführt, eine Begegnung war ihm dabei jedoch nachhaltig in Erinnerung geblieben.

Es war Anfang 1964, Metutsov und Guevara diskutierten die ganze Nacht in der Residenz des sowjetischen Botschafters. Danach stiegen sie in den Pool, um eine Runde zu schwimmen. „Die Unterhaltung begann mit einem Vorwurf von ihm"[12], erinnerte sich Metutsov im Gespräch mit Jon Lee Anderson zurück. Che hatte bereits davon gehört, dass er im sowjetischen Zentralkomitee als „prochinesisch" galt, und führte nun aus, weshalb dem so nicht war. „Glaub mir, Che", versuchte Metutsov den Revolutionshelden zu beschwichtigen, „in unserer Partei hat niemand eine solche

Meinung über dich; irgendwer versucht da Zwietracht zwischen uns zu säen." Guevara hatte ihm versichert, dass seine ideologischen Positionen näher beim Leninismus lägen als beim Maoismus. Metutsov möge doch daher so nett sein und seinen Genossen in Moskau ausrichten, dass er ein echter Freund der Sowjetunion und der Leninistischen Partei sei. Metutsov gelangte schließlich zur Überzeugung, dass Che die Wahrheit sagte. Doch lag es wirklich ausschließlich an der Stichhaltigkeit seiner Argumente über die korrekte Auslegung des Marxismus, dass Nikolai Metsutsov Che Glauben schenkte?

Möglich wäre es natürlich. Allerdings gibt es noch ganz andere Einflüsse, die uns dazu veranlassen, dass wir manchen Menschen mehr Glauben schenken als anderen. In den 1960er-Jahren unterzogen sich einige im Gefängnis von New York inhaftierte Kriminelle, die unter entstellten Gesichtern litten, einem plastisch-chirurgischen Eingriff.[13] Als das Schicksal der chirurgisch verschönerten (Ex-)Knackis ein Jahr nach der Haftentlassung erneut unter die Lupe genommen wurde, stellte sich ein bemerkenswerter Effekt heraus: Wie sich zeigte, waren sie – mit Ausnahme der Heroinabhängigen – zu einem beträchtlich geringeren Anteil wieder hinter Gittern gelandet als andere entstellte Inhaftierte, die nicht unters Messer gelegt worden waren. Offenbar hatte die Schönheits-OP die ehemaligen Gefängnisinsassen weniger kriminell gemacht. Unklar ist, ob sie nun tatsächlich weniger straffällig geworden waren oder ob sie dank ihrer gesteigerten Attraktivität von der Justiz nun einfach milder behandelt wurden, wie der Sozialpsychologe Robert Cialdini vermutet.[14] Denn es ist eine traurige Tatsache, dass sich auch die Justiz, die jeder Bürgerin und jedem Bürger die gleichen Chancen einräumen sollte, ebenfalls von Äußerlichkeiten beeinflussen lässt. So ließ man etwa im Rahmen einer Untersuchung die Attraktivität von 74 Angeklagten zu Beginn ihres Strafprozesses einschätzen.[15] Wie sich zeigte, entgingen die attraktiven Angeklagten doppelt so oft einer Haftstrafe wie jene, die als unattraktiv eingestuft worden waren.

Wie es scheint, haben wir alle die Macht der Schönheit lange unterschätzt. Schöne Menschen sind nicht einfach bloß begehrtere Sexualpartner. Tatsächlich deutet viel darauf hin, dass der gesunde Menschenverstand entgegen allen Regeln der Vernunft schöne Menschen auch als bessere Menschen erachtet. Könnte das vielleicht bedeuten, dass sich Nikolai Metutsov bloß blenden ließ?

Für seine Anhänger war Che Guevara ein Idealist, der für Gerechtigkeit kämpfte und dabei sogar sein eigenes Leben opferte. In den Augen seiner Gegner war er ein Fanatiker; ein brutaler Irrer, der auch vor Blutvergießen nicht zurückschreckte. Eines war er aber ganz bestimmt: gut aussehend. Nicht umsonst gilt der Schnappschuss, den 1960 der kubanische Fotograf Alberto Korda von Ches Antlitz machte, als eines der am häufigsten reproduzierten Fotos der Welt. Das Bild ziert nicht nur Fahnen und politische Transparente, sondern auch T-Shirts, Kaffeetassen, Flaschenöffner, Schlüsselanhänger, Feuerzeuge, Uhren und Krawatten. Es gibt wohl kaum einen Alltagsgegenstand, der bislang noch nicht von findigen Geschäftemachern mit Alberto Kordas Che-Motiv beglückt worden ist. Es darf bezweifelt werden, dass der Markt heute von Che-Handtüchern geradezu überschwemmt worden wäre, wenn der Guerillero wie der nordkoreanische Diktator Kim Jong-un ausgesehen hätte. Wäre es nicht naheliegend, dass die Strahlkraft des Revolutionärs zu einem beträchtlichen Teil vielleicht nur auf dessen Aussehen beruht?

Wie zahlreiche Untersuchungen offenbaren, ist gutes Aussehen viel mehr wert, als es zunächst den Anschein haben mag. Wie viel mehr wert, zeigte etwa ein Experiment in den 1970er-Jahren, bei dem Gerichtsverhandlungen inszeniert wurden, in denen die Höhe von Schmerzensgeldzahlungen ausverhandelt werden sollte.[16] Das Ergebnis war mehr als eindeutig: Sah der Beklagte besser aus als das Opfer, wurde der zu bezahlende Schadenersatzbetrag im Schnitt auf über 5.600 Dollar festgelegt. War jedoch das Opfer attraktiver als der Beklagte, lag die Höhe des Betrags bei über 10.000 Dollar. Mit dem Geschlecht hatte dies übrigens wenig zu tun: Weibliche Geschworene tendierten genauso zur Ungleichbehandlung wie ihre männlichen Kollegen.

Freilich stellt die Rechtsprechung damit keine Ausnahme dar. Attraktive Personen genießen in unterschiedlichsten Lebensbereichen Vorteile, sei es bei Bewerbungsgesprächen[17] oder in der Politik.[18] Das mag Sie vermutlich nicht weiter überraschen. Die Frage, die sich aber unweigerlich stellt,

TUT MIR LEID, ABER DER JOB ALS BUCHHALTER IST... SCHON VERGEBEN. ABER VIELLEICHT HÄTTE DIE KANTINE FÜR SIE VERWENDUNG.

lautet jedoch, ob es sexuelle Motive sind, die hinter der Bevorzugung schöner Personen stecken. Dass Che Guevara seinen sowjetischen Besucher von seiner Moskau-Treue überzeugen konnte, dürfte jedenfalls nicht nur an der Kraft seiner Worte gelegen sein, wie Nikoai Metutsov Jon Lee Anderson anvertraute:

Ich sagte ihm: „Du weißt, ich bin ein bisschen älter als du, aber ich mag dich, ich mag vor allem dein Aussehen", [...] und ich gestand, ich gestand ihm meine Liebe, denn er war ein sehr attraktiver junger Mann. [...] Ich kannte seine Fehler aus all den Akten und Informationen [die wir über ihn hatten], aber als ich mit ihm sprach, als wir uns austauschten, scherzten und lachten wir und redeten über weniger ernsthafte Dinge und ich vergaß seine Schwächen. [...] Ich fühlte mich zu ihm hingezogen, wissen Sie? Es war, als wollte ich mich losreißen, aber er zog mich an, wenn Sie verstehen. [...] Er hatte wunderschöne Augen. Umwerfende Augen, so tiefgründig, so großzügig, so ehrlich [...] und er sprach sehr gut, er geriet innerlich ganz außer sich und seine Rede mit ihrem ganzen Impetus war so, als ob seine Worte dich festhalten würden.[19]

Im Falle von Nikolai Metutsov dürfte es also bei seiner nächtlichen Unterhaltung mit Che Guevara tatsächlich eine erotische Komponente gegeben haben. Doch eine Voraussetzung ist das keineswegs. So dürfen gut aussehende Menschen, die in Not geraten sind, nicht nur eher Hilfe vom anderen Geschlecht erwarten, sondern auch vom eigenen Geschlecht.[20] Aggressives Verhalten von hübschen Kindern wird als weniger unanständig eingestuft als von durchschnittlich aussehenden Rackern.[21] Selbst die Schönheit des

Klangs einer zufallenden Autotür lässt unseren gesunden Menschenverstand nicht unbeeindruckt. Eine Tatsache, der sich natürlich auch die Industrie bewusst ist. „Es gibt heute kaum noch ein Produkt auf dem Markt, dessen Geräusch nicht von einem sogenannten Sound-Designer optimiert wurde", schreibt die BMW-Gruppe auf ihrer Homepage.[22] „Das Zuschlagen der Autotüre, der Klang der Hupe, das Surren des Fensterhebers – kein Laut wird dem Zufall überlassen und was der Fahrer schließlich hört, ist oftmals das Ergebnis monatelanger Arbeit von Ingenieuren, Physikern und Psychologen." Alleine die BMW-Gruppe beschäftigt laut eigenen Angaben rund hundert Mitarbeiter, die sich mit dem Thema Akustik beschäftigen. Die Gründe sind naheliegend: Unter anderem könne „wissenschaftlich nachgewiesen werden, dass jeder wahrgenommene Klang dem Kunden augenblicklich und auf unterbewusster Ebene einen Eindruck von der Qualität der Produkte vermittelt."

Zwar wird manchen Männern gerne scherzhaft nachgesagt, sie würden eine erotische Beziehung zu ihrem Auto pflegen. Doch dass eine satt zufallende Tür ein Auto zu einem geeigneten Sexualpartner machen, darf für die meisten wohl trotzdem ausgeschlossen werden. Da die simple Formel „schön = gut" auch für Dinge gilt, lässt sich die Bevorzugung attraktiver Personen wohl auch nicht ausschließlich durch sexuelle Motive erklären. Wenn also hinter der systematischen Privilegierung attraktiver Menschen kein sexuelles Motiv steht, dann muss etwas anderes dahinterstecken – etwas, das weitaus faszinierender ist: der *Halo-Effekt*.

„*Halo-Effekte* sind Sonderfälle der Eindrucksverzerrungen: Wenn Beurteiler einem Menschen einmal gute (oder schlechte) Eigenschaften zuerkannt haben, neigen sie dazu, auch andere – mit den bereits zugewiesenen Eigenschaften in keinem Zusammenhang stehende – Merkmale konsistent als gut oder schlecht zu beurteilen", so der Sozialpsychologe Joseph P. Forgas.[23] Zu diesen besonderen Eigenschaften, die andere Merkmale überstrahlen können, gehört auch die Attraktivität. Bereits ein harmloses Lächeln kann ausreichen, um unsere Mitmenschen milde zu stimmen.[24] Allerdings reichen die Auswirkungen des *Halo-Effekts* noch viel weiter: So kann ein unscheinbares „Bio"-Etikett dazu führen, dass Joghurt, Kartoffelchips oder Kekse besser schmecken als die gleichen Produkte ohne „Bio"-Label.[25]

Dass der gesunde Menschenverstand dazu neigt, die Bewertung unterschiedlicher Kriterien miteinander zu vermischen, dürfte kein Zufall sein. „Wahrheit ist mit positiver Bewertung (und diese wiederum mit Schönheit) verknüpft, Falschheit entsprechend mit negativer Bewertung, bis hin zu körperlichem Unwohlsein"[26], meint der Hirnforscher Manfred Spitzer. „Insgesamt ist das Wahre, Schöne und Gute im Gehirn recht nahe beieinander." Somit wäre es auch nicht verwunderlich, dass wir manchmal ästhetische Kriterien anlegen, wo diese wenig verloren zu haben scheinen, wie etwa bei der Rechtschreibung. Ganz besonders zeigte sich das, als in den 1990er-Jahren zahlreiche Wörter durch die große Rechtschreibreform neue Schreibweisen erfuhren. Die Änderungen ernteten damals eine Menge Kritik, die zumindest teilweise durchaus berechtigt war. Eines der am häufigsten vorgebrachten Argumente gegen das neue Regelwerk lautete jedoch: Die neue Rechtschreibung sei einfach hässlich.

Es gibt also durchaus Gründe, weshalb wir das Schöne privilegieren, auch wenn es sich dabei um keine guten Gründe handeln mag. Bevor Sie jedoch einen Termin beim Schönheitschirurgen fixieren, sollten Sie Folgendes bedenken: Der Effekt wirkt auch umgekehrt.

Kleopatra und die Justiz

Die Regentschaft von Königin Kleopatra ist heute noch legendär. Sie zeichnete sich als Herrscherin Ägyptens nicht nur durch die Schaffung einer effizienten Bürokratie aus, sondern auch durch den Kampf gegen Hunger und Seuchen. Während Kleopatra 44/43 v. Chr. in Rom verweilte, brach in Ägypten eine Hungersnot aus. Als die Königin zurückkam, erkannte sie die Ursache des Übels, die auf die vernachlässigte Pflege der Nilkanäle zurückzuführen war. Also ließ Kleopatra die Kanäle säubern, woraufhin der Hunger beseitigt wurde und auch die Epidemien zurückgingen. Um die regelmäßige Wartung nachhaltig finanzieren zu können, reorganisierte sie ihre Verwaltung und sorgte damit für eine effektive Eintreibung der Steuern. So wird jedenfalls über sie berichtet.

Die ägyptische Königin war zu ihrer Zeit die wohl mächtigste Frau der Welt, gleichzeitig aber auch die wahrscheinlich faszinierendste. Kleopatra verfügte über eine profunde Bildung und war geradezu eine Sprachvirtuosin. Außer Mazedonisch und Ägyptisch beherrschte sie Hebräisch, Arabisch, Syrisch, Medisch, Parthisch und Äthiopisch. Alles in allem war Kleopatra tatsächlich eine äußerst beeindruckende Persönlichkeit. Doch jenes Attribut, für das sie heute vielleicht am bekanntesten ist, ist eher umstritten: ihre angeblich unendliche Schönheit. „In Wahrheit war Kleopatra nicht besonders schön, zumindest nicht im Sinn moderner Mannequin-Ideale"[27], resümieren Walter Krämer und Götz Trenkler in ihrem Bestseller „Lexikon der populären Irrtümer". Bereits antike Quellen berichteten, Kleopatra sei „weder erstaunlich noch ohnegleichen" gewesen.[28] Viel eher konnte sie wohl mit ihrer Klugheit und ihrem Charme großen Eindruck bei den Männern schinden.

Trotzdem hat sich bis heute die Legende von Kleopatras atemberaubender Schönheit gehalten. Anders konnte man sich offenbar nicht erklären, wie sie sonst die Geliebte von Cäsar und Marc Anton hätte werden können. Eine Frau, die politisch wie privat – das ging in diesem Fall ja Hand in Hand – derart erfolgreich war, musste ja geradezu mit göttlicher Schönheit gesegnet sein. So bezeichnete etwa der römische Geschichtsschreiber Cassius Dio Kleopatra als „die schönste aller Frauen", bei der selbst der ärgste Frauenfeind schwach werden könne.[29] Einziges Problem: Er hatte Kleopatra niemals zu Gesicht bekommen. Cassius Dio lebte erst Generationen später.

Wir können nur darüber spekulieren, wie Cassius Dio zu seiner etwas euphemistischen Einschätzung gekommen war. Was wir heute aber wissen, ist, dass wir generell dazu neigen, erfolgreiche, charmante Personen umso attraktiver zu finden, wie etwa das folgende Experiment zeigt: Die Probanden mussten dabei die äußere Erscheinung eines Menschen beurteilen, der sich entweder herzlich und freundlich oder abweisend und feindselig gab.[30] Es wird Sie nicht weiter überraschen, dass die Personen als deutlich attraktiver eingeschätzt wurden, wenn sie sich von ihrer guten Seite präsentierten, als wenn sie einen barschen Miesepeter mimten. Erstaunlicher allerdings ist, dass die Probanden es vehement abstritten, dass das jeweilige Gehabe der rein äußerlich zu bewertenden Personen einen Einfluss auf ihre Beurteilung gehabt hätte. Zwar legten die Studienteilnehmer alle möglichen Argumente dar, mit denen sie ihr Urteil zu begründen versuchten, nicht aber das letztlich ausschlaggebende Verhalten. Darin offenbart sich einmal mehr unser ewiges Dilemma, dass wir für unsere Meinungen zwar tausend tolle Begründungen auf Lager haben, für die wahren Ursachen unserer Meinungen jedoch erstaunlich blind sind. Wäre es also möglich, dass diese Verwechslung von Ursache und Wirkung dafür verantwortlich ist, dass nach wie vor Königin Kleopatras Schönheit überschätzt wird?

Spätestens jetzt werden Sie sich möglicherweise denken: „Ob wir jemanden ‚schön' oder ‚hässlich' finden, ist doch rein subjektiv!" Dieser Einwand ist natürlich berechtigt. Schönheit ist kein objektiver Wert, sondern wird von Person zu Person und von Kultur zu Kultur unterschiedlich bewertet. Sogar die gleichen Menschen können unterschiedliche Geschmäcker haben, je nachdem, in welcher Situation sie sich im Augenblick befinden. Im Rahmen mehrerer Experimente konnte gezeigt werden, dass Männer, die sich arm und hungrig fühlten, eher mollige Frauen bevorzugten.[31] Fühlten sie sich reich und satt, tendierten sie zu dünneren Frauen.

Trotzdem scheinen uns gewisse Vorlieben tatsächlich in die Wiege gelegt zu sein, wie eine Untersuchung mit Neugeborenen nahelegt. Psychologen zeigten dabei Säuglingen, die im Durchschnitt gerade einmal zweieinhalb Tage alt waren, jeweils zwei Bilder.[32] Eines mit einem als besonders hübsch bewerteten Gesicht und eines mit einem als weniger attraktiv erachteten Gesicht. Und siehe da: Die Neugeborenen bevorzugten das schönere Gesicht und bedachten es mit deutlich mehr Aufmerksamkeit als das weniger schöne Antlitz. 80 Prozent der Zeit verbrachten die Babys damit, auf das jeweils attraktivere der beiden Gesichter zu blicken.

Allerdings ist es nicht immer von Vorteil, attraktiv zu sein. So zeigte eine australische Untersuchung, dass sich gut aussehendes Verkaufspersonal nachteilig auf den Umsatz auswirken kann. Im Rahmen der Studie wurde untersucht, wie sich die Attraktivität von Verkäuferinnen auf das Kaufverhalten junger Frauen zwischen 18 und 26 Jahren auswirkt.[33] Hielten die Testpersonen die Verkäuferinnen für hübscher als sich selbst, saß bei ihnen das Portemonnaie weit weniger locker als bei unattraktiveren Verkäuferinnen. Dabei spielte es keine Rolle, um welches Produkt es sich handelte. Als Ursache vermutet die Studienautorin eine Bedrohung des Selbstwertgefühls: Als die jungen Australierinnen es mit einer besonders schönen Verkäuferin zu tun hatten, befanden sie sich selbst als unzulänglich – mit dem Ergebnis, dass sie die Produkte mieden.

Auch vor der Justiz ist Attraktivität nicht immer von Vorteil, nämlich dann, wenn wir eine gut aussehende Person dabei überführen, wie sie ihre Reize zu bösen Zwecken missbraucht. So offenbarte eine Untersuchung, dass eine attraktive Frau bei Betrug sogar besonders streng bestraft wird.[34] Möglicherweise haben wir ja doch so etwas wie eine innere Ahnung davon, dass wir gut aussehende Menschen noch viel mehr begünstigen, als es uns lieb sein kann – und sind dann umso empörter, wenn dies schamlos ausgenutzt wird.

Doch fassen wir einmal kurz zusammen: Wenn wir glauben, der Anblick einer Person lässt unseren Puls in die Höhe schnellen, erachten wir diese Person als attraktiv. Attraktive Personen genießen diverse Vorteile gegenüber unattraktiven Personen, auch wenn kein sexuelles Interesse im Spiel ist. Umgekehrt halten wir nette Menschen für attraktiver als Griesgrame. Das mag – zusammengefasst auf wenige Zeilen – leicht auszusprechen zu sein. Mit dem, was uns der gesunde Menschenverstand lehrt, ist es aber inkompatibel. Denn geht es nach dem gesunden Menschenverstand, dürften wir keine Person gut aussehend finden, weil sie freundlich ist, und keine Person nett finden, weil sie attraktiv ist. Es gibt also einen offensichtlichen Widerspruch zwischen den Regeln, nach denen der gesunde Menschenverstand funktioniert (nennen wir ihn der Ordnung halber den *impliziten Hausverstand*), und den Regeln, von denen wir glauben, dass der gesunde Menschenverstand ihnen folgt (also den *expliziten Hausverstand*). Wonach richtet sich der *implizite Hausverstand* nun also tatsächlich?

Diese Frage beschäftigte auch den Psychologen Fritz

Heider. Doch Heider hatte eine Vermutung – eine Vermutung, die unter dem Namen „Attributionstheorie" Einzug in die Lehrbücher fand. In seinem 1958 erschienenen Hauptwerk „The Psychology of Interpersonal Relations" stellte er die Theorie auf, dass wir ständig versuchen die Menschen um uns herum zu verstehen. Das hat den einfachen Zweck, unsere soziale Umwelt kontrollieren und vorhersagen zu können. Andernfalls wären wir den Launen unserer Mitmenschen ja auch vollkommen hilflos ausgeliefert. Bei dem Versuch, unsere Familie, Freunde, Kollegen oder Nachbarn zu verstehen, gehen wir stets davon aus, dass ihr Verhalten eine Ursache hat. Der Briefträger grüßt nicht zurück? Wahrscheinlich hat er mich nicht gehört. Der Chef ist aufgebracht? Er ist eben ein Choleriker. Die Katze ist aufdringlich? Wahrscheinlich will sie etwas zu fressen. Fritz Heider kam zum Schluss, dass wir alle im Grunde naive Wissenschaftler sind, die stets damit beschäftigt sind, Theorien über kausale Zusammenhänge in unserem Umfeld aufzustellen. Man könnte den naiven Wissenschaftler auch einfach gesunden Menschenverstand nennen.

Heider vermutete dabei, dass uns bei unserer Suche nach Ursachen zwei Fragen leiten: Liegen die Gründe für ihre Taten in der Person selbst (*dispositionale* bzw. *internale Kausalität*) oder hat sie äußere Gründe (*situative* bzw. *externale Kausalität*)? Ohne viel nachzudenken, schreiben wir je nachdem unseren Mitmenschen äußere oder innere Gründe zu, weshalb sie sich so verhalten, wie sie sich verhalten. Diese intuitive Wissenschaft des gesunden Menschenverstands hilft uns zwar uns in unserem Leben zurechtzufinden, hat jedoch einen entscheidenden Nachteil: Sie kann uns ordentlich in die Irre führen.

Es gilt die Schuldvermutung

Der Misserfolg ist ein Waisenkind
Mit weit über 230 Jahren auf dem Buckel war sie die älteste
britische Handelsbank. Einst hatte sie sogar dazu beigetragen, Großbritanniens Kriege gegen Napoleon mitzufinan-
zieren. Doch 1995 fand die Barings Bank ein jähes Ende.
Riskante Finanzspekulationen hatten das Finanzinstitut in
den Ruin getrieben. Der Schuldige war schnell gefunden: ein
27-jähriger Börsenmakler namens Nick Leeson.
Leeson hatte für die Barings Bank gearbeitet, seit er 22
war. Mitte 1992 wurde er nach Singapur geschickt. Seine
Aufgabe: der Handel mit Derivaten, also mit Verträgen, die
das Recht garantieren, zu einem bestimmten Preis zu kaufen oder zu verkaufen. Widerrechtlich ließ er sich dabei auf
hochriskante Spekulationen ein – und häufte Verluste an.
Verluste, die er auf einem Bankkonto mit der Nummer 88888
vor seinen Vorgesetzten in London verbarg. Diese ahnten
nicht, dass seine vermeintlichen Gewinne, die er ihnen vor-
wies, nie existiert hatten, dass er ihnen Lügen aufgetischt,
Geschäfte frisiert und Urkunden gefälscht hatte. Im festen
Glauben, offene Positionen gehörten lediglich Kunden, über-
wiesen sie Leeson regelmäßig Geldsummen nach Singapur.
Anfang 1995 war es schließlich so weit. Der Druck auf
Leeson war mittlerweile ins Unermessliche gestiegen. Um
seinen Hals doch noch aus der Schlinge zu ziehen, riskierte
er immer aberwitzigere Summen, aber das Pech schien ihm
förmlich an den Sohlen zu kleben. Nachdem er zwei Tage vor
seinem 28. Geburtstag nochmals über 220 Millionen Dollar
verspekuliert hatte, floh er nach Börsenschluss Richtung
Malaysia. Insgesamt 1,4 Milliarden Dollar hatte er versenkt.
Mit einem Eigenkapital von etwas über 600 Millionen war
damit das Ende der Barings Bank besiegelt. Das Einzige,
was Nick Leeson ihr hinterlassen hatte, war ein Zettel an

seinem Computerbildschirm: „I'm sorry." Seine Flucht endete schließlich in Frankfurt, wo er bereits vom deutschen Bundesgrenzschutz und einer Horde Journalisten erwartet wurde. Da war er also, der gierige Zocker und hinterlistige Betrüger, der alle hereinlegen wollte! Schlagartig wurde er berühmt als der Mann, der eine ganze Bank auf dem Gewissen hatte. So sah man es mehrheitlich zumindest im Westen.

Allerdings ist dies nur ein Teil der Wahrheit. Tatsächlich hatten schon zuvor interne Prüfer angeregt Leeson Mitarbeiter zur Seite zu stellen, die dessen Geschäfte abwickeln und prüfen sollten. Prinzipiell ist es immer ein Risiko, wenn Händler ihre eigenen Transaktionen abwickeln. Denn die Verlockung, Gewinne vorzutäuschen und Verluste zu verschleiern, ist groß. Doch die Londoner Vorgesetzten des juvenilen Börsenmaklers befanden den Vorschlag der Prüfer für zu teuer. Wäre es möglich, dass viele von uns an Leesons Stelle in die gleiche Bredouille geraten wären, so wie ein Teenager, der sich unerlaubterweise Papas Auto für eine Spritztour ausborgt, einen Kratzer hineinmacht, diesen mit unzulänglichen Mitteln zu kaschieren versucht und so letztlich den halben Wagen verunstaltet? Seine Vorgesetzten hätten bloß einmal die Positionen in Singapur mit jenen vergleichen müssen, die Leeson nach London durchgab, um die Unregelmäßigkeiten zu bemerken. Sind sie also die wahren Schuldigen?

Sicherlich tragen sie eine Mitschuld. Allerdings handelten auch sie in einem Umfeld, das verantwortungsvolles Handeln nicht gerade begünstigte. 1986 hatte die britische Regierung unter Margaret Thatcher ein riesiges Deregulierungspaket umgesetzt, das den Londoner Finanzplatz zwar erst so richtig attraktiv machte, aber die alteingesessenen Institute gehörig unter Druck setzte. Besonders amerikanische Banken nutzten die neuen Gesetze, vergrößerten ihre Dependancen und stiegen in den Aktienhandel ein. Nach und nach wurden die kleinen altehrwürdigen britischen Häuser von ausländischen Instituten übernommen. Die einstigen Gentlemen-Kapitalisten mussten der Yuppie-Generation Platz machen. Die Barings Bank konnte sich zwar ihre Unabhängigkeit bewahren, musste aber mit einer immer stärker werdenden Konkurrenz fertig werden. Wer würde angesichts eines solchen Umfelds ausgerechnet einem jungen aufstrebenden Händler unangenehme Fragen stellen wollen, dem es bereits in seinem ersten Jahr gelang, ein Zehntel der Gesamteinnahmen des Hauses beizusteuern?

Wie wir sehen, gibt es zwei unterschiedliche Betrachtungsweisen des Endes der Barings Bank: einerseits die knackige These des skrupellosen Einzeltäters, der alle hereingelegt hatte; andererseits die These der ungünstigen Rahmenbedingungen und Umstände, die ein Fehlverhalten geradezu heraufbeschworen hatten. Welcher Blickwinkel stimmt nun?

Darüber ließe sich natürlich vortrefflich streiten, letztlich bleibt es jedoch Ansichtssache. Was wir aber tatsächlich in Erfahrung bringen können, ist, wo welche Interpretation bevorzugt wird. Genau das haben Wissenschaftler auch getan. Dafür wählten sie aus amerikanischen und japanischen Zeitungen Artikel über das Ende der Barings Bank aus und ließen sie von einem unbeteiligten Forschungsassistenten – der keine Ahnung hatte, worum es in der Studie eigentlich ging – auf *Kausalattributionen* untersuchen.[35] Seine Aufgabe war es also, die Gründe herauszuschreiben, die in den Artikeln genannt wurden. Zwei weitere (ebenfalls unbeteiligte) Forschungsassistenten bekamen daraufhin die Exzerpte zu lesen und sollten beurteilen, ob es sich jeweils um eine *dispositionale* oder *situative Erklärung* handelte. Dabei zeigten sich erstaunliche Unterschiede: Während amerikanische Autoren zu *dispositionalen* Attributionen ten-

dierten, den Untergang der Barings Bank also vor allem in
der Person von Nick Leeson begründet sahen, neigten japanische Journalisten stärker zu *situativen Attributionen.*

Die Art der *naiven Wissenschaft,* die der gesunde
Menschenverstand betreibt, ist also nicht überall gleich,
sondern in manchen Fällen kulturabhängig. Im Westen neigt
man dazu, bei der Bewertung von anderen Menschen den
Einfluss von äußeren Faktoren zu unterschätzen. Stattdessen
führen wir menschliches Verhalten lieber auf die Person selbst
zurück, sogar wenn es ganz offensichtlich falsch ist, wie
das Experiment mit dem zufällig ausgewählten Quizmaster
zeigt. Obwohl die Beteiligten wissen mussten, dass die
scheinbare Allwissenheit des Fragestellers lediglich auf den
vorgegebenen Spielregeln beruhte, ordneten sie das Ergebnis
der jeweiligen Bildung der handelnden Einzelpersonen statt
den Rahmenbedingungen zu. Man spricht in diesem Fall

von *fundamentaler Fehlattribution* – der Einfluss von *situativen* Faktoren auf das Verhalten eines Menschen wird unterschätzt, jener von *dispositionalen* Faktoren überschätzt. Doch das ist eben nicht überall so. Statt als unabhängiges Individuum sehen sich die Menschen in kollektivistischen Kulturen eher als Teil ihrer sozialen Beziehungen.[36] Wie sehr unsere Wahrnehmung von der kulturellen Zugehörigkeit geprägt wird, veranschaulicht ein Experiment des Psychologen Richard Nisbett von der University of Michigan. Seit Jahren vergleicht er die mentalen Unterschiede zwischen US-Amerikanern und Ostasiaten. So präsentierte Nisbett seinen Probanden ein Bild von einer Kaffeetasse, die vor einem unauffälligen Hintergrund zu sehen war.[37] Dabei zeigte sich, dass sich sowohl Amerikaner als auch Europäer vor allem das Objekt im Vordergrund eingeprägt hatten. Legte man ihnen daraufhin ein zweites Foto der Kaffeetasse vor, bei dem im Hintergrund etwas verändert worden war, fiel ihnen der Unterschied meist gar nicht auf. Anders bei Asiaten: Sie konnten sich leichter an das Bild als Ganzes erinnern und bemerkten eher etwaige Manipulationen im Hintergrund.

Allerdings ordnen wir auch im Westen nicht immer allem *dispositionale* Ursachen zu – vor allem dann nicht, wenn es um uns selbst geht. Freilich: Geht es um eigene Erfolge, wie eine bestandene Führerscheinprüfung oder eine Gehaltserhöhung, dann sind diese uns natürlich nur deshalb zuteilgeworden, weil wir so begabt, klug und fleißig sind. Bei Misserfolgen haben wir jedoch meist tausend gute Gründe bei der Hand, weshalb unser Fehler an den Umständen gelegen sein muss: Stress, wenig Zeit, ein unfairer Prüfer oder was uns immer auch gerade einfallen mag. Psychologen nennen diese Tendenz *Self-Serving Bias* oder auch *selbstwertdienliche Verzerrung*. Idioten, das sind die anderen, so der gesunde Menschenverstand. Für unser seelisches Wohlbefinden mag das durchaus zuträglich sein, für eine realistische Sicht der Dinge jedoch keineswegs. Das sollten wir stets bedenken, wenn sich jemand voller Inbrunst auf den gesunden Menschenverstand beruft, um andere zu verunglimpfen.

Vom Sinn des Zweifels

„Der gesunde Menschenverstand ist eigentlich nur eine Anhäufung von Vorurteilen, die man bis zum 18. Lebensjahr erworben hat", lautet ein berühmtes Zitat von Albert Einstein.[38] Diese Vorurteile im Alltag zu erkennen ist leider alles andere als einfach. Klar, dass die Behauptung, ein symbolisch weiblicher Mann müsse auf der linken Seite sitzen, nicht gar so selbstverständlich ist, wie die Amareteñer denken, leuchtet uns Nichtamareteñern sofort ein. Dass es aber nicht selbstverständlich ist, sich in ein Taschentuch zu schnäuzen, ist ein Gedanke, der sich für uns nicht gerade aufdrängt. In Japan gilt es geradezu als Fauxpas, sich in der Öffentlichkeit zu schnäuzen – wenn es denn unbedingt sein muss, dann nur im stillen Kämmerchen. Ist man jedoch unter Menschen, gilt es die triefende Nase einfach hochzuziehen. Damit haben Japaner nämlich kein Problem; für sie ist das ein Ausdruck von Körperbeherrschung. Medizinisch betrachtet gibt es durchaus Argumente, die dafür sprechen, dass die japanische Methode die bessere ist.[39]

Wir können nicht oft genug das Platowort wiederholen: „Wenn mir etwas ungesund vorkommt, liegt das nicht etwa daran, daß ich selbst ungesund bin? Soll ich nicht lieber an meine eigene Brust schlagen? Kann sich die Warnung nicht auf mich selbst beziehen?" Das ist ein weiser und erhabener Ausspruch; er trifft den verbreitetsten, den allgemeinsten Irrtum

des Menschen. [...] Witzig und treffend ist die latei-
nische Formulierung, die der gleiche Tatbestand ge-
funden hat: „Der eigene Mist riecht jedem gut." [...]
Wenn wir eine feine Nase hätten, müßte uns der eige-
ne Unrat am meisten zuwider sein, eben weil es der
eigene ist.[40]

Das befand jedenfalls der im 16. Jahrhundert lebende
Freigeist, Schriftsteller, Philosoph und Politiker Michel
de Montaigne. Nachdem sein Vater gestorben war, legte
Montaigne alle Ämter nieder und zog sich auf sein nahe bei
Bordeaux gelegenes Schloss zurück, das einst sein Großvater
erstanden hatte. Am liebsten hielt er sich im zweiten Stock
des kreisrunden Eckturms auf, in dem er eine für seine Zeit
außergewöhnlich umfangreiche Bibliothek angelegt hatte.
Rund eintausend Bücher, ein Schreibtisch und drei Fenster
mit toller Aussicht. „Die Bücher, mit denen Montaigne
seine Bibliothek ausgestattet hatte, halfen ihm, die Grenzen
des Vorurteils zu überwinden"[41], bringt es der in London
lebende Schriftsteller Alain de Botton auf den Punkt, es
„waren Werke zur Geschichte, Reisetagebücher, Berichte
von Missionaren und Seekapitänen, die Literaturen anderer Länder und illustrierte Ausgaben mit Bildern seltsam
gekleideter Stämme, die Fische unbekannter Namen ver-
zehrten." Wie klein erscheinen doch die kulturell beding-
ten Weisheiten des gesunden Menschenverstands, wenn die
eigene Bibliothek von der Weisheit antiker Autoren durch-
drungen ist – die freilich allesamt voneinander gehörig abweichen. Doch Montaigne reiste auch gerne und bemerkte: Was in einem Land verpönt ist, kann in einem anderen
als ganz normal gelten. Ein Problem war das für ihn nicht.
„Jeder Mensch gilt mir als Landsmann; nicht weil Sokrates
es gesagt hat, sondern weil ich, vielleicht sogar übertrieben, es so empfinde, und ich umarme einen Polen wie einen

Franzosen, weil für mich die nationale Bindung hinter der allgemein menschlichen zurücktritt.«[42] Diese Liebe für andere Kulturen beschränkte sich keineswegs nur auf Europa.

So zeigte sich Montaigne sehr verärgert über das, was zu seiner Zeit die Europäer den amerikanischen Ureinwohnern antaten: »Zerstörte Städte, ausgerottete Völker, Millionen erschlagene Menschen, völliger Umsturz im reichsten und schönsten Weltteil, nur weil man Perlen und Pfeffer einheimsen wollte!«[43]

Meinungen wie diese hielt er in seinen »Essais« (»Versuche«) fest, in denen er seinen Gedanken zu verschiedensten Themen freien Lauf ließ. Grenzen setzte er sich dabei keine. In den Essais beschäftigte er sich mit Politik und Religion, Sex und Tod, Kindererziehung und Medizin, Ernährungsgewohnheiten, deutschen Kachelöfen und dem Umgang mit Nasenschleim. Seine große Leistung lag aber vor allem an der Art, wie er das tat. »Montaigne warf Jahrtausende von schriftstellerischer Scheu über Bord und schrieb über sich selbst«[44], so Alain de Botton. Montaigne tat das nicht, weil er von sich selbst so überzeugt war. Im Gegenteil, bereits im Vorwort betont er seine Unvollkommenheit und appelliert an den Leser, dass es sich nicht lohnen würde, die »Zeit auf einen so gleichgültigen und unbedeutenden Stoff« zu verwenden, »also: leb wohl!«[45]. Eine Mahnung, die allerdings von vielen begeisterten Leserinnen und Lesern nur allzu gerne ignoriert wurde.

Montaignes subjektive Abhandlungen über Mensch, Mist und Mode wurden zur Grundlage einer neuen Literaturgattung, die heute an jeder Schule zum fixen Lehrplan gehört: das Essay. Montaignes nachhaltiger Erfolg war nur möglich, weil er seine eigenen Meinungen für ebenso zweifelhaft hielt wie jene der anderen – und das auch offen aussprach. Befreit vom Ballast des Anspruchs auf Allwissenheit schuf er etwas gänzlich Neues. Sein Skeptizismus und seine

Neigung, seine eigenen Schwächen mit schonungsloser Ehrlichkeit aufzuzeigen, anstatt die Wahrheit für sich als gepachtet zu erachten, brachten Montaigne einen Platz in der Geschichte ein. Eine Leistung, die nur möglich war, weil es Montaigne gelang, die ausgetretenen Pfade des gesunden Menschenverstands zu verlassen.

DER ENTSCHEIDENDE MENSCHENVERSTAND

Hans-Martins Versprechen oder: Warum wir jeden Unsinn glauben und trotzdem in der Masse weise entscheiden können

„Morgen, ich bin Hans-Martin, ich bin 24 Jahre alt und arbeite als angehender Apotheker und wohne im wunderschönen Oldenburg. Ich habe vier Jahre Pharmazie in Kiel studiert und mache nun mein praktisches Jahr in der Apotheke in Oldenburg und werde da auf meine Laufbahn als späterer Apotheker vorbereitet. An dem Beruf gefällt mir besonders gut der direkte Kundenkontakt; ich freue mich, wenn ich den Kunden glücklich und zufrieden nach Hause schicken kann"[46], erzählt Hans-Martin in einem eingespielten Videoclip. „Wenn ich das Geld gewinnen sollte, werde ich nicht nur eine Party schmeißen, ich werde auch eine Weltreise machen und meinen Eltern das Geld zurückzahlen, das sie bisher in mich investiert haben."

Mit diesen Worten wurde Hans-Martin dem Publikum präsentiert. Es war Samstagabend und es lief „Schlag den Raab", die beliebte deutsche Fernsehshow, bei der ein Kandidat in verschiedenartigsten Wettbewerben gegen den Showmaster und Entertainer Stefan Raab antreten darf. Wer dieser Kandidat wird, entscheiden die Zuschauer am Beginn der Sendung, gleich nachdem ihnen die Bewerber in kurzen Präsentationsvideos vorgestellt wurden. Hans-Martin hatte Glück. Er konnte sich bei dem Telefonvoting gegen einen Gastronom, einen jungen Richter, eine Profifußballerin und den Leiter einer Jugendherberge durchsetzen. Offenbar war Hans-Martins Selbstpräsentation beim Publikum am besten angekommen. Seine Popularität sollte aber nicht lange währen.

Rasch offenbarte sich der Gameshow-Kandidat in den Augen vieler Zuseherinnen und Zuseher als – gelinde gesagt – etwas leistungsüberorientiert. Gleich beim ersten Wettbewerb ersuchte er um schiedsrichterliche Revidierung, nachdem er bei dem Spiel den Kürzeren gezogen hatte. Hans-Martin erwies sich als äußerst selbstbewusst; viele meinten jedoch, er wäre arrogant. Es waren Sprüche wie „Muss ich überhaupt noch werfen?" im Rahmen eines Diskuswettbewerbs, mit denen er zwar einerseits seine Überlegenheit untermauerte, die aber andererseits auch den Blutdruck bei den Fernsehzuschauern in die Höhe schnellen ließen. „Er freute sich immer viel zu sehr und oft zu früh über die Fehler seines Gegners, duschte sich in Schadenfreude"[47], befand in gleicher Nacht noch der Medienjournalist Stefan Niggemeier:

Als läppisch verlachte er die Frage, ob es stimmt, dass die Insel Lummerland drei Berge hat. „Klar, das Lied ,Eine Insel mit drei Bergen`", eine Kindergartenaufgabe. Blöd nur, dass das Lied geht:

„Eine Insel mit zwei Bergen [...]." *Seine aggressiven Siegesgesten kamen so wenig an wie sein beunruhigender Hang, sich im Selbstgespräch anzufeuern:* „Komm schon" / „Du schaffst das" / „Geht doch".

Höhepunkt war wohl ein Quiz, bei dem es um folgendes Thema ging: „Die deutschen Fußballdamen haben es tatsächlich geschafft. Schon zum fünften Mal in Folge gewannen sie die Europameisterschaft. In der 25-jährigen Geschichte der Frauen-EM konnten bisher überhaupt nur drei Nationen den Titel gewinnen. Deutschland, Schweden ..." – „und USA", fuhr Stefan Raab dazwischen. „Huhahahaha", verhöhnte Hans-Martin seinen Konkurrenten, „stark, Europameisterschaft, Stefan, ganz großes Tennis, ganz großes Tennis." (Die richtige Antwort lautete übrigens Norwegen.)

Sprüche wie diese mögen zwar wenig sympathiefördernd gewesen sein, finanziell hatte sich sein Ehrgeiz jedoch gelohnt: Nach einem langen Fernsehabend konnte Hans-Martin die Mehrzahl der Wettbewerbe für sich entscheiden – und sackte damit stolze 500.000 Euro ein. Allerdings forderte sein Auftreten auch einen hohen Preis: „Keiner wird in deutschen Wohnzimmern heute so gehasst wie dieser sozial zurückgebliebene Hans-Martin"[48], ärgerte sich ein Nutzer des Internetdienstes Twitter. Tatsächlich schien der Showkandidat alle gegen sich zu haben: die Moderatoren, den Kommentator und das Studiopublikum, das ihn am Ende sogar lauthals ausbuhte, sodass sich Entertainer und Konkurrent Stefan Raab sogar dazu verpflichtet fühlte, die erhitzten Gemüter zu beschwichtigen, kurz nachdem er zuvor noch gemeint hatte, er verliere ja immer ungern, in diesem Fall aber besonders.

Was Hans-Martin jedoch zu diesem Zeitpunkt noch nicht wissen konnte: Wie unbeliebt er sich an diesem Abend vor dem Fernsehpublikum gemacht hatte. Zigtausende

Negativkommentare schwirrten an diesem Abend durch das Internet, es wurden Blogeinträge geschrieben, Hassgruppen in sozialen Netzwerken gegründet und sogar T-Shirts mit Hassparolen kreiert. Innerhalb weniger Stunden entstand eine eigene Subkultur, die sich einzig und alleine über die Antipathie gegen einen Gameshow-Kandidaten definierte; an den Tagen darauf berichteten zahlreiche Medien über die Welle an überzogenen Reaktionen, die eine an sich harmlose TV-Show mit sich brachte. Nun ist es ja nicht weiter erstaunlich, wenn Menschen jemanden im Fernsehen als unsympathisch empfinden. So etwas soll vorkommen. Das wirklich Verblüffende an diesem Abend aber war, dass der Kandidat vom Publikum selbst per Telefonvoting am Beginn der Sendung ausgesucht worden war. „Wie konnte ich mich bei der Vorstellung nur so täuschen und den Kerl sympathisch finden?"[49], wunderte sich ein User im Internet über sich selbst. Ein anderer fragte sich: „So viel zu ‚Schwarmintelligenz'. Was hat sich die Mehrheit nur dabei gedacht, für Hans-Martin anzurufen?"[50] Die Frage war durchaus berechtigt: Wieso hatten sich die Fernsehzuschauer für einen Gameshow-Kandidaten eingesetzt, dem sie den Sieg gar nicht gönnten?

Der Begriff „Schwarmintelligenz" wird oftmals gerne mit einer kleinen Anekdote untermauert, die sich 1906 bei einer Nutztiermesse im Westen Englands zugetragen hat. Eine der Attraktionen auf dieser Messe war ein Schätzwettbewerb, bei dem die Besucher – darunter sowohl Laien als auch Experten – das Gewicht eines fetten Ochsen erraten mussten.[51] An die 800 Personen ließen sich diese Freude nicht nehmen und gaben ihre Tipps ab. Dies brachte den anwesenden englischen Schriftsteller und Naturforscher Francis Galton auf die Idee, die Schätzungen statistisch auszuwerten. „In Zeiten der Demokratie ist jede Erforschung der Zuverlässigkeit und der Eigenheiten von

Mehrheitsentscheidungen von größtem Interesse", meinte Galton danach. Eigentlich hatte der von fragwürdigen Anschauungen durchtriebene Naturforscher mit seinem kleinen Experiment die Dummheit der Masse beweisen wollen. Ein Ansinnen, mit dem er jedoch bravourös scheiterte. Wie seine statistische Auswertung ergab, wich der Mittelwert aller Schätzungen nämlich gerade einmal um 0,8 Prozent vom tatsächlichen Gewicht des Ochsen ab. 1.207 Pfund betrug der Mittelwert der abgegebenen Tipps, das waren gerade einmal neun Pfund mehr, als das Tier tatsächlich auf die Waage brachte. Eine Erkenntnis, die Galton daraufhin Vox Populi („Die Stimme des Volkes") nannte. Zwar stimmte ein durchaus beträchtlicher Teil der Tipps überhaupt nicht mit dem Gewicht des Ochsen überein, im Durchschnitt jedoch kamen sie dem realen Wert nicht nur erstaunlich nahe, sondern sogar näher als jeder einzelne Teilnehmer für sich.

Während im Fall der Gameshow die Zuschauer eine Entscheidung trafen, die sie kurz darauf schon wieder bereuten, lagen die Besucher der Landwirtschaftsmesse mit ihren Schätzungen sehr gut. Dieses Ergebnis ist kein Zufall. Aus statistischen Gründen muss das Ergebnis sogar besser sein als das der meisten Angehörigen, weil die Vielfalt der Schätzungen die durchschnittlichen Einzelfehler wieder wettmacht. Mehrheitsentscheidungen sind also keineswegs per se schlecht. Trotzdem bleibt natürlich die Frage, wieso die Zuschauer von „Schlag den Raab" mit ihrer Wahl so unzufrieden waren. Vielleicht entsprachen die anderen vier Kandidaten, die bei der Show zur Wahl standen, noch weniger dem Geschmack des Publikums. Hatten die Leute vor den Fernsehschirmen vielleicht einfach zu wenig Auswahl gehabt?

Wenn das Paradies zur Hölle wird

Die Qual der Wahl

Kaum etwas scheint heute von größerer Bedeutung zu sein als der Wert der freien Wahl. Wer im Internet nach dem Begriff „Wahlfreiheit" sucht, erhält Ergebnisse über die unterschiedlichsten Forderungen: Wahlfreiheit zwischen Ethik- und Religionsunterricht, Wahlfreiheit über die Auszahlung von Familienbeihilfen, Wahlfreiheit zwischen biologischen und gentechnisch veränderten Nahrungsmitteln, Wahlfreiheit beim Rauchen, Wahlfreiheit bei der Krankenversicherung. Egal was jeweils dahinterstehen mag, das Argument Wahlfreiheit scheint bereits an sich schon von so unhinterfragbarer Stichhaltigkeit zu sein, dass sich jede weitere Diskussion erübrigt. Zwar geht laut Volksmund die Wahl auch immer mit Qual einher; gleichzeitig scheint aber auch der Glaube vorzuherrschen, dass mit gestiegener Auswahl auch bessere Entscheidungen und höhere Zufriedenheit einhergehen – das sagt einem doch schon der gesunde Menschenverstand. Doch ist das wirklich so?

Wenn Wahlfreiheit in die Hose geht

Als Barry Schwartz, Psychologieprofessor am Swarthmore College in der Nähe von Philadelphia, eines Tages losging, um sich neue Jeans zu kaufen, machte er eine Erfahrung, die ihm nachhaltig zu denken gab. Schwartz ist laut eigenem Bekunden kein Mensch, der viele Gedanken an Kleidung verschwendet. „Da ich meine Jeans trage, bis sie sich auflösen, war es seit meinem letzten Kauf schon eine Zeit lang her."[52] In der Zwischenzeit schien sich jedoch einiges geändert zu haben. Als er gegenüber einer jungen Verkäuferin den Wunsch äußerte, neue Jeans kaufen zu wollen, folgte prompt ein Schwall an Gegenfragen: „Möchten Sie sie *Slim Fit, Easy Fit, Relaxed Fit, Baggy* oder *Extra Baggy*? Sollen sie *stonewashed* oder *acidwashed* sein – oder im Used-Look? Mit Knöpfen oder Reißverschluss? Verblichen oder normal?"[53] Der Psychologe war verunsichert. Er wolle die Art Jeans, die früher mal die einzige war, gab er stotternd zurück. Dank der Hilfe einer älteren Kollegin konnte die junge Verkäuferin die Vorstellungen ihres Kunden schließlich doch noch rekonstruieren. „Das Problem war nur, dass ich mir angesichts dieser Fülle von Wahlmöglichkeiten nicht mehr sicher war, dass ich wirklich ‚normale' Jeans wollte."[54]

Mit dieser Anekdote beginnt Barry Schwartz sein erfolgreiches Buch „The Paradox of Choice" (deutscher Titel: „Anleitung zur Unzufriedenheit"). Die These, die Schwartz darin vertritt, lautet zusammengefasst: Keine Auswahlmöglichkeiten zu haben macht zwar unzufrieden – zu viele Auswahlmöglichkeiten aber auch. Und nicht nur das.

Draeger's ist eine kleine Feinkostkette in den USA, deren Sortiment sich wirklich sehen lassen kann: Wer zu Draeger's geht, kann zwischen mehr als 250 verschiedenen Sorten Käse, 300 Sorten Marmelade und 2.500 Sorten Wein wählen. Um diese Köstlichkeiten auch standesgemäß zubereiten zu können, gibt es bei Draeger's sogar eine Kochbuchabteilung, die über 3.000 verschiedene Titel führt. Ein perfektes Umfeld für das Experiment, das sich Sheena S. Iyengar von der Columbia Business School und Mark R. Lepper von der Stanford University ausgedacht hatten.[55] Die Wissenschaftler ließen im Draeger's Supermarket in Menlo Park, Kalifornien, einen Probierstand aufbauen, an dem zwei Forschungsassistenten die vorbeischlendernden Kunden dazu aufforderten, eine ihrer Marmeladen zu kosten: „Kommen Sie und probieren Sie unsere Wilkin-and-Sons-Marmeladen!" Mal hatten sie sechs verschiedene Sorten ihrer Konfitüre am Tisch stehen, mal waren es 24 verschiedene Sorten. Damit wollten die Psychologen herausfinden, wie sich die unterschiedlich großen Angebote auf die Kundennachfrage auswirkt. Wie sich zeigte, war der Unterschied deutlich. Wenn am Tisch des Probierstands 24 Marmeladen standen, kauften bloß drei Prozent der Kunden, die für das Angebot prinzipiell Interesse zeigten, ein oder mehrere Gläser Konfitüre. Standen am Tisch jedoch bloß sechs Marmeladen, griffen zehnmal so viele Kunden zu. Die begrenzte Auswahl schien die Entscheidung für ein Glas drastisch zu erleichtern. Aber wieso haben Läden wie Draeger's überhaupt so viele Waren im Sortiment, wenn dies doch kontraproduktiv zu sein scheint? Auch darauf gibt die Untersuchung eine Antwort. Zwar kauften die Kunden viel weniger, wenn der Probierstand 24 Marmeladen zur Auswahl hatte; allerdings blieben in diesem Fall auch mehr Menschen stehen – 60 Prozent (im Vergleich zu 40 Prozent bei dem bescheideneren Angebot).

Wie die Untersuchung zeigt, kann zu viel Auswahl dazu führen, dass wir weniger beherzt zugreifen. Allerdings muss das noch nicht heißen, dass uns zu viel Auswahl unzufrieden macht. Doch Barry Schwartz ist dieser Frage noch weiter nachgegangen. Im Rahmen seiner Forschungen wertete er mithilfe seiner Kollegen Tausende Fragebögen aus und traf eine Unterscheidung zwischen denjenigen, die angaben stets darauf bedacht zu sein, die bestmögliche Auswahl zu treffen (Schwartz nennt sie „Maximierer"), und denjenigen, die sich laut ihrer eigenen Aussage bereits mit einer halbwegs passabel erscheinenden Option zufriedengeben (diese Gruppe nennt Schwartz „Satisficer", eine Kreuzung aus satisfy und suffice). Eifrige *Maximierer* wenden also deutlich mehr Zeit für ihre Kaufentscheidungen auf; sie wägen mehr ab, sehen sich die Produktetiketten näher an und durchforsten Konsumentenmagazine. Geht es nach dem gesunden Menschenverstand, so müssten Maximierer nicht nur die bessere Auswahl treffen, sondern sie müssten mit ihren Entscheidungen auch erheblich zufriedener sein als *Satisficer*. Doch das genaue Gegenteil ist der Fall. Wie Barry Schwartz herausfand, sind die stärksten Maximierer mit den Ergebnissen ihrer Anstrengungen am wenigsten zufrieden.[56] Sie neigen dazu, ihre Kaufentscheidungen stärker zu bereuen, und tendieren zu fruchtloser Grübelei. Überhaupt sind sie pessimistischer und weniger glücklich mit ihrem Leben als Satisficer. Extreme Maximierer weisen sogar beinah krankhafte Depressionswerte aus. Weshalb ein Übermaß an Wahlmöglichkeiten – besonders Maximierern – nicht zuträglich ist, dürfte mehrere Gründe haben. Laut Barry Schwartz dürfte dabei unter anderem ein Phänomen eine Rolle spielen, das Psychologen als eine der einflussreichsten Verzerrungen des menschlichen Gehirns ansehen: unsere sogenannte „Verlustaversion".

Entscheiden kommt von scheiden

Stellen Sie sich vor, Sie gehen zur Bank, um 50 Euro abzuheben. Sie stecken den Schein in Ihr Portemonnaie und fahren nach Hause. Doch als Sie etwas später wieder in Ihre Geldbörse blicken, stellen Sie fest, dass der 50-Euro-Schein nicht mehr da ist. Sie kramen und kramen – doch er ist weg! Ärgerlich, nicht wahr? Doch dann meldet sich das Glück: Sie bekommen ein Rubbellos geschenkt und siehe da, Sie haben 50 Euro gewonnen! Was meinen Sie: Sind Sie nun wieder ganz zufrieden? Schließlich könnten Sie vielleicht denken: „Na toll, jetzt gewinne ich 50 Euro und habe gar nichts davon ..." Wie viel müssten Sie also gewinnen, damit Sie wieder zufrieden sind? 51 Euro? Dann haben Sie immerhin schon einen Gewinn von einem Euro gemacht! Oder doch vielleicht 100 Euro – 50 Euro zum Tilgen des Verlusts plus nochmal 50 Euro Reingewinn? Wie Untersuchungen zeigten, wiegt ein Verlust etwa zweieinhalb Mal schwerer als ein Gewinn.[57] Um den Frust über den Verlust des 50-Euro-Scheins zu verdauen, sollten Sie schon einen Gewinn von rund 125 Euro machen. Die Erkenntnis, dass Verluste uns wesentlich mehr schmerzen, als Gewinne uns erfreuen, ist Teil der 1979 veröffentlichten „Prospect Theory"[58], für die Daniel Kahneman 2002 den Wirtschaftsnobelpreis erhielt (sein Kollege Amos Tversky war zu diesem Zeitpunkt leider schon verstorben). „Tu, was du willst", scheint uns der gesunde Menschenverstand ins Ohr zu flüstern, „aber bitte vermeide um Himmels willen Verluste!" Auf den ersten Blick erscheint diese Mahnung durchaus richtig und wichtig. Wer würde es nicht als vernünftiger ansehen, mit den eigenen Ersparnissen achtsam umzugehen, anstatt sie leichtfertig aus dem Fenster zu werfen? Doch paradoxerweise fällt die Strategie, Verluste um jeden Preis zu vermeiden, nicht immer zu unserem Vorteil aus. Ein Beispiel dafür sind Flatrate-Tarife.

Flatrate-Tarife scheinen in den vergangenen Jahren immer populärer geworden zu sein: Es gibt nicht nur Flatrate-Tarife für Mobilfunkanschlüsse, sondern sogar die Gastronomie hat das Modell für sich entdeckt. Immer wieder sorgen ausufernde Alkoholexzesse im Rahmen von „Flatrate-Partys" für Negativschlagzeilen. Natürlich sind Flatrates nichts anderes als Pauschaltarife, bei denen man Dienstleistungen nach Entrichtung einer Grundgebühr unbegrenzt nutzen kann. Flatrates funktionieren genauso wie die gute alte Jahreskarte für öffentliche Verkehrsmittel oder Fitnessstudios. Doch was macht den Reiz des Pauschaltarifs nun aus? Ganz einfach: Da jeder Verlust doppelt schmerzt, wollen viele auch nicht jedes kleine Telefonat mit einem Verlust in Verbindung sehen. Kein Wunder also, dass sich

Mobilfunknutzer von Flatrates am meisten angesprochen fühlen.[59] Schließlich ist es nicht besonders angenehm, bei jeder SMS ein schlechtes Gewissen haben zu müssen. Leider bemerken wir dabei gar nicht, dass sich Flatrates für uns oft überhaupt nicht lohnen. Man muss sich eben schon wirklich sehr regelmäßig ins Fitnesscenter schleppen, damit sich eine Jahreskarte auch wirklich rentiert. Der Vorteil von Flatrates ist also oft weniger ökonomischer als vielmehr psychologischer Natur.

Immerhin: Sich nicht bei jedem Telefonat oder bei jeder Busfahrt schuldig fühlen zu müssen ist ja auch etwas wert. Allerdings kann unsere Verlustaversion auch für richtig hohe Verluste verantwortlich sein. Drohen nämlich Verluste, neigen wir dazu, viel höhere Risiken einzugehen als normalerweise. Statt den Verlusten zu entgehen, kann das zu wahren Katastrophen führen. So geschehen bei dem bereits vorher erwähnten Nick Leeson, dem jungen Börsenmakler, der die altehrwürdige Barings Bank in den Ruin getrieben hatte. Leeson kam aus einfachen Verhältnissen. Er war ehrgeizig, galt als brillanter Trader und wurde innerhalb kurzer Zeit zum gefeierten Star an der Börse Singapur – ein Image, das er verständlicherweise nicht mehr missen wollte. Sich seiner Verantwortung zu stellen war für ihn keine Option mehr, als sich durch seine nicht genehmigten Spekulationsgeschäfte zusehends Verluste anhäuften. Also zockte er weiter und weiter, stets in der Hoffnung, dass er das Blatt doch noch einmal wenden und die Verluste wieder glattbügeln könne. Am Ende musste eine ganze Bank dran glauben. Auf die Frage, wie es so weit kommen konnte, antwortete Leeson später in einem Interview, dass er eben eine gewisse Reputation erreicht hatte, die ihm Selbstbewusstsein vor seinen Freunden, Kollegen und seiner Frau gab: „Wenn ein junger und unreifer Händler einen gewissen Status erreicht hat, dann wird er alles, wirklich alles tun, um diesen Status zu behalten.

Genauso habe ich gehandelt."[60] Ausgerechnet die Angst vor einem Verlust war es, die die älteste britische Handelsbank in den Ruin getrieben hatte. Unsere Verlustaversion kann also ganz schön teuer zu stehen kommen. Doch was könnte diese Aversion mit der These zu tun haben, dass es mit zunehmender Anzahl an Wahlmöglichkeiten immer schwieriger wird, Entscheidungen zu treffen? Barry Schwartz argumentiert so: Je mehr Alternativen es gibt, aus denen wir auswählen müssen, zu desto mehr Alternativen sagen wir auch „Nein", wenn wir uns entscheiden. Schließlich hat jede Entscheidung (egal wie sie lautet) ihre Vor- und Nachteile. Jeden Vergleich, den nun unsere Entscheidung gemessen an Alternativen verliert, werten wir als Verlust. Und dieser – ohnehin doppelt schmerzliche – Verlust wird mit der Anzahl an Alternativen umso größer. Je mehr Möglichkeiten es gibt, aus denen wir auswählen können, umso höher ist auch die Anzahl der Alternativen, die wir nicht realisieren können, die uns also durch die Lappen gehen. Oder um es etwas wissenschaftlicher zu sagen: Je höher die Auswahl, desto höher auch die Opportunitätskosten.

„Wenn wir annehmen, dass Opportunitätskosten die generelle Wünschbarkeit der bevorzugten Option beeinträchtigen und dass sich die Opportunitätskosten bemerkbar machen, die mit vielen der abgelehnten Optionen verknüpft sind, dann müssen wir die Opportunitätskosten umso stärker spüren, je mehr Alternativen zur Wahl stehen", vermutet Barry Schwartz.[61] „Je stärker wir die Opportunitätskosten spüren, desto geringer die Befriedigung, mit der uns die gewählte Alternative erfüllt."[62] Zudem steigt mit der Anzahl an Wahlmöglichkeiten auch die Erwartungshaltung: Je mehr Auswahl es gibt, desto größer sind die Ansprüche und desto größer ist auch der Druck, diesen Erwartungen gerecht zu werden. Während wir also bei einem Besuch in unserem Lieblingsbrauereilokal bereits enttäuscht sind, wenn die Lieblingsbiermarke nicht frisch vom Fass verfügbar ist, sind wir bei einer Wanderung durch die Sahara schon froh, wenn wir überhaupt irgendwas zu trinken haben.

Wir sehen: Es gibt gute Gründe dafür, weshalb mehr Auswahl nicht unbedingt gleichbedeutend ist mit mehr Glück. Barry Schwartz vermutet sogar, dass gestiegene Depressionsraten in den Industrieländern mit dem Zuwachs an Entscheidungsnotwendigkeiten in Verbindung stehen könnten. Ob der Psychologe mit seiner Vermutung recht hat, ist schwer zu sagen. Diskussionswürdig ist sie jedoch allemal. Denn wie es aussieht, scheint der gesunde Menschenverstand die Freude am Treffen von Entscheidungen ziemlich zu überschätzen. Zwar ist es für uns „Westler" erwiesenermaßen befriedigender, die Wahlfreiheit zu haben, wenn es ums Vergnügen geht – etwa bei der Wahl der Eissorte oder des Kinofilms –; gilt es jedoch ein höheres, nützlicheres Ziel zu erreichen, kann es genauso zufriedenstellend sein, wenn ein anderer für uns entscheidet.[63]

Einschränkend muss jedoch hinzugefügt werden, dass Barry Schwartz' Auswahlparadoxie nicht auf alle Lebenslagen übertragbar zu sein scheint. Wie eine Metastudie von Benjamin Scheibenhenne, Rainer Greifeneder und Peter M. Todd ergab, ist die Angelegenheit doch zu kompliziert, als dass man sie auf die simple Formel „zu viel Auswahl = schlecht" bringen könnte. Bei der Durchsicht von 50 Experimenten zeigte sich nämlich, dass die „Choice-Overload-Hypothese" nicht nachgewiesen werden konnte. „Mehrere Untersuchungen fanden im Labor und vor Ort starke Belege von Auswahlüberlastung, während andere keine solchen Effekte entdeckten oder ergaben, dass mehr Auswahlmöglichkeiten die Wahl erleichtern und zu mehr Zufriedenheit führen können"[64], resümieren die Wissenschaftler. Sie vermuten, dass das Phänomen der „Auswahlüberlastung" von bestimmten Variablen abhängig sein könnte, die allerdings noch weiter untersucht werden müssten.

Genug der Auswahl

Was heißt das nun für „Schlag den Raab", die Gameshow, bei der sich das Publikum den Kandidaten Hans-Martin ausgesucht hatte, dem es kurz darauf jede Sympathie entzog? Zunächst nichts anderes, als dass die – von vielen als Fehlentscheidung empfundene – Wahl wohl eher nicht daran krankte, dass es zu wenige Auswahlmöglichkeiten gab. Neueren Untersuchungen zufolge sind es vermutlich ungefähr drei bis vier Informationseinheiten, die unser Kurzzeitgedächtnis bewältigen kann.[65] Mit fünf Kandidaten, die bei der Gameshow zur Auswahl standen, gab es demzufolge sogar noch eher zu viele als zu wenige Alternativen – aber sicherlich auch nicht viel zu viele.

Doch was war dann der Grund, weshalb das Fernsehpublikum so rasch seine Entscheidung bereut hatte? Eine andere Möglichkeit wäre: Vielleicht hatten die Zuseher einfach zu wenige Informationen. Schließlich wurden die Kandidaten innerhalb weniger Minuten vorgestellt. Möglicherweise hätte das Publikum anders entschieden, wenn es Genaueres über Hans-Martins Schulnoten gewusst hätte, über seine Herkunft und über seine persönlichen Überzeugungen. Lag es also bloß an Informationsmangel?

Inkompetenz als Schlüssel zum Erfolg

Genau daneben

Wissen ist Macht – denn geht es nach dem gesunden Menschenverstand, so ist eines klar: Je mehr wir wissen, desto exakter ist unser Urteil. Demnach bringt uns jede Information der Wahrheit ein Stück näher. Logisch, oder? Ja, logisch ist es. Aber nur weil etwas logisch klingt, muss es nicht zwangsläufig richtig sein. In seinem Buch „Bauchentscheidungen" schildert der Psychologe Gerd Gigerenzer, wie er mit Kollegen über einen kuriosen Effekt stolperte. Um eine Theorie zu überprüfen, hatten die Wissenschaftler zwei Kategorien von Fragen entwickelt, die sie Studenten stellen wollten: leichte und schwere Fragen.[66] Die Befragung wurde an der Universität Salzburg durchgeführt, an der Gigerenzer damals lehrte und wo auch viele Deutsche studieren. Die Kategorie leichter Fragen, die sich die Wissenschaftler ausgedacht hatten, handelte daher von deutschen Städten, zum Beispiel: „Welche Stadt hat mehr Einwohner, München oder Dortmund?"[67] Die Gruppe der schwierigen Fragen war genauso aufgebaut, handelte jedoch von US-amerikanischen Städten. Naturgemäß erwartete sich das Forscherteam, dass die Zahl der richtigen Antworten bei den leichten Fragen höher sein werde als bei den schwierigen Fragen. „Doch als wir die Ergebnisse anschauten, wollten wir unseren Augen nicht trauen"[68], so Gerd Gigerenzer: „Die Antworten der Studenten zu den US-amerikanischen Städten waren sogar ein wenig häufiger korrekt als diejenigen zu den deutschen!" Wie war das möglich? Wie konnten die Studenten auf Wissensfragen über Städte, die sie teilweise gar nicht kannten, mindestens ebenso richtige Antworten geben wie auf Fragen über Städte, die ihnen ziemlich vertraut waren? Das Forscherteam war fassungslos, beschreibt Gerd Gigerenzer:

In Salzburg gibt es ausgezeichnete Restaurants. An diesem Abend traf sich meine Forschungsgruppe in einem von ihnen, um das fehlgeschlagene Experiment zu betrauern. Vergeblich versuchten wir, das verwirrende Ergebnis zu verstehen. Schließlich kam uns die Einsicht. Wenn die Studenten wenig genug wussten, das heißt, wenn sie von einigen der US-amerikanischen Städten noch nicht einmal gehört hatten, verwendeten sie möglicherweise ihre Unwissenheit als Information. Bei den deutschen Städten war das nicht möglich.[69]

Wäre das denkbar? Könnte es tatsächlich sein, dass das Nichterkennen von Städten dabei behilflich ist, Wissensfragen besser zu beantworten? Oder allgemeiner gefragt: Kann Unwissenheit ein Vorteil sein?

Ich gebe zu, diese These klingt nicht einfach bloß kontraintuitiv. Sie klingt ziemlich verrückt. Sehen wir uns daher ein konkretes Beispiel an. Was denken Sie: Welche Stadt hat mehr Einwohner, Detroit oder Milwaukee? „Daniel Goldstein und ich stellten diese Frage in einem amerikanischen College-Kurs, und die Studenten waren geteilter Meinung – rund 40 Prozent entschieden sich für Milwaukee, die anderen für Detroit"[70], erläutert Gigerenzer. Angesichts der Tatsache, dass die Chancen bei 50 : 50 lagen, kein besonders überzeugendes Ergebnis. „Anschließend testeten wir eine entsprechende Gruppe von deutschen Studenten. Praktisch alle gaben die richtige Antwort: „Detroit." Der gesunde Menschenverstand würde uns angesichts eines solchen Ergebnisses vermutlich sagen, dass deutsche Studenten eben gebildeter sind, ja sogar so viel gebildeter, dass sie mehr Ahnung von amerikanischer Geografie haben als die Amerikaner selbst. Doch das Gegenteil sei der Fall, meint Gerd Gigerenzer. Dass die Deutschen weitaus häufiger richtig lagen, hatten sie nämlich nicht ihrer Bildung zu verdanken, sondern ihrer Unkenntnis.

Das mag zwar zunächst widersinnig erscheinen, leuchtet aber schnell ein, wenn wir uns vergegenwärtigen, nach welchen Kriterien die Studenten ihre Entscheidung trafen. Dabei zeigt sich, dass es für US-Amerikaner gar nicht so einfach ist, die richtige Antwort zu finden. Bei beiden Städten handelt es sich um Industriestädte, beide Städte liegen an bzw. nahe großen Seen, beide Städte haben eine ähnliche Bevölkerungsdichte und beide Städte sind keine Hauptstädte. Für einen Deutschen stellt sich das Problem jedoch ganz anders dar: In Europa haben zwar die meisten Menschen schon von Detroit gehört (die Stadt mit den Autofabriken!), aber noch nie von Milwaukee. Die deutschen Studenten schlossen daraus, dass Detroit wohl mehr Einwohner haben musste – und lagen richtig. Gigerenzer nennt diese Vorgehensweise „Rekognitionsheuristik", das heißt, dass wir uns an dem orientieren, was wir wiedererkennen. Damit das aber klappt, müssen zwei Voraussetzungen gegeben sein: zum einen, dass wir überhaupt etwas wiedererkennen, und zum anderen, dass wir nicht alles wiedererkennen. Wer also weder von Milwaukee noch von Detroit jemals etwas gehört hat, kann letztlich bloß raten. Wer jedoch beide Städte wiedererkennt, kann sich ebenfalls nicht auf die Rekognitionsheuristik stützen. Genau deshalb kommt es zu diesem seltsamen Weniger-ist-mehr-Effekt.

Das Modell der Rekognitionsheuristik hat in den vergangenen Jahren für viel Aufmerksamkeit gesorgt. So hat die BBC Londoner und New Yorker Hörer von Radio 4 die Milwaukee-oder-Detroit-Frage gestellt – und kam auf ein ähnliches Ergebnis wie die Forscher rund um Gigerenzer.[71] Allerdings gab es auch Kritik aus der Fachwelt, da Experimente nahelegen, dass die Wiedererkennung nicht das einzige Indiz ist, das wir bei Entscheidungsfindungen heranziehen.[72] Beeindruckend sind die Ergebnisse jedoch allemal.

Das Wirtschaftsmagazin Capital veranstaltete im Jahr 2000 ein Börsenspiel, bei dem die Teilnehmer Portfolios einreichen sollten. Über 10.000 Personen nahmen an dem Börsenspiel teil, darunter der Chefredakteur selbst sowie Gigerenzer gemeinsam mit dem Volkswirt Andreas Ortmann. Doch im Gegensatz zu dem Capital-Chefredakteur und zahlreichen anderen Teilnehmern, die bei der Gestaltung ihrer Aktienpakete mit möglichst viel Insiderwissen punkten wollten, setzten die beiden Wissenschaftler auf Unwissenheit: „In Berlin fragten wir einhundert Passanten – fünfzig Männer und fünfzig Frauen –, von welchen Aktien sie bereits gehört hatten. Aus den zehn Aktien, die am häufigsten wiedererkannt worden waren, bildeten wir ein Portfolio."[73] Der Erfolg dieser zunächst skurril anmutenden Methode war verblüffend. Nachdem die sechs Wochen, die das Börsenspiel andauerte, vorüber waren, war der Wert des Aktienpakets der Wissenschaftler um 2,5 Prozent gestiegen. Sie meinen, das sei nicht gerade berauschend? Dann halten Sie sich fest, wenn Sie lesen, wie es dem Chefredakteur von Capital ergangen war: Der Wert seines Portfolios verlor im gleichen Zeitraum 18,5 Prozent. Zudem erzielte das Aktienpaket von Gigerenzer und Ortmann höhere Gewinne als 88 Prozent aller eingereichten Aktienpakete. Dass der Fachmann so enorm schlecht abschnitt, sei kein Einzelfall, so Gigerenzer. Nur allzu oft werden Expertenprognosen von der Realität widerlegt. Der Grund ist eigentlich banal: Viele Experten sind gar keine.

Warum es so oft vorkommt, dass sich Pseudoexperten trotzdem als wahre Koryphäen fühlen, veranschaulicht ein originelles Experiment, bei dem einer Versuchsperson zweistellige Zahlenpaare vorgelesen wurden.[74] Der Proband hatte dabei die Aufgabe, anzugeben, ob die Zahlenpaare zusammenpassen oder nicht. „Zusammenpassen?", werden Sie sich nun vielleicht fragen. „Was heißt hier zusammenpassen?" Genau das wollten die Versuchsteilnehmer natürlich auch wissen. Doch das Einzige, was ihnen der Versuchsleiter darauf zur Antwort gab, war, das gelte es eben herauszufinden. Was dann passierte, kann man sich so vorstellen:

Versuchsleiter: „14 und 82."
Proband: „Passen nicht."
Versuchsleiter: „Richtig. 15 und 45."
Proband: „Passen."
Versuchsleier: „Falsch. 31 und 70."
Proband: „Passen."
Versuchsleiter: „Richtig. 59 und 10."
Proband: ...

Was glauben Sie? Passen die 59 und die 10 zusammen? Lassen Sie uns kurz nachdenken: 14 und 82 sind jeweils gerade Zahlen, passen aber nicht zusammen. 15 und 45 sind jeweils ungerade Zahlen, außerdem ist 45 durch 15 teilbar – allerdings passen die beiden Zahlen ebenfalls nicht zusammen. 31 und 70 jedoch sind eine ungerade und eine gerade Zahl und – hey! – passen offensichtlich zusammen. Genau das trifft auf 59 und 10 auch zu, also müsste dieses Zahlenpaar ja ebenfalls zusammenpassen, oder? Doch leider: Die Antwort ist falsch! Nun ja, vielleicht passen ungerade und gerade Zahlen nur dann zusammen, wenn die kleinere vor der größeren Zahl genannt wird. Oder lag es etwa daran, dass 31 und 70 als einziges Zahlenpaar zusammen mehr als 100 ergibt? Hm, vielleicht hat die Antwort ja auch irgendetwas mit Primzahlen zu tun. Oder etwa mit der Ziffernsumme ...?

Wie wir sehen, bringt uns dieses Spiel dazu, eine geradezu unendliche Zahl an Theorien in unserem Kopf durchzugehen. Der Clou des Experiments: Das Feedback des Versuchsleiters hatte nichts, wirklich gar nichts mit den Antworten des Probanden zu tun. Ob der Versuchsleiter also „richtig" oder „falsch" sagte, stand in keinerlei Verbindung mit den Theorien des Versuchsteilnehmers. Während sich der Proband abmühte die (nicht existente) Regel hinter den passenden Zahlenpaaren zu ergründen, begann der Versuchsleiter allmählich die Antworten des Teilnehmers zusehends häufiger für richtig zu befinden. Lautete zu Beginn des Experiments das Feedback des Versuchsleiters in fast allen Fällen „falsch", schlich sich im Laufe des Versuchs immer häufiger ein „Richtig" ein, bis schließlich gegen Ende fast jede Antwort des Probanden korrekt zu sein schien. Gleichgültig welche Theorie sich die Versuchsperson in ihrem Kopf während des Experiments zusammenschmiedete: Mit fortlaufender Zeit schien sie sich zunehmend zu bestätigen. Und was passierte dann? Ganz einfach: Der Versuchsleiter brach das Spiel ab und gestand dem Probanden die Wahrheit. Wenig verwunderlich hatte der Versuchsteilnehmer große Probleme damit, seine mühsam erarbeitete Theorie einfach aufzugeben. Das soeben erschaffene Weltbild im Mikrokosmos der Zahlenpaare erwies sich teilweise als so unerschütterlich, dass manche Versuchspersonen danach sogar meinten, sie hätten eine Regelmäßigkeit entdeckt, die dem Versuchsleiter entgangen war. Obwohl die Theorien reiner Unfug waren und obwohl man die Probanden darüber aufklärte, dass sie reiner Unfug waren, fühlten sie sich als die eigentlich Wissenden. Weltanschauungen können eben sehr hartnäckig sein. Das Experiment erzählt uns jedoch nicht nur etwas über die Entstehung von Weltbildern. Es zeigt auch, wie eine Vielzahl von Scheininformationen den Blick fürs Wesentliche trüben kann. Zwar hatten die „Informationen" keine Aussagekraft, ihre Wirkung verfehlten sie aber nicht. Innerhalb kurzer Zeit fühlten sich die Versuchsteilnehmer in einer eng abgegrenzten Welt als Experten, in der Expertisen gar nicht möglich waren. Das heißt nicht, dass es keine echten Experten gibt. Ich habe zwar die Behauptung von Astronomen, die Erde würde sich innerhalb von 24 Stunden einmal um die eigene Achse drehen, nie persönlich nachgeprüft – ganz daneben scheinen sie damit aber nicht zu liegen. Bei nichtlinearen, dynamischen und hochkomplexen Problemen wird es jedoch schwierig. Es ist schlicht so: Ein mechanisches Uhrwerk beispielsweise ist zwar kompliziert, aber nicht komplex. Für einen kundigen Uhrmacher ist es somit kein Problem, schon im Vorhinein zu wissen, was mit Zahnrädchen Z passieren wird, wenn wir an Zahnrädchen A drehen. In komplexen Systemen reicht es jedoch bereits, wenn drei Körper – etwa Planeten oder Moleküle – miteinander in Wechselwirkung treten, damit es zu unberechenbaren Instabilitäten kommt. Auf großen Zeitskalen ist also auch die Astronomie davon betroffen. Ganz offensichtlich ist es jedoch bei Lottoziehungen.

Mit bloßem Auge betrachtet herrschen bei Lottoziehungen immer die gleichen Anfangsbedingungen: Eine Reihe fein säuberlich sortierter Bälle fällt in einen gläsernen Behälter, wird stets nach dem gleichen Schema durcheinandergewirbelt und schließlich aussortiert. Wie Ihnen bekannt sein dürfte, werden aber weder Woche für Woche die gleichen Kugeln gezogen, noch sind die Lottoergebnisse auch nur annähernd vorhersagbar. Dabei wäre die Vorhersage einer Lottoziehung noch ein Kinderspiel im Vergleich zu einer Vorhersage über die Entwicklung von sieben Milliarden miteinander interagierenden Menschen mit wiederum jeweils Zigmilliarden wechselwirkenden Neuronen. Und trotzdem: Wer behauptet, er könnte die Lottoziehung vorhersagen, wird allenfalls milde belächelt. Wer aber behauptet, er wüsste, welche Ausbildung in 30 Jahren am besten vor Arbeitslosigkeit schützt oder dass sich Deutschland in 300 Jahren abgeschafft hätte, sitzt in Expertenkommissionen, gibt Interviews und darf in Talkshows für seine Bücher werben. Wie gesagt, Weltanschauungen können sehr hartnäckig sein. Seriöse Experten sind daher nicht jene, die von ihren Meinungen so grenzenlos überzeugt sind, dass jeder kritische Einwand geradezu einer Gotteslästerung gleichkommt. Seriöse Experten sind jene, die auf die Grenzen des Vorhersagbaren aufmerksam machen.[75] Schließlich wird Sokrates nicht deshalb heute noch bewundert, weil er behauptet hätte, dass er auf jede Frage eine Antwort wisse. Michel de Montaigne tat es ihm gleich, als er meinte: „Meinen eigenen Meinungen lege ich keinen hohen Wert bei; aber den Meinungen der anderen ebensowenig."[76] Ganz anders scheinen das jedoch Politiker, Börsengurus, Ökonomen, Leitartikelschreiber und selbsternannte Zukunftsforscher zu sehen. Für sie ist es wie das Selbstverständlichste auf der Welt, Antworten auf Fragen zu kennen, bevor diese überhaupt erst gestellt wurden. Zu blöd, dass sich die Geschichte nur so ungern an vorgeschriebene Drehbücher hält.

Als das deutsche Ehepaar Wilhelm und Marie Böing 1868 in die USA auswanderte, konnte niemand ahnen, welche Folgen das einmal haben würde. Einst war Wilhelm Böing ein erfolgreicher sauerländischer Kaufmann gewesen, nun suchte er nach neuen Herausforderungen. Mit Erfolg. Zwar starb er früh, doch hätte er die Chance bekommen, die spätere Karriere seines Sohnes mitzuverfolgen, hätte er allen Grund gehabt, stolz zu sein. Wilhelm jr. absolvierte ein Studium an der Yale University und gründete später gemeinsam mit Conrad Westervelt eine Firma, die sich dem Flugzeugbau widmete. Das Unternehmen wurde zum Profiteur des Ersten Weltkriegs, erhielt einen stattlichen Auftrag des US-Militärs und konnte rasch expandieren. Doch als der Krieg vorbei war, ließ die Nachfrage nach neuen Flugzeugen schlagartig nach. Das Unternehmen erhielt keine Aufträge mehr, schlitterte in die Krise und musste Mitarbeiter entlassen. Um es doch noch zu retten, verlagerte der Flugzeugpionier die Produktion auf den Bau von Schnellbooten. Doch auch die wollte keiner haben, bis dem Einwanderersohn 1919 der Zufall unter die Arme griff. In Washington verabschiedete der Kongress ein Gesetz, das den Handel mit Alkohol verbot – die Zeit der Prohibition war angebrochen. Die Auswirkungen waren bekanntlich fatal, Schmuggel und Bandenkriminalität wurden zum Normalzustand. Doch für das Unternehmen des deutschen Einwanderersohnes erwies sich die neue Gesetzeslage als wahrer Glücksfall: Plötzlich fanden seine Schnellboote reißenden Absatz! William Edward Boeing, wie er sich seit geraumer Zeit nannte, konnte dank der Prohibition sein Unternehmen retten, aus dem etwas später gleich zwei Milliardenunternehmen hervorgehen sollten: Boeing und United Airlines. Beide gehören heute zu den größten Playern in ihrem Sektor und beide haben ihre Existenz dem gleichen Zufall zu verdanken. Wer hätte im Vorhinein ahnen können, dass die Prohibition der Boeing Aeroplane Company das Überleben sichern würde?

Rund ein halbes Jahrhundert nach William Edward Boeings Tod wurden vier Boeingmaschinen entführt, zwei davon von United Airlines. Es war der 11. September 2001. Bereits ein paar Monate später tauchten erste Medienberichte auf, wonach die US-Regierung vor den Anschlägen gewarnt gewesen sei.[77] Natürlich fühlten sich Verschwörungstheoretiker dadurch in ihrer Überzeugung bestätigt, die Anschläge vom 11. September wären ein Komplott gewesen (was nicht viel bedeutet, denn Verschwörungstheoretiker fühlen sich immer bestätigt). Doch was sie – und viele andere auch – dabei übersehen, ist, dass das Problem nicht aus zu wenigen Informationen bestand, sondern aus zu vielen. Dass

Geheimdienstapparate mit Zigtausenden Mitarbeitern eine unüberschaubare Menge an Papieren mit Gerüchten, Trends und Eventualitäten produzieren, von denen sich manche auch bewahrheiten, ist schließlich nicht weiter überraschend. Die eigentliche Herausforderung besteht darin, herauszufinden, welche dieser Papiere ernst zu nehmen sind und welche nicht. Oder um es auf den Punkt zu bringen: Je dicker der Schlüsselbund, desto länger brauchen Sie, bis Sie an der Haustür den richtigen Schlüssel finden.

Exakt ohne Fakt

Was bedeutet das nun für die „Schlag den Raab"-Show, bei der das Publikum sich für einen Kandidaten entschied, der nach kurzer Zeit auf so viel Ablehnung stieß? Wäre jemand anderer gewählt worden, wenn die Kandidaten bloß intensiver vorgestellt worden wären? Wahrscheinlich nicht. Denn wie wir gesehen haben, geht mehr Information nicht automatisch mit besseren Entscheidungen einher. Außerdem scheinen wir bei der Beurteilung von Menschen ganz besonders faktenresistent zu sein.

Im Rahmen einer bemerkenswerten Studie führten die Sozialpsychologen Nalini Ambady und Robert Rosenthal Studierenden Videoclips vor, die einen Professor zeigten.[78] Die Videos waren ohne Ton und dauerten nur wenige Sekunden. Die Studenten sollten beurteilen, ob es sich um einen guten Professor handelte oder nicht. Die Forscher verglichen daraufhin die Antworten ihrer Probanden mit den Evaluationsbögen, die die Studenten des gezeigten Professors am Ende eines Semesters ausgefüllt hatten. Und siehe da: Die Beurteilungen stimmten nahezu überein! Letztlich hatten die Studenten des Professors, die von ihm ein ganzes Semester lang unterrichtet worden waren, die gleiche Meinung von ihm wie jemand, der ihn bloß wenige Sekunden stumm auf Video gesehen hatte. Optimistisch betrachtet könnte man das als Beleg für die Exaktheit unseres Bauchgefühls sehen.

Aus einer pessimistischen Perspektive könnte das Ergebnis jedoch bedeuten, dass es ziemlich gleichgültig ist, ob jemand tatsächlich kompetent ist oder in Wirklichkeit nur Mist baut, weil Äußerlichkeiten ohnehin die wahren Leistungen überstrahlen. Dass manchen Politikern zahlreiche Ausrutscher, Skandale und sogar anhängige Gerichtsverfahren kaum etwas anhaben können, dürfte eher für die pessimistische Betrachtungsweise sprechen. Andererseits sprechen einige Studien dafür, dass unsere Intuitionen manchmal tatsächlich erstaunlich richtig liegen.

Das legt etwa ein Experiment von Nalini Ambady und Nicholas Rule nahe, bei dem sich die Wissenschaftler der Fortune-1000-Liste bedienten. Fortune 1000 ist ein Ranking des Wirtschaftsmagazins Fortune, das die 1.000 umsatzstärksten US-Unternehmen auflistet. Versuchsteilnehmern wurden dabei Fotos von 50 CEOs vorgelegt.[79] Die Hälfte der Bilder zeigte die Chefs der 25 bestplatzierten Unternehmen der Fortune-Liste, die andere Hälfte zeigte die Chefs der 25 letztplatzierten. Die Probanden wussten weder, wer die Menschen auf den Fotos waren, noch für welches Unternehmen sie arbeiteten. Trotzdem sollten sie die Führungsqualitäten der abgebildeten Manager beurteilen. Gefragt wurde nach Merkmalen wie Kompetenz, Vertrauenswürdigkeit und Reife. Das Ergebnis war verblüffend: Jene CEOs, denen die Probanden besonders hohe Werte attestierten, waren tatsächlich signifikant häufiger Chefs eines der Top-25-Unternehmen. Das Ergebnis war auch insofern erstaunlich, da sich die Manager auf den Fotos durchaus nicht unähnlich sahen: Sie waren alle ungefähr im gleichen Lebensalter, männlich und weiß. Zudem wurde auf den Fotos nur das Gesicht gezeigt, allesamt in einheitlicher

Größe und bloß in Schwarz-Weiß. Die Versuchsteilnehmer konnten also weder aus der Frisur noch aus der Qualität des Anzugs irgendwelche Rückschlüsse ziehen. Wie es dazu kam, dass sich die Studenten als derart gut im Gesichterlesen erwiesen? Das wissen auch die Wissenschaftler nicht so genau. Möglicherweise strahlen erfolgreiche Manager ja eine gewisse Dominanz aus, die auch mit beruflichem Erfolg einhergeht.

Doch bei dem Gameshow-Kandidaten Hans-Martin lag der Fall anders. Das gleiche Publikum, das ihn zunächst per Telefonvoting gewählt hatte, konnte ihn danach offensichtlich nicht mehr leiden. Warum haben sich die Fernsehzuschauer in dem von ihnen ursprünglich favorisierten Kandidaten so getäuscht?

Nun, möglicherweise haben sie das gar nicht. Meistens gewinnt bei der Gameshow der Entertainer Stefan Raab gegen seine Herausforderer. Das ist – wenn man so will – der eigentliche Witz an der Show: Stefan Raab sieht nicht besonders sportlich aus, hat ein kleines Bäuchlein und ist zumeist ein paar Jährchen älter als seine durchtrainierten und oftmals akademisch gebildeten Herausforderer. Trotzdem geht er aus den Wettbewerben zumeist als Sieger hervor – vielleicht weil er mit der Studioatmosphäre einfach besser vertraut ist. Doch Hans-Martin ließ sich weder von den Kameras noch vom Studiopublikum aus dem Konzept bringen. Er konzentrierte sich voll und ganz auf seine Leistung und erkämpfte sich den Sieg. Insofern lagen die Zuschauer auch nicht falsch, als sie Hans-Martin zum Herausforderer von Stefan Raab wählten. Schließlich geht es dabei nicht nur um Sympathie, sondern um die Frage, welcher der Bewerber überhaupt Chancen gegen den so oft siegreichen Entertainer hat. Unter diesem Aspekt betrachtet erwies sich Hans-Martin als ausgezeichnete Wahl.

Viel Lärm um nichts also? War das Publikum vielleicht

bloß neidisch? Oder gab es da vielleicht doch einen Grund, der die Antipathie gegen den Kandidaten rechtfertigte?

Die Achillesferse der Schwarmintelligenz

Im Gleichschritt gegen die Weisheit
Es war der 10. Oktober 1990, als ein damals 15-jähriges Mädchen namens Najirah vor dem Arbeitskreis für Menschenrechte im US-Kongress auftrat. Rund drei Monate zuvor hatte der Irak ihr Heimatland Kuwait besetzt. Sie hatte als Freiwillige im Al-Adnan-Krankenhaus in Kuwait-Stadt gearbeitet, erzählte Najirah unter Tränen. Ihren Nachnamen wollte sie aus Angst vor Repressionen gegen ihre Familie nicht nennen. Im Spital habe sie mitansehen müssen, wie irakische Soldaten mit Gewehren kamen und in das Zimmer gingen, wo 15 Babys in Brutkästen lagen, schilderte Najirah. Die Soldaten hätten die Säuglinge aus den Brutkästen herausgenommen, nahmen die Brutkästen mit und ließen die Babys am kalten Boden sterben. Es sei entsetzlich gewesen.

Das Medienecho auf die Geschichte von den schrecklichen irakischen Babymördern blieb wie erwartet nicht aus. Die großen Fernsehstationen wiederholten die Vorführung in Dauerschleife. Wenige Monate darauf stimmten Senat und Repräsentantenhaus für den Zweiten Golfkrieg.

Es ist nicht so, dass es keine Übergriffe seitens der irakischen Besatzer auf die kuwaitische Bevölkerung gegeben hätte. Doch die Geschichte mit den babymordenden Soldaten war frei erfunden. Wie der amerikanische Journalist John MacArthur später enthüllte, hatte Najirah niemals an der Entbindungsstation im Al-Adnan-Krankenhaus gearbeitet. In Wahrheit war sie die Tochter des kuwaitischen

73

Botschafters in den USA. Regie führte bei dieser dreisten Inszenierung die PR-Agentur Hill and Knowlton, deren Präsident in den 1980er-Jahren als Stabschef für den damaligen Vizepräsidenten George Bush gearbeitet hatte. Man sollte meinen, dass wir Menschen die Fähigkeit hätten, aus solchen Irrtümern der Geschichte zu lernen. Doch weit gefehlt. Rund zehn Jahre später stand ein neuerlicher US-Krieg gegen den Irak bevor und wieder war der US-Präsident ein Bush – George W. Bush. Diesmal hieß es, der Irak besäße Massenvernichtungswaffen und unterhalte Verbindungen mit der Terrororganisation Al Kaida. Beweise gab es keine. Die Gründe, die dafür sprachen, erschienen den Menschen außerhalb der USA mehr als zweifelhaft. Trotzdem glaubten ein Jahr nach dem Beginn der Invasion satte 57 Prozent der US-amerikanischen Bevölkerung, dass der Irak die Terrororganisation Al Kaida unterstützt habe; 20 Prozent meinten sogar, der Irak wäre direkt an den Anschlägen auf das World Trade Center beteiligt gewesen.[80] Außerdem dachten 60 Prozent, Saddam Hussein hätte Massenvernichtungswaffen besessen.[81] Anders in Europa, wo man dem Irakkrieg von Anfang an äußerst skeptisch gegenüberstand.[82] Auch die „Beweise“, die US-Außenminister Colin Powell dem Weltsicherheitsrat vorgelegt hatte, änderten dies nicht. Mit kryptischen Satellitenfotos vermeintlicher Biowaffenlabors, einer angeblichen irakischen Kaufvereinbarung über waffenfähiges Plutonium und seltsamen Tonbandaufnahmen hatte er im Februar 2003 die Kritiker in der UNO überzeugen wollen, dass der irakische Diktator über Massenvernichtungswaffen verfügte. Nicht einmal drei Jahre später bezeichnete Colin Powell in einem Fernsehinterview seinen damaligen Auftritt als einen „Schandfleck“ seiner politischen Karriere.[83]

Doch obwohl führende Kapazitäten wie der ehemalige Direktor der Internationalen Atomenergie-Organisation

Hans Blix keine Hinweise auf Massenvernichtungswaffen im Irak finden konnten und es noch so unwahrscheinlich war, dass Saddam Hussein, Vorsitzender der säkularen Baath-Partei, ausgerechnet religiöse Fundamentalisten beschützte, kam es, wie es kommen musste: Im März 2003 begannen die Vereinigten Staaten mit ihrer Invasion im Irak – mit respektablem Rückhalt in der US-amerikanischen Bevölkerung. Massenvernichtungswaffen konnten freilich nicht gefunden werden. Statt Freiheit und Demokratie erntete die irakische Bevölkerung Elend, Chaos und bürgerkriegsähnliche Zustände. Bereits zwei Jahre später hielt auch die Mehrheit der Amerikaner den obendrein sündteuren Irakkrieg, der laut internen Dokumenten des US-Verteidigungsministeriums über 100.000 Opfer gefordert hatte,[84] für einen Fehler.[85] Doch was war die Ursache dieses Fehlers? Warum war die US-amerikanische Bevölkerung zu Beginn des Irakkriegs selbst überzeugt, dass dieser notwendig sei?

Fairness & Accuracy In Reporting, kurz FAIR, ist eine Vereinigung, die es sich zum Ziel gemacht hat, einseitige und falsche Berichterstattung in Massenmedien zu dokumentieren und anzuprangern. Kurz vor dem Irakkrieg untersuchte FAIR die abendlichen amerikanischen Nachrichtensendungen auf ihre Ausgewogenheit – und die waren alles andere als fair. Von allen Statements, die während des Untersuchungszeitraums ausgestrahlt wurden, betrug der Anteil an kritischen Stimmen gerade einmal 17 Prozent.[86] Dabei handelte es sich größtenteils um ausländische, also nichtamerikanische Kriegsskeptiker. Der Anteil an Kriegsskeptikern aus den USA lag in den herangezogenen Nachrichtensendungen sogar nur bei sechs Prozent. Antikriegsaktivisten kamen so gut wie gar nicht zu Wort. Zum Vergleich: In Meinungsumfragen gaben zu diesem Zeitpunkt 61 Prozent der US-Amerikaner an, dass man der Diplomatie noch mehr Zeit geben sollte. Doch ihre Zweifel wurden von den Medien schlicht ignoriert. Stattdessen fungierten die Nachrichten als „Megafone" der Sichtweise der Bush-Regierung, so FAIR. Vermutlich wäre es dem Seelenfrieden unseres Hausverstands zuträglicher, wenn wir die Propaganda rund um den Irakkrieg als rein US-amerikanisches Phänomen abtun. Doch so einfach ist es leider nicht: Auch in Europa beschränken sich Medien zusehends darauf, bloß noch jene PR wiederzugeben, die ihnen Politiker, Lobbyisten und Konzerne bereitstellen.

„Von Herzen Dank – meine Damen und Herren",[87] bedankte sich die damalige deutsche Familienministerin Ursula von der Leyen, „ich will Ihnen sagen, dass ich ausgesprochen geehrt und glücklich bin, dass ich diesen Preis übernehmen darf." Es war ihre Dankesrede für den Preis für besondere „PR-Leistungen", den sie 2007 entgegennehmen durfte. Und diese PR-Leistungen waren wirklich bemerkenswert: Um der deutschen Bevölkerung das von ihr eingeführte „Elterngeld" schmackhaft zu machen, ließ sie nicht einfach mithilfe einer PR-Agentur Plakate kleben und Inserate schalten. So wurden Radiospots produziert, die wie ganz normale Radiobeiträge klangen. „Vor allem viele Frauen finden gut, dass das neue Elterngeld ihnen hilft Beruf und Familie besser unter einen Hut zu bekommen",[88] hieß es da etwa. Dass es sich dabei bloß um Werbung handelte, war für die Zuhörer nicht erkennbar. 192 Radiostationen wurden diese fertigen Berichte angeboten, „vor allem kleine Sender greifen da gerne zu", wie das Magazin „Report Mainz" des Südwestrundfunk (SWR) etwas später aufdeckte. Insgesamt rund 55 Millionen Hörer sollen mit den verdeckten Propagandabeiträgen erreicht worden sein. Auch Lokalzeitungen wurden im Rahmen der Kampagne mit vorgefertigtem Material bedacht. Zahllose Blätter übernahmen die Werbetexte eins zu eins in ihrem redaktionellen Teil.

Die Trickserei der Ministerin war aber noch harmlos im Vergleich zu den Umtrieben der deutschen „Initiative Neue Soziale Marktwirtschaft" (INSM), einer finanzkräftigen Lobbyorganisation des deutschen Arbeitgeberverbands „Gesamtmetall" sowie weiterer Wirtschaftsverbände, die mit ähnlichen Mitteln sogar einer ganzen Ideologie zum Durchbruch verhelfen will. Der Erfolg der Initiative Neue Soziale Marktwirtschaft kann sich sehen lassen: So enttarnte das ARD-Magazin „Plusminus" Talkshow-Stammgäste als INSM-„Botschafter", von denen manchmal gleich drei in einer Sendung sitzen: „Dort treten sie für SPD, Union, FDP und Grüne auf – oder als unabhängige Experten. Tatsächlich sind alle bei der gleichen Lobby im Boot – und fordern harte Einschnitte, von denen sie selbst nie betroffen sind."[89] Mit der Verpflichtung von Prominenten aus Politik und Wissenschaft, „Medienpartnerschaften", Studien, Rankings, Events, Umfragen und vorproduzierten Beiträgen verfolgt die INSM konsequent ein Ziel: allgemein „wahrnehmbare und durch ‚repräsentative' Umfragen belegte Stimmungen" für „neoliberale Reformideen" zu erzeugen, erläutert ein Positionspapier des Interessenverbands investigativ arbeitender Journalisten „Netzwerk Recherche".[90] Damit werde „direkt und indirekt auf das Agenda-Setting der Redaktionen Einfluss genommen". Das mag ein bisschen nach Verschwörungstheorie klingen, hat aber reale Ursachen. Ökonomische Ursachen, die den Erfolg von verdeckten PR-Kampagnen den Boden bereiten.

Der britische Journalist Nick Davies ließ für sein Buch „Flat Earth News" über 2.200 Presseberichte von Forschern der Cardiff University untersuchen. Dabei wurden Artikel aus vier britischen Qualitätszeitungen (The Times, Guardian, Independent und Daily Telegraph) und – wegen ihrer großen Auflage – einer Zeitung aus dem sogenannten Mid-Market-Segment (Daily Mail) näher unter die Lupe genommen. Das Ergebnis der Studie ist ernüchternd: 41 Prozent der untersuchten Artikel beinhalteten PR-Material, weitere 13 Prozent trugen klare Züge von PR-Material.[91] Gerade einmal 12 Prozent der Artikel gingen wirklich auf die Eigenrecherche der Reporter zurück. Warum tun Journalisten so etwas? Sind sie moralisch so verkommen? Oder sind sie vielleicht einfach nur faul?

Um dieser Frage auf den Grund zu gehen, versuchten die Forscher der Cardiff University herauszufinden, ob sich etwas an der Arbeitsumständen von Journalisten in den vergangenen Jahrzehnten geändert haben könnte. In Davies' Auftrag sahen sie sich bei den untersuchten Zeitungen zwei entscheidende Faktoren näher an: die Anzahl an Journalisten selbst und die Menge an Platz, die sie mit Text füllen mussten. Wie sich zeigte, war die Anzahl an Redakteuren seit 1985 leicht zurückgegangen. Die Menge an zu füllendem Platz hatte sich hingegen verdreifacht. Oder anders gesagt: Die durchschnittliche Zeit, die die Journalisten zur Suche und Recherche ihrer Artikel zu Verfügung haben, hatte sich in diesen 20 Jahren auf ein Drittel des ursprünglichen Wertes reduziert. Was geschehen war? In den vergangenen Jahrzehnten hat sich die Eigentümerstruktur der Presse massiv gewandelt, erläutert Nick Davies. Lagen die dominanten US-amerikanischen Medien (Zeitungen, Magazine, Radio, Fernsehen etc.) 1984 noch in den Händen von 50 verschiedenen Unternehmen, waren es 2004 bloß noch fünf: Time Warner, Disney, die News Corporation von Rupert Murdoch und Bertelsmann. Fünf Medienriesen, die bloß einer Logik gehorchen, nämlich jener des Marktes. Und diese diktiert: Je geringer deine Personalkosten sind, desto höher sind deine Gewinne.

Journalisten haben kein besonders gutes Image, wie Meinungsumfragen zeigen.[92] Doch Journalisten bleibt oft gar nichts anderes übrig, als unhinterfragt Unwahrheiten und PR zu übernehmen, weil Recherche und Faktenchecks nun einmal viel Zeit beanspruchen – Zeit, die ihnen kaum noch gegeben wird. Doch genau darauf baut die Demokratie auf: dass freie Medien Politik, Staat und Wirtschaft kritisch im Auge behalten und Missstände gegebenenfalls aufdecken. Leider ist das immer weniger der Fall. „Zum ersten Mal, meldet der Mediendienst kress report, gebe es in Deutschland mehr Pressesprecher als Journalisten",[93] hält die Hamburger Wochenzeitung „Die Zeit" in einem Artikel zum Zeitungssterben fest. Und das ist bei Weitem kein Trend, der sich nur auf Deutschland beschränkt. Das heißt, dass mittlerweile mehr Menschen dafür bezahlt werden, die Propaganda im Sinne von Politikern, Unternehmen, Interessensgemeinschaften, Lobbys etc. zu verbreiten, als es Journalisten gibt, die Falschinformationen aufdecken könnten. Genau hier liegt der Hund begraben.

Als die Besucher der Nutztiermesse, bei der auch Francis Galton anwesend war, ihre Tipps beim Ochsenschätzwettbewerb abgaben, lagen sie im Schnitt verblüffend gut. Allerdings hatten sie dort das Tier leibhaftig vor sich. Die Tipps, die die Leute abgaben, beruhten auf dem Bild, das sich unzählige Messebesucher weitgehend unbeeinflusst mit ihren eigenen Augen vor Ort gemacht hatten. Anders verhält es sich in Sachen Politik, Wirtschaft und Weltgeschehen: Alles, was wir von den obersten 10.000 und ihren Konzepten wissen, wird uns bloß von ein paar Medienkonzernen vermittelt, die sich wiederum auf die gleichen paar Nachrichtenagenturen verlassen. Je weniger Zeit und Ressourcen Journalisten zur Recherche zu Verfügung haben, desto eher fallen sie (und wir) auf leere Versprechen und falsche Informationen herein. Denn wo niemand mehr ist, der diese überprüft, wird die Inszenierung wichtiger als die Fakten. Wie leicht sich die Schwarmintelligenz von Inszenierungen beeinflussen lässt, veranschaulicht eine

Studie von Jack Treynor.[94] Der Finanzanalyst ließ Studenten die Anzahl an Geleebonbons schätzen, die sich in einem Glaskrug befanden. Der Durchschnitt der Schätzungen kam mit einem Wert von 871 Bonbons der realen Anzahl – es waren 850 – erwartungsgemäß äußerst nahe, die Abweichung betrug nicht einmal drei Prozent. „Bis zu diesem Punkt lief alles auf eine Bestätigung des Marktexperiments von Francis Galton über das Schlachtgewicht des Ochsen hinaus".[95] schildert James Surowiecki, Autor des Bestsellers „Die Weisheit der Vielen". „Im zweiten Gang des Experiments aber wies Treynor seine Studenten ausdrücklich auf die Tatsache hin, dass der Krug diesmal nicht aus Glas, sondern aus Kunststoff bestand und nicht bis an den oberen Rand gefüllt war – womit er nahelegte, dass das Gefäß diesmal mehr Geleebonbons enthalten könnte." Das Ergebnis: Obwohl die Studenten den Krug nach wie vor leibhaftig vor sich hatten, übte der Experimentator mit seinem Vortrag einen so großen Einfluss aus, dass der mittlere Schätzwert der Gruppe nun um 15 Prozent von der realen Anzahl abwich.

Das ist der eine Aspekt. Doch da wäre noch eine andere Sache. Die Weisheit der Masse hängt nämlich maßgeblich von der Anzahl an unabhängig abgegebenen Stimmen ab. In einer Gruppe, in der unterschiedliche Sichtweisen kaum mehr vertreten sind, verpufft auch die Schwarmintelligenz, warnt auch Barry Schwartz:

Je globaler die Telekommunikation wird, desto größer im Übrigen die Gefahr, dass wir alle die gleichen Informationen aus zweiter Hand beziehen. Nachrichtensender wie CNN oder Zeitschriften wie US Today berichten überall in den Vereinigten Staaten – und mittlerweile schon in der ganzen Welt – die gleichen Geschichten, was die Wahrscheinlichkeit einschränkt, dass das verzerrte Faktenverständnis

*eines Einzelnen durch seine Freunde oder Nachbarn
korrigiert wird. Denn diese Freunde haben dasselbe
verzerrte Faktenverständnis aus derselben Quelle gewonnen.*[96]

Wie das enden kann, zeigte die an sich harmlose Gameshow
„Schlag den Raab", bei der der Kandidat Hans-Martin die
Gemüter erhitzte. War das Publikum bloß gehässig? Wollten
die Zuseher ihm vielleicht nur deswegen den Sieg nicht gön-
nen, weil sie auf seine Intelligenz und seine Fitness, auf seinen
Ehrgeiz und seine Ausdauer neidisch waren? Möglicherweise
spielte auch das eine Rolle. Doch ganz unbegründet war die
Empörung nicht. Das Telefonvoting am Beginn der Show
konnte Hans-Martin unter anderem wohl auch deswegen
für sich entscheiden, weil er versprochen hatte: „Wenn ich
das Geld gewinnen sollte, werde ich nicht nur eine Party
schmeißen, ich werde auch eine Weltreise machen und meinen Eltern das Geld zurückzahlen, das sie bisher in mich
investiert haben." Zwei Tage später – die Emotionen der
Fernsehzuschauer hatten sich inzwischen ein bisschen ab-
gekühlt – war Hans-Martin in der Late-Night-Show seines
einstigen Konkurrenten Stefan Raab zu Gast, um den kleinen Wettkampf noch einmal Revue passieren zu lassen.

„Was machst du jetzt mit dem Geld, hast du schon 'nen
Plan?",[97] fragte Raab seinen ehemaligen Kontrahenten.

„Gar nicht", wiegelte dieser ab. „Es wird angelegt und
dann, wenn ich in einem Jahr dann Apotheker bin, werde
ich vielleicht meinen Laden selber irgendwann aufbauen und
selbstständig werden."

„Apotheke?"

„Ja, höchstwahrscheinlich."

„Gibst du den anderen Leuten noch was mit, hast du
noch irgendwie Mama, Papa, Oma, Opa ...?", hakte der
Showmaster nach.

„So Leute, die die Hand aufhalten, oder was meinst du jetzt?", scherzte der Pharmaziestundent. „Nee, nee, gar nicht."

Ob sich Hans-Martin an sein Wahlversprechen wirklich nicht mehr erinnern konnte oder ob er es nur einfach nicht wollte, wissen wir nicht. Der Punkt ist: Das Telefonvoting, bei dem er sich gegen vier weitere Bewerber durchgesetzt hatte, beruhte auf einem einzigen vorproduzierten Video, in dem sich der Gameshowkandidat inszenieren konnte. Ein einziger, sehr wohlwollender Blickwinkel, der dem viel unmittelbareren Eindruck während der Livesendung offensichtlich nicht standhalten konnte. Könnten wir Menschen des öffentlichen Interesses – allem voran natürlich Politikern – bei der Arbeit zusehen und nicht nur bei der Inszenierung ihrer Arbeit, würde sich wahrscheinlich ein ähnlicher Effekt bemerkbar machen. Doch wie wir gesehen haben, geht die Tendenz in eine andere Richtung.

Wer's glaubt, hat's eilig

Kollektive Intelligenz ist ein spannendes Phänomen, das keineswegs bloß in den Köpfen irgendwelcher Utopisten existiert. Nicht umsonst gilt der „Publikumsjoker" bei „Wer wird Millionär?" als wertvollstes Helferlein der Quizkandidaten. Laut James Surowiecki lag die Trefferquote des Publikums (bei der US-Ausgabe der Show) bei 91 Prozent, während ein „Telefonjoker" im Schnitt nur 65 Prozent aller Fragen richtig beantwortete.[98] Wie wir gesehen haben, ist es – entgegen dem Glauben unseres gesunden Menschenverstands – nicht einmal unbedingt notwendig, dass die Einzelnen besonders viel wissen. Es gibt bloß ein Problem: „Die Weisheit der Vielen" ist ein zartes Pflänzchen, das nur unter optimalen klimatischen Bedingungen gedeihen kann.

Ein Freund von mir – er ist heute Journalist – begann seine Karriere als Redakteur bei einer Studentenzeitung. Immerhin rund 20.000 Studierende bekamen das Blatt zugeschickt. In seiner Zeit als Chefredakteur wurde er sogar einmal in einem Innenstadtlokal erkannt (was er mir noch heute immer wieder voller Stolz erzählt). Seine ersten journalistischen Erfahrungen, die er dabei sammelte, waren durchaus unterhaltsam. „Es ist natürlich so, dass unter Zeitdruck, vor allem wenn man eine Zeitung nebenbei und praktisch unentgeltlich macht, nicht immer so recherchiert wird, wie es die journalistische Sorgfaltspflicht verlangt", erzählt er rückblickend. So erfand er etwa einmal aus Zeitnot für eine Reportage eine Figur, der er sogar wörtliche Zitate in den Mund legte. „Was die Figur gesagt hat, war allerdings passend und richtig." Wenn zu wenige Leserbriefe eingetrudelt waren, um die Leserbriefseite zu füllen, schrieb er sie vereinzelt einfach selbst. Und auch bei Literaturkritiken „hat man nicht die Zeit, das Werk wirklich durchzulesen, und muss einen Text anhand weniger Seiten schreiben, die man gelesen hat". Ob es Leser gab, die das bemerkt hatten? „Wir sind inhaltlich kaum hinterfragt worden", erinnert er sich zurück. „Ich glaube auch nicht, dass viele Leser in ihrer Freizeit die Energie und die Lust haben, sich damit auseinanderzusetzen, wie ihr soeben konsumiertes Medium ‚hergestellt' wurde. Also, wir bekamen zu unseren Artikeln praktisch kein positives oder negatives Feedback. Es gab mal eine Beschwerde, dass ein Artikel zum Thema Fair Trade inhaltlich nicht ganz richtig gewesen sei."

Ganz anders verhielt es sich jedoch, als der jungen Redaktion ein Fehler bei einem Sudokurätsel unterlief. „Wir hatten in jeder Ausgabe ein Sudoku-Gewinnspiel. Wer es richtig löste, schickte eine Mail mit dem Lösungswort an uns. Aus den richtigen Antworten wurde dann der Gewinner gezogen." Doch in einer Ausgabe beinhaltete das Sudoku einen Fehler und war damit unlösbar. „Es waren keine richtigen Beschwerden, aber wir haben wirklich sehr, sehr viele Mails bekommen, ich schätze 30 bis 40, in denen wir auf den Sudokufehler hingewiesen wurden. Ein Leser ist sogar extra in die Redaktion gekommen, um mir persönlich zu sagen, dass wir einen Fehler im Heft haben." Eine Reportage über eine fiktive Person oder selbstgedichtete Leserbriefe hatte also niemand bemerkt. Ein kleiner Fehler beim Sudoku sorgte hingegen für ein überfülltes Postfach.

Ähnliches erzählten mir auch Radiojournalisten: Kein Hörer bemerkt, wenn eine Straßenumfrage oder ein Anrufer mit einem Musikwunsch nicht echt ist. Tatsächlich sind vor allem bei kommerziellen Radiostationen Höreranrufe recht häufig gestellt. Auch ist so manches nicht live, was live klingt. All das fällt aber niemandem auf. Kaum jemand würde es auch nur vermuten. Allerdings: Wenn die Nachrichten unpünktlich beginnen oder falsche Zeitansagen gemacht werden, kann es schon einmal Beschwerden hageln. Wo liegt nun der Unterschied zwischen einem unlösbaren Sudoku und erfundenen Leserbriefen, zwischen falschen Zeitansagen und gestellten Musikwünschen?

Auf diese Frage gibt ein Experiment Antwort, das der US-amerikanische Psychologieprofessor Daniel Gilbert gemeinsam mit seinen Kollegen Romin Tafarodi und Patrick Malone durchgeführt hatte. Dabei wurden den Versuchsteilnehmerinnen Aussagen über zwei unzusammenhängende Kriminalfälle vorgelegt, die angeblich vor Kurzem stattgefunden hätten.[99] Die Probandinnen mussten entscheiden, wie lange die Täter dafür im Gefängnis büßen sollten. Der erste Bericht beschrieb, wie ein Täter namens „Tom" einen hilfsbereiten Fremden ausgeraubt hatte, der zweite Bericht beschrieb den Überfall eines kleinen Ladens durch einen Mann namens „Kevin". Allerdings waren nicht alle Aussagen „wahr", manche Statements gehörten ausdrücklich nicht dazu – und das wurde den Versuchsteilnehmerinnen ausdrücklich mitgeteilt. „Obwohl keine Begründung für die Einbindung von falschen Informationen angeboten wurde, nahmen wir doch an, dass einige Probandinnen es für ungewöhnlich halten würden", so die Studienautoren. Zu ihrer Überraschung hinterfragte niemand die Präsenz von Aussagen, die gar nicht Teil der Berichte waren. Die wahren Statements wurden in schwarzer Schrift auf einem Bildschirm dargestellt, die falschen in roter Schrift. Dabei ließen manche dieser Falschaussagen die Ernsthaftigkeit der Straftaten besonders schlimm erscheinen (zum Beispiel „Der Räuber hatte eine Waffe"). Andere Statements wurden wiederum so gestaltet, dass das Delikt weniger schwerwiegend erschien, wie beispielsweise, dass der Räuber hungrige Kinder zu ernähren hätte. Manche Versuchsteilnehmerinnen bekamen nicht dazugehörende Statements zu lesen, die Tom schlechter und Kevin besser dastehen ließen, manche bekamen eine Version, bei der es genau umgekehrt war. Was meinen Sie: Ließen sich die Versuchsteilnehmerinnen täuschen? Verpassten Sie den Tätern etwa längere Haftstrafen, wenn diese negativ dargestellt wurden, obwohl sie wussten, dass der rote Text falsch war? Ja, sie ließen sich täuschen – allerdings nicht in besonders gravierendem Ausmaß: Ließen die Falschaussagen das Delikt weniger schwerwiegend erscheinen, wurden den Räubern im Schnitt 6,03 Jahre aufgebrummt, ließen die rot dargestellten Aussagen den Raub besonders gravierend erscheinen, war es genau um ein Jahr mehr.

Anders verhielt es sich bei einer weiteren Gruppe von Versuchsteilnehmerinnen, die während des Experiments mit einer Ziffernsuchaufgabe bewusst abgelenkt wurden, etwa indem sie jedes Mal einen Knopf drücken mussten, wenn eine Fünf eingeblendet wurde. Diese Erschwernis veränderte das Urteil der Probandinnen massiv. Zwar war die Gnade mit dem Räuber kaum größer, wenn dessen Verbrechen nicht so schlimm dargestellt wurde: Statt 6,03 Jahre sollte er „nur" 5,83 Jahre im Gefängnis büßen. Ließen die Falschaussagen den Räuber hingegen besonders schlecht dastehen, bekam er über fünf Jahre mehr Haft aufgebrummt (11,15 Jahre). Das Ergebnis war ausgesprochen bemerkenswert: Obwohl die Versuchsteilnehmerinnen wussten, dass die rot dargestellten Aussagen gar nichts mit den vorliegenden Kriminalfällen zu tun hatten, zogen sie sie für ihr Urteil heran – ganz besonders dann, wenn ihnen die Möglichkeit genommen wurde, sich auf die eigentliche Aufgabe zu konzentrieren.

Das Experiment wirft nicht nur die Frage auf, ob der Trend zu vermeintlichem Multitasking dazu führen könnte, dass wir Personen oder Personengruppen, die in der medialen Berichterstattung aufscheinen, vorschnell verurteilen. Das Experiment veranschaulicht auch, dass Verstehen und Glauben kein zweistufiger Prozess ist. Geht es nach der Vorstellung des gesunden Menschenverstands, dann glauben wir etwas erst dann, wenn wir uns von der Stichhaltigkeit von Argumenten und Fakten überzeugt haben. Das aber ist falsch: Verstehen heißt bereits zu glauben. Bloß besitzen wir die Fähigkeit, eine Behauptung unverzüglich zu „entglauben", wenn sie etablierten Vorstellungen und Fakten widerspricht. Doch um einen Widerspruch aufzudecken, brauchen wir zum einen Zeit und zum anderen Vergleichsmöglichkeiten.

Eine solche Vergleichsmöglichkeit hatten die Leser der Studentenzeitung, als sie das Sudoku lösen wollten. Als sie mit dem Rätsel begannen, glaubten sie zunächst, dass es lösbar sei. Dies erwies sich erst als Irrtum, nachdem klar war, dass die vorgegebenen Ziffern im Widerspruch zu sämtlichen Lösungsmöglichkeiten standen. Nur selten sind die Vorgaben so eindeutig wie bei einem Sudoku, sodass wir uns vollends auf unseren eigenen Verstand verlassen können. Egal ob es sich um einen verdächtig großzügigen Gameshow-Kandidaten handelt, um angebliche Beweise für Massenvernichtungswaffen oder um die vermeintlichen Expertisen von Ökonomen: Zunächst einmal glauben wir, was wir hören und sehen, zumindest solange es nichts gibt, was uns zweifeln lassen könnte. Dem gesunden Menschenverstand ist es in erstaunlichem Maße gleichgültig, ob Fakten stimmen, solange sie stimmig sind. Je geringer die Zahl der kritischen Gegenstimmen in der Öffentlichkeit wird, desto geringer ist auch die Chance, dass uns jemand vor diesem Denkfehler bewahrt.

Wie wir gesehen haben, gibt es so etwas wie Schwarmintelligenz tatsächlich. Es handelt sich um den Mittelwert des jeweiligen gesunden Menschenverstands vieler Einzelpersonen. Doch die Weisheit der Masse beruht nicht darauf, dass der Hausverstand der Einzelnen so richtig läge. Die Weisheit der Masse beruht darauf, dass sich die Irrtümer des gesunden Menschenverstands in der Menge gegenseitig neutralisieren. Um das zarte Pflänzchen der Schwarmintelligenz auch tatsächlich zum Sprießen zu bringen, sind wir daher darauf angewiesen, dass es ein möglichst breites Spektrum an Sichtweisen gibt. Von ganz besonderer Bedeutung ist das natürlich bei politischen Fragen.

DER POLITISCHE MENSCHENVERSTAND

**Die zwei Seiten des Würfels oder:
Wieso der gesunde Menschenverstand
Linken etwas anderes sagt als Rechten**

In keinem Land der Welt sind Kinder wahlberechtigt. Nirgendwo wird auch nur ernsthaft angedacht Kinder wählen zu lassen – und das aus gutem Grund: Kindern fehlt die Vernunft, das politische Wissen und die Erfahrung, um an Wahlen teilnehmen zu können. Was weiß ein Achtjähriger schon von Innen- und Außenpolitik, woher soll er wissen, ob im Augenblick die Sanierung des Budgets oder die Ankurbelung der Konjunktur wichtiger sein könnte? Grundvernünftige Argumente, deren Stichhaltigkeit sich kaum abstreiten lässt. Das Kuriose an der Sache: Kinder würden ihre Sache trotzdem nicht schlechter machen als Erwachsene. Das fanden John Antonakis und Olaf Dalgas von der Universität Lausanne in der Schweiz heraus.

Zunächst zeigten die Wissenschaftler 684 Studierenden Fotos von Letzteren unbekannten Personen.[100] Es handelte sich dabei um jeweils zwei französische Politiker, die 2002 bei den Parlamentswahlen gegeneinander angetreten waren.

89

Wie sich zeigte, entschieden sich die Studenten alleine aufgrund der Bilder mehrheitlich für jenen Politiker, der bei der Wahl tatsächlich gewonnen hatte. Für John Antonakis und Olaf Dalgas war das keineswegs überraschend. Dass man mit dieser Methode den Ausgang von Wahlen vorhersagen kann, hatte bereits ein paar Jahre zuvor Alexander Todorov mit seinen Kollegen von der Princeton University gezeigt.[101] Doch Antonakis und Dalgas gingen bei ihrer Studie noch einen Schritt weiter. Sie wollten wissen, ob auch Kinder mehrheitlich dem triumphierenden Politiker ihr Vertrauen schenken würden. Um das herauszufinden, ließen die Forscher 681 Kinder ein Computerspiel über die Reise des Odysseus von Troja nach Ithaka spielen. Eine Schlüsselrolle kommt dabei dem Kapitän zu, der während der Reise bedeutsame Entscheidungen treffen muss. Es sollte sich also schon um eine kompetente Persönlichkeit handeln. Den Kindern im Alter von fünf bis dreizehn Jahren wurde daher die Frage gestellt, wen sie zum Kapitän machen würden, wenn sie die Auswahl zwischen je zwei der französischen Politiker hätten. Ebenso wie zuvor die Studenten favorisierten auch die Kinder in 70 Prozent der Fälle den Wahlsieger des Jahres 2002.

Sollte man Kinder also zur Wahl zulassen? Vermutlich wäre das schon deshalb keine gute Idee, da die Entscheidung der meisten Kinder von ihren Eltern beeinflusst wird. Diese hätten damit bei Wahlen je nach Anzahl der Kinder mehr Stimmen als andere zur Verfügung, was naturgemäß gegen den Gleichheitsgrundsatz verstoßen würde. Allerdings zeigt die Untersuchung von John Antonakis und Olaf Dalgas, dass Kinder auch nicht anders wählen würden als Erwachsene. Oder anders gesagt: Erwachsene treffen ihre Wahlentscheidung offenbar nach ähnlichen Kriterien wie Kinder. Wie Alexander Todorovs Studie offenbarte, änderte sich das Urteil der (erwachsenen) Probanden auch dann kaum, wenn sie hinterher mehr Informationen über die Kandidaten bekamen. So viel auch im Fernsehen vor Wahlen debattiert werden mag, so viel darüber geschrieben wird und so viel Geld Parteien in ihre Wahlwerbung auch buttern mögen; irgendetwas scheint Politikern ins Gesicht geschrieben zu sein, das sich bereits auf einfachen Schwarz-Weiß-Fotos ablesen lässt und den Ausgang von Wahlen maßgeblich beeinflusst. Naturgemäß entspricht das nicht gerade dem Grundgedanken der Demokratie. Vielmehr gelte es ja, Vertreter der eigenen Interessen und Werte mit den daraus abgeleiteten Meinungen zu bestimmten Sachthemen ins Amt zu wählen. Dabei setzt der demokratische Gedanke voraus, dass die Menschen am politischen Prozess interessiert sind und nicht bloß einfach jene wählen, die einem verborgenen Schönheitsideal entsprechen. Doch offenbar hapert es bei der Umsetzung – und da bereits bei Journalisten: Wie vor Kurzem eine israelische Untersuchung zutage brachte, kommen Politiker umso öfter im Fernsehen vor, je besser sie aussehen.[102] Allerdings dürfte dieses Problem noch relativ jung sein.

In der englischsprachigen Version der Internet-Enzyklopädie Wikipedia findet man einen spannenden – und hoffentlich korrekten – Artikel über die Körpergröße von US-Präsidenten und deren Widersachern bei den Präsidentschaftswahlen.[103] Akribisch genau wird in einer Tabelle aufgelistet, bei welcher Wahl sich jeweils der größere bzw. der kleinere Kandidat durchsetzen konnte. Bereits beim ersten Blick fällt auf, dass es sich bei US-Präsidenten vielleicht nicht stets um große Persönlichkeiten, so doch fast immer um große Personen handelt: Abraham Lincoln war demnach 1,93 m groß, George Washington, Bill Clinton und George Bush Senior 1,88 m, Barack Obama misst – genauso wie einst Ronald Reagan – stattliche 1,85 m. Die Durchschnittsgröße der ersten 43 Präsidenten beträgt demnach 1,80 m, während der heutige männliche Durchschnittsamerikaner trotz deutlich gestiegener Körpergrößen bloß knapp 1,76 m ist (Stand 2005). Das muss noch nicht viel heißen, könnte es doch zunächst bloß bedeuten, dass US-Präsidenten aus besseren Häusern stammen: bessere Lebensumstände, bessere Ernährung, bessere Chancen auf gute Bildung, eine einflussreichere soziale Umgebung und damit auch bessere Chancen auf ein hohes Amt wie jenes des US-Präsidenten. Doch wie die Tabelle zeigt, scheinen die Wählerinnen und Wähler selbst eine Vorliebe für große Kandidaten zu haben. Aus den 25 US-Präsidentschaftswahlen des 20. Jahrhunderts ging in 18 Fällen der größere Kandidat als Sieger hervor. Bloß in fünf Fällen setzte sich der Kleinere durch (dazu zählt allerdings auch der Wahlsieg George W. Bushs gegen seinen körperlich wie stimmenmäßig überlegenen Kontrahenten Al Gore im Jahr 2000).

Das war jedoch nicht immer so. Die Wahldurchgänge des 19. Jahrhunderts ergeben nämlich ein viel ausgeglicheneres Bild: Von jenen Wahldurchgängen, bei denen Daten über die Körpergröße aller Präsidentschaftskandidaten vorliegen, wurde in sechs Fällen der größere zum Präsidenten gewählt, jedoch in 12 Fällen der kleinere. Berücksichtigt man die Tatsache, dass in zwei Fällen der größere Kandidat insgesamt mehr Stimmen bekam (aber aufgrund des amerikanischen Mehrheitswahlrechts trotzdem unterlag), so beträgt das Verhältnis acht zu zehn. Während also die Körpergröße im 20. Jahrhundert einen erheblichen Einfluss auf die Wahl des US-Präsidenten zu haben schien, war dies im 19. Jahrhundert noch nicht der Fall. Woran kann dies gelegen haben?

Wenn wir die beiden Jahrhunderte miteinander vergleichen, dann fällt zunächst einmal auf, dass es zu Zeiten des Wilden Westens weder Waschmaschinen noch elektrische Gitarrenverstärker gab. Die Menschen des 19. Jahrhunderts hatten damit also weder ein Übermaß an sauberer Kleidung zu Verfügung, noch konnten sie Heavy-Metal-Musik hören, doch wird das den Ausgang der Präsidentschaftswahlen nicht maßgeblich beeinflusst haben. Was die Wahlen aber beeinflusst haben könnte, ist die omnipräsente bildliche Darstellung von Politikern, die sich im 20. Jahrhundert durchsetzte. Zunächst in den Zeitungen, dann im Kino und schließlich im Fernsehen bis hin zum Internet. Mit der Wende zum 20. Jahrhundert kam die Bilderflut – und plötzlich waren die US-Bürger offensichtlich der Meinung, dass der jeweils größere Kandidat mehr Vertrauen verdiene.

Natürlich bedeuten ein paar Wahldurchgänge noch nicht, dass zwischen der Bilderflut und der Bevorzugung großer Präsidentschaftskandidaten ein kausaler Zusammenhang bestehen muss. Vielleicht gab es dafür ja auch ganz andere Gründe, vielleicht handelt es sich gar überhaupt nur um einen Zufall. Allerdings gibt es zahlreiche Untersuchungen, die belegen, dass es große Menschen tatsächlich leichter haben, Karriere zu machen. So konnte beispielsweise das Deutsche Institut für Wirtschaftsforschung nachweisen, dass jeder zusätzliche Zentimeter an Körpergröße einen um 0,6 Prozent höheren Bruttolohn zur Folge hat.[104] Bei zwei gleichqualifizierten Männern, von denen jedoch der eine um zehn Zentimeter größer ist als der andere, schlägt sich dieser Unterschied übers Jahr gerechnet mit etwa 2.000 Euro zu Buche. Allerdings gilt das offenbar nicht für Frauen; ihr Gehalt scheint zumindest in Deutschland von der Körpergröße unabhängig zu sein. Das heißt jedoch nicht automatisch, dass große Menschen ungerechtfertigt bevorzugt werden. Im Rahmen einer Untersuchung verglich Paul M. Sommers, Professor am Middlebury College in Vermont, die Körpergröße von US-Präsidenten mit der Leistungsbewertung von Historikern. Dabei zeigte sich, dass große Präsidenten von Historikern tatsächlich besser beurteilt werden als kleine.[105] „Größe kann als Prädikator für Bedeutung verwendet werden", fasst Sommers seine Studie zusammen. Die Frage, ob große Präsidenten tatsächlich mehr geleistet haben oder ob sie einfach besser beurteilt werden, lässt sich damit natürlich auch nicht beantworten. Doch eines scheint klar, so Paul M. Sommers: „Anscheinend wollen Historiker jemanden im höchsten Amt, zu dem sie aufsehen können." Optik ist natürlich nicht alles: Auch eine tiefe Stimme kann nicht schaden.[106] Nun gut. Aber ist es das? Ist Politik womöglich nichts anderes als das Produkt einer Art Castingshow, bei der am Ende die Großen und Telegenen den Kleinen und weniger Ansehnlichen diktieren, wo es langgehen soll?

Der Glaube an die gerechte Welt

5. August 2009, 2:28 Uhr

Als der Polizei in der 70 Kilometer westlich von Wien gelegenen Kleinstadt Krems ein Alarmsignal aus einem Supermarkt gemeldet wurde, sah noch alles ganz harmlos aus. Höchstwahrscheinlich einmal mehr ein Fehlalarm. Nachsehen musste sie trotzdem. Wenige Stunden später erschienen die ersten Medienberichte:

Krems: 14-Jähriger bei Einbruch erschossen –
Notwehr?
Zwei Jugendliche wurden bei einem Einbruch in einen Supermarkt von der Polizei ertappt, einer wurde erschossen. Unklar ist, ob die beiden die

Polizisten attackiert haben. Die Jugendlichen hatten keine Schusswaffen bei sich.[107]

Viel wusste man in der Öffentlichkeit zu diesem Zeitpunkt nicht. Der Tote hieß Florian P. und war 14 Jahre alt, sein Kompagnon war 16, hieß Roland T. und kam mit zwei Oberschenkel-Durchschüssen davon. Feststand, dass die beiden keine Schusswaffen bei sich hatten, sondern nur einen Schraubenzieher und eine Gartenkralle.

Zunächst hatten Florian P. und Roland T. am frühen Morgen der verheerenden Unglücksnacht vergeblich versucht den Hintereingang des Supermarktes aufzubrechen. Als das misslang, öffneten sie den Rollbalken einer Laderampe und lösten damit den stillen Alarm aus. Als zwei Polizeibeamte eintrafen, wurden mehrere Schüsse abgefeuert. Völlig unklar war jedoch, ob die Jugendlichen den Polizisten Andreas K. sowie die Polizistin Ingrid G. attackiert hatten. Wurde der 14-jährige Florian P. aus Notwehr erschossen? Oder handelte es sich um eine Überreaktion der Polizei, was angesichts einer so stressigen Situation durchaus möglich gewesen wäre? Möglichkeiten wie diese lagen noch völlig im Dunkeln. Bekannt war nur, dass sowohl Andreas K. als auch Ingrid G. Schüsse abgefeuert hatten.

Für die Öffentlichkeit jedoch schienen derlei „Detail"-Fragen ziemlich unerheblich zu sein. Zwar hatte der Supermarkteinbruch viel Staub aufgewirbelt: Es wurden Leitartikel geschrieben, Experteninterviews geführt und Reportagen über das Milieu der jugendlichen Einbrecher verfasst. Doch an den reflexartigen Schuldzuschreibungen änderte das wenig.

Vor allem anonyme Kommentatoren in Internetforen wurden einmal mehr ihrem schlechten Ruf voll und ganz gerecht. Während für manche bereits am Tag der Tragödie feststand, dass die Polizeibeamten den 14-jährigen Florian P. mit voller Absicht erschossen hätten, ärgerten sich die anderen, dass „die Täter zu Opfern gemacht" worden seien. Rasch bildeten sich zwei Lager: Auf der einen Seite standen jene, die betonten, dass der Tod eines Minderjährigen in keinem Verhältnis zu einem Eigentumsdelikt stehe. Die Möglichkeit, dass es sich um eine unbeabsichtigte Stressreaktion gehandelt haben könnte, sahen sie nicht. Auf der anderen Seite standen jene, für die die Verhältnismäßigkeit schlicht keine Rolle zu spielen schien: „Wer eine verbrecherische Tat wie diese verübt, muss mit einem solchen Ausgang rechnen!", lautete ein oft ausgesprochener Satz in diesen Tagen. Viele von ihnen empfanden es geradezu als Ketzerei, wenn die Möglichkeit auch nur in Erwägung gezogen wurde, dass einer der beiden Polizeibeamten einen Fehler begangen haben könnte. Was die beiden Lager jedoch einte, war ihr Desinteresse am eigentlichen Tathergang.

Erschwerend kam hinzu, dass der verletzte 16-jährige Roland T. unverzüglich und ohne Beisein eines Anwalts im Spital einvernommen wurde, während die Beamten – beide hatten denselben Anwalt – wegen ihrer „psychischen Belastung" drei Tage lang nicht aussagen mussten. Dadurch wurde der Supermarkteinbruch auch zum Politikum. „Es ist eine schießwütige Politik, die zu schießwütigen Polizisten führt", warf etwa ein grüner Oppositionspolitiker der konservativen österreichischen Innenministerin vor, wenn „die Politik hier zusieht und auf Abwarten setzt, dann stiehlt sie sich aus der Verantwortung".[108] Ganz anders sah man das wiederum beim auflagenstarken Massenblatt Kronen Zeitung, in der der ehemalige Bild-am-Sonntag-Chefreporter Michael Jeannée meinte: „Wer alt genug zum Einbrechen ist, ist auch alt genug zum Sterben."[109] Ein Satz, der in Österreich 2009 zum „Unspruch des Jahres" gekürt wurde. Doch wie kommt es überhaupt zu so einer Äußerung?

Wer den Schaden hat, braucht für den Spott nicht zu sorgen

Ein Experiment brachte Mitte der 1960er-Jahre den Sozialpsychologen Melvin Lerner auf eine bemerkenswerte Idee. Versuchspersonen sahen bei dem Versuch Tom und Bill zu, die gemeinsam an einer Anagrammaufgabe tüftelten.[110] Tom war Radiosprecher, ziemlich attraktiv und der klare Liebling der Probanden. Sein Kollege Bill war hingegen bloß ein ganz normaler Durchschnittstyp. Leider konnten nicht beide für ihre Aufgabe bezahlt werden, wie die zusehenden Versuchspersonen erfuhren. Wer den Lohn bekommt, werde per Los entschieden. Die Wissenschaftler wollten wissen: Würde der Losentscheid einen Einfluss auf die anschließende Bewertung von Tom und Bill haben? Tatsächlich war es so. Wurde der attraktive Tom gezogen, dann wurde dieser von den Probanden als emsiger und geschickter bewertet. Das war an sich noch nicht ungewöhnlich. Schließlich hatten sie ihn von Anfang an bevorzugt. Erstaunlich war jedoch die Reaktion, wenn der durchschnittliche Bill gezogen wurde – dann wurde nämlich dieser besser bewertet. Seltsam, denn eigentlich sollte ein Losentscheid nichts damit zu tun haben, welcher der beiden als eifriger oder geschickter angesehen wird. Entweder jemand stellt sich bei einer Aufgabe geschickt an oder eben nicht. Doch die Beobachter, also die Versuchspersonen, hatten offenbar andere Kriterien für die Bewertung von Fleiß und Geschick. Derjenige, der gezogen wurde, war in ihren Augen nicht einfach der Glücklichere. Vielmehr schien der Zufall immer auf dessen Seite zu stehen, der sich das Geld auch wirklich verdient hatte. Melvin Lerner zog daraus den Schluss, dass es da etwas geben müsse, das er „Glauben an die gerechte Welt" nannte. Demnach hat sich ein erfolgreicher Mensch – und sei es bloß aufgrund eines Glücksfalls – seinen Erfolg auch verdient. Umgekehrt müssen aber auch Unglücksraben an ihrem Misserfolg selbst schuld sein. Andernfalls wäre die Welt ja nicht gerecht.

Um seine Vermutung zu überprüfen, führte Melvin Lerner gemeinsam mit seiner Kollegin Carolyn Simmons neuerlich ein Experiment durch. Diesmal mussten die Versuchspersonen einen weitaus dramatischeren Anblick mitverfolgen als zwei Männer beim bloßen Lösen einer harmlosen Anagrammaufgabe. Einem fiktiven Probanden wurde eine simple Lernaufgabe gestellt, bei der er für jede falsche Antwort scheinbar schmerzhafte Elektroschocks erhielt.[111] Allerdings handelte es sich dabei bloß um einen eingeweihten Komplizen der Wissenschaftler; die echten Versuchspersonen hatten eine andere Aufgabe zu erledigen. Sie sollten die Persönlichkeit des „Probanden" (des

98

Komplizen) anhand verschiedener Skalen einschätzen – sowohl zu Beginn als auch am Ende des Experiments.

Wie sich zeigte, wurde das sichtlich leidende Opfer der Elektroschocks im Laufe des Experiments deutlich abgewertet, und zwar vor allem dann, wenn die Beobachter dem Opfer nicht helfen konnten. Stark abgewertet wurde das Opfer auch besonders dann, wenn die Beobachter zu befürchten hatten noch bei weiteren Torturen zusehen zu müssen. Am erschütterndsten jedoch war das Ergebnis in der sogenannten „Märtyrer-Versuchsbedingung": Dabei musste der Komplize vor den Augen der Beobachter offenbar erst mühsam überredet werden, um an der schmerzhaften Tortur teilzunehmen. Zunächst weigerte sich das Opfer, doch als die Versuchsleiterin argumentierte, dass ansonsten die Beobachter – allesamt Studenten – ihre Anwesenheitspunkte („Lab Credits") nicht verrechnet bekommen würden, willigte der Komplize schließlich ein. Er hatte sich also für die Beobachter aufgeopfert – mit dem höchst unfairen Ergebnis, dass er in dieser Versuchsbedingung am allermeisten abgewertet wurde!

Was war geschehen? Waren die Versuchspersonen von Lerner und Simmons zufällig allesamt ein Haufen sadistischer Psychopathen? Oder hatten sie vielleicht ihren Arbeitsauftrag nicht richtig verstanden? Nichts von alledem, denn das Ergebnis des Experiments konnte in den folgenden Jahren im Rahmen zahlreicher Variationen bestätigt werden. Egal ob es sich um Kinder oder um kanadische Hausfrauen handelte – je unverschuldeter ein Opfer leiden musste, desto mehr wurde es abgewertet. Doch das Beste kommt erst: Nach Melvin Lerners Theorie des Gerechte-Welt-Glaubens macht das sogar Sinn. Denn wenn wir daran glauben, dass jedem Menschen im Großen und Ganzen das zufällt, was er verdient, bzw. dass jeder das verdient, was ihm zufällt, dann müssen wir irgendwie damit umgehen, wenn wir jemanden unverschuldet Qualen erleiden sehen. Der Ausweg: Entweder wir werten das Opfer selbst ab oder wir schieben ihm zumindest die Schuld für seine missliche Lage zu. Die Probanden von Lerner und Simmons werteten das Opfer in der Märtyrer-Versuchsbedingung nicht ab, obwohl es sich für die Beobachter aufgeopfert hatte, sondern weil es sich für die Beobachter aufgeopfert hatte. Da in dieser Variante ein besonders krasser Fall von Ungerechtigkeit vorlag, mussten die beobachtenden Studenten das Opfer umso mehr abwerten, um ihren Glauben an die gerechte Welt beibehalten zu können. Für unseren Seelenfrieden ist die tendenzielle Gerechte-Welt-Gläubigkeit unseres gesunden Menschenverstands tatsächlich gesund: Schließlich brauchen wir damit nicht befürchten, dass wir selbst in eine so unangenehme Situation kommen, solange wir ein anständiges Leben führen. Allerdings sehen wir damit die Welt durch einen Zerrspiegel auf Kosten der Objektivität – und manchmal auch auf Kosten der Menschlichkeit.

Dass dem gesunden Menschenverstand mehr an der Bewahrung des schönen Scheins als an den Fakten liegt, zeigte sich auch in den Reaktionen auf den Tod des 14-jährigen Florian P., der bei dem Supermarkteinbruch ums Leben gekommen war. Kaum jemand schien sich für die genauen Vorgänge in jener Nacht zu interessieren, umso lieber jedoch betätigten sich viele als „Gesinnungsrichter", wie es der Journalist Rainer Nowak in einer Polemik für die Presse am Sonntag nannte: „Aus ihrem intellektuellen Halbschlaf erwachen die einen und murmeln einfach wie immer ‚Faschismus!', die anderen grölen am kleinformatigen Stammtisch, man solle ‚die Jugend' züchtigen. Dass in Medien allen Ernstes triumphierend Umfragen veröffentlicht werden, dass die Mehrheit der Österreicher zu den Polizisten halte, hinterlässt ein mulmiges Gefühl."[112] In dieser Umfrage, die im Auftrag der Tageszeitung Österreich vom Meinungsforschungsinstitut Gallup durchgeführt worden war, zeigten 52 Prozent der Befragten Verständnis für die Reaktion der Polizisten, 40 Prozent fanden sie falsch. Besonders viel Verständnis zeigten Männer, während die Unter-30-Jährigen der Vorgehensweise der Polizisten mehrheitlich kritisch gegenüberstanden.[113] Glücklicherweise war es letztlich ein Gericht, das über die Angelegenheit entschied, und keine Meinungsumfrage.

Das Verfahren gegen die Polizistin Ingrid G., die dem 16-jährigen Roland T. in die Beine geschossen hatte, wurde eingestellt. Ihre Schüsse seien nicht unverhältnismäßig gewesen, entschied ein dreiköpfiger Richtersenat, weil zunächst von einer Gefahr auszugehen war. Dass die Beschuldigten keine Verstärkung angefordert hatten, wurde ihnen ebenfalls nicht angelastet, weil die Polizeibeamten zunächst von einem Fehlalarm ausgegangen waren. Was den tödlichen Schuss des Polizisten Andreas K. auf den 14-jährigen Einbrecher Florian P. anbelangte, stellte sich die Sache jedoch etwas anders dar.

Nachdem Roland T. angeschossen wurde, flohen die beiden Jugendlichen von einem Gang in den Verkaufsraum, wo der Verwundete zu Boden fiel. Während die Beamtin wie angewurzelt stehen blieb, spürte Andreas K. dem flüchtigen Florian P. nach. „Ich behaupte: Sie waren auf Kampf. Sie waren auf Adrenalin und sind dem nachgegangen. Warum sagen Sie nicht einfach, Sie wollten die festnehmen und sind mit gezogener Dienstwaffe nach?", provozierte der Richter den Exekutivbeamten bei seinem Prozess.[114] „Ich wollte nur raus. Aus Angst", verneinte der Angeklagte. Der Richter zweifelte jedoch daran, dass die Polizisten ernsthaft in Gefahr gewesen waren; die Täter seien lediglich „auf Flucht programmiert gewesen", das sei doch klar. Auch dass der Beamte den Jugendlichen aus bloß zwei Metern Entfernung in den Rücken traf, obwohl er laut eigener Aussage in den unteren Bereich schießen wollte, sorgte bei dem Richter für Unverständnis. Schließlich bekannte sich der Polizist schuldig „das gerechtfertigte Maß der Verteidigung überschritten" zu haben.[115] Er wurde wegen fahrlässiger Tötung unter besonders gefährlichen Umständen zu acht Monaten bedingter Haft verurteilt. Ein Gerichtsreporter:

> *Richter Manfred Hohenecker erläuterte in seiner Begründung, er gehe „im Zweifel" davon aus, dass der Angeklagte den Tod des Jugendlichen „nicht ernsthaft für möglich gehalten hat". Allerdings merkte der Richter auch an: „Bei einer professionelleren Verhaltensweise, die von Ihnen als Polizist zu erwarten ist", wäre der 14-Jährige „noch am Leben." Und dann noch der Nachsatz: „Ich hoffe, dass Sie nicht mehr Exekutivdienst ausüben."*[116]

Entlastend war für den Polizisten unter anderem die Aussage eines Schießausbildners, wonach laut Ausbildungskriterien „eine Bedrohung mit Hieb- oder Stichwaffen innerhalb von fünf bis sieben Metern Abstand zum Gegner für den bedrohten Polizisten als Lebensgefahr zu werten und entsprechend zu reagieren ist".[117] Die Sache war also durchaus nicht ganz eindeutig; auf alle Fälle wäre es unmöglich gewesen, gleich am Tag der ersten kurzen Pressemeldung ein abschließendes Urteil über den Fall abzugeben.

Wie Melvin Lerners Experimente nahelegen, würden wir die Welt gerne als gerecht erleben. Ein 14-jähriger Einbrecher, der wegen eines Supermarkteinbruchs von der Polizei, der Hüterin des Gesetzes, erschossen wird, passt da gar nicht gut ins Bild. Also blieben nur wenige Möglichkeiten, um den Zustand der Gerechtigkeit wiederherzustellen. Eine Möglichkeit lautet, dem Opfer selbst die Schuld für seinen Tod zu geben und die Tragweite seines Vergehens zu überhöhen. Eine andere Möglichkeit lautet, die Eltern des Opfers für das Unglück verantwortlich zu machen. Tatsächlich war in den Wochen nach dem Vorfall in zahlreichen Leserbriefen zu lesen, dass die Verantwortung bei den Eltern gelegen wäre. Eine Meinung übrigens, die besonders für Menschen attraktiv ist, die selbst Kinder haben, schützt sie diese doch vor dem unangenehmen Gedanken, dass im eigenen Haus eine ähnliche Tragödie passieren könnte. Wer die gesamte Verantwortung den Eltern zuschiebt, kann sich dem beruhigenden Gedanken hingeben, die Adoleszenz der eigenen Kinder vollends kontrollieren zu können. Für Eltern mag das eine passable Strategie sein, mit ihren eigenen Ängsten umzugehen. Für die Betroffenen sind derlei Reaktionen freilich alles andere als angenehm.

Die Gaststätte, in dem die Mutter von Florian P. „als Servierkraft arbeitete, wollte sie nicht länger beschäftigen. Hier speisen ja auch Kremser Polizisten und Staatsanwälte, auch der Beamte, der ihren Sohn erschoss",[118] schildert der Enthüllungsjournalist Florian Klenk. Dabei handle es sich um „Mechanismen, die Opferanwälte immer wieder erleben. Zuerst herrscht ein wenig Mitgefühl mit den Opfern, doch dann obsiegen am Stammtisch Neid und Zynismus. Der Anblick eines Opfers, so scheint es, ist für viele nicht zu ertragen. Es muss mitschuldig gemacht werden an Straftaten, die unheimlich wirken. Es muss zum Täter gestempelt werden."

Doch was war mit den anderen, was war mit jenem Lager, das sich nicht auf die Seite der Polizei, sondern auf die Seite des Erschossenen geschlagen hatte? Immerhin hatten ein paar Jugendliche wenige Tage nach dem verheerenden Einbruch sogar eine kleine „Demo gegen Polizeimorde" organisiert. Für die Demonstranten stand fest: „Das war Mord!!"[119] Was in jener Nacht genau vorgefallen war, konnten sie natürlich zu diesem Zeitpunkt genauso wenig wissen wie jene, die von der Unschuld der Polizisten überzeugt waren. Doch warum füllten sie diesen blinden Fleck der Unwissenheit mit ganz anderen Interpretationen? Um das zu ergründen, ist ein kleiner Blick in die Geschichte hilfreich.

Lechts und rinks

In seinem Buch „Macht & Privileg" setzt sich der Soziologe Gerhard Lenski mit der Verteilungsfrage auseinander. Demnach gibt es zwei „Auffassungen von sozialer Ungleichheit, welche das Denken der Menschen von alters her bis heute bestimmt haben. Die eine, die die herrschende Verteilung von Gratifikationen als gerecht und billig und häufig auch als unvermeidlich ansieht, vertritt und stützt im wesentlichen den status quo; die andere, die das Verteilungssystem als von Grund auf ungerecht und unnötig verurteilt, ist dem Bestehenden gegenüber höchst kritisch."[120] Im Kern sind es also genau diese beiden Standpunkte, die uns nun schon so lange beschäftigen: „Im Laufe der Jahrhunderte sind die beiden Auffassungen über Ungleichheit von Wissenschaftlern wie von Laien gleichermaßen immer wieder neu formuliert worden. Auch wenn die Form des Arguments sich wandelt, bleiben seine wesentlichen Elemente dieselben, denn soziale Ungleichheit wird verurteilt als ungerecht, ungerechtfertigt und unnötig, und sie wird verteidigt als gerecht, gerechtfertigt und notwendig."[121] Allerdings, so Lenski: „Keine uns bekannte Sozietät hat jemals ein völlig egalitäres Gesellschaftssystem entwickelt. Von den primitiven Gemeinschaften der Steinzeit bis hin zu den komplizierten Industriegesellschaften findet sich überall Ungleichheit, auch wenn ihre Formen und der

Grad ihrer Intensität sich erheblich voneinander unterscheiden."[122]

Während etwa Platon durch Kollektivierung von Eigentum absolute materielle Gleichheit schaffen wollte, verteidigte sein Schüler Aristoteles die bestehende Gesellschaftsordnung, Privateigentum und sogar die Sklaverei, so Lenski. Ähnlich uneinig waren sich auch die frühen Christen: „Die Ziele, die Jesus den Menschen setzte, und seine Kritik an den bestehenden Zielen zeigen deren deutliche Ablehnung. Der Kommunismus der frühen Kirche in Jerusalem bedeutete ohne Zweifel eine unausgesprochene Kritik an der mangelnden Gleichheit in der damaligen Gesellschaft."[123] Anders dachten hingegen die Apostel Petrus und Paulus, die den Sklaven Gehorsamkeit nahelegten. Dies sei gottgefällig; ihre Herren hätten Anspruch auf ihre Dienste, lautete die Begründung. Dieser Kontrast zieht sich wie ein roter Faden durch die Geschichte: Mal wurden Positionen religiös begründet, mal philosophisch, mal soziologisch, mal – mit besonders verheerenden Folgen – biologisch und in den letzten Jahrzehnten vor allem ökonomisch. Und weil im französischen Parlament von 1789 links vom Vorsitzenden diejenigen saßen, die eine grundlegende Veränderung des Staates anstrebten, und rechts die Konservativen, die an der Ungleichheit nur langsam oder gar nichts verändern wollten, pflegen wir diese Positionen noch heute als „links" und „rechts" zu bezeichnen. An dieser Stelle kommt erneut der Glaube an eine gerechte Welt ins Spiel.

Nachdem Melvin Lerner seine ersten Ergebnisse veröffentlicht hatte, entwickelten Psychologen Fragebögen, um den Glauben an eine gerechte Welt auf Skalen erfassen und mit anderen Werten vergleichen zu können. Daraus gingen einige bemerkenswerte Erkenntnisse hervor. So fanden etwa Furnham und Gunter 1984 heraus, dass

Gerechtigkeitsgläubige gegenüber Armen eher negativ eingestellt sind.[124] Ähnliches hatte auch eine Studie von Wagstaff im Jahr zuvor ergeben.[125] Weitere Untersuchungen zeigen Verbindungen zwischen hohen Gerechte-Welt-Werten und der niedrigeren Wahrnehmung von sozialen Ungleichheiten,[126] der Ablehnung von Feminismus[127] sowie dem geringeren Verständnis für die Situation von Migranten.[128] Eine bemerkenswerte Untersuchung von Matthew Feinberg und Robb Willer konnte zeigen, dass ein starker Glaube an die gerechte Welt nicht nur mit der Skepsis am vom Menschen verursachten Klimawandel korreliert, sondern diese auch tatsächlich verursacht.[129] Außerdem offenbaren zahlreiche Studien einen Zusammenhang mit der Parteipräferenz: In den USA glauben Wähler der konservativen Republikaner eher an eine gerechte Welt als Wähler der Demokraten,[130] in Großbritannien glauben Wähler der konservativen Tories eher an eine gerechte Welt als Wähler der Labour-Party[131] und in Deutschland fanden Albert, Montada und Schmitt 1987 heraus, dass die Wähler der traditionellen Parteien eher an eine gerechte Welt glauben als die damals noch ziemlich rebellischen Grünen.[132]

Sollten Sie an dieser Stelle meinen, dass es zu einfach wäre, sämtliche Einstellungsunterschiede mit einer eindimensionalen Skala zu erklären, dann haben Sie freilich recht. Natürlich ist es keine einfache Angelegenheit, komplexe politische Ansichten und Fragen der Gerechtigkeit in leicht vergleichbare Zahlen zu fassen. Zudem wurden in den vergangenen Jahrzehnten die Instrumente zur Messung des Gerechte-Welt-Glaubens wegen teilweise widersprüchlicher Ergebnisse verfeinert und in Subskalen zergliedert. Doch eine Tendenz zeichnet sich klar ab: Je stärker der Gerechte-Welt-Glaube, desto konservativer die Einstellung. Das zeigt sich auch in der Meinungsumfrage, die ein paar Tage nach dem verheerenden Supermarkteinbruch durchgeführt wurde: Besonders groß war das Verständnis für das Vorgehen der Polizisten unter Anhängern des konservativen Lagers.[133]

Möglicherweise wäre es weniger hoch ausgefallen, wenn die Befragten mehr Vertrauen in die ermittelnden Behörden gehabt hätten: In einer Studie blieben die Einstellungen der Versuchspersonen zum Opfer eines Polizeiangriffs unverändert, wenn es eine Beschwerdemöglichkeit gab.[134] Fehlte diese, mussten sie das Opfer abwerten, um Gerechtigkeit wiederherzustellen. Ob wir an Gerechtigkeit bloß glauben oder ob wir dazu bereit sind, Gerechtigkeit tatsächlich auch herzustellen, hängt also auch von den Umständen und dem damit verbundenen Glauben ab, überhaupt etwas zum Besseren verändern zu können. Was man davon nun tatsächlich zu glauben bereit ist, hängt natürlich auch von den Politikern ab – und der Sprache, die sie verwenden.

Linke Viren und rechte Biester

Salutieren für den Frieden

Wenn man jemanden fragen würde, wie ein typischer US-Präsident so aussieht, würde wohl die Beschreibung von John F. Kerry herauskommen. Er ist 1,93 m groß, schlank und trägt sein silbern schimmerndes Haar fein säuberlich gescheitelt. Zudem handelt es sich bei dem Demokraten sogar um einen hochdekorierten Kriegshelden. Gegen den Rat seines Vaters zog er freiwillig in den Vietnamkrieg, von dem er nicht nur diverse Schrammen, sondern auch zahlreiche Orden nach Hause getragen hatte. Ziemlich militärisch klang auch seine Rede, die er beim Parteitag der Demokraten 2004 in Boston vortrug, bei dem er offiziell

zum Präsidentschaftskandidaten seiner Partei nominiert
worden war:

Ich bin John Kerry und ich melde mich zum Dienst!
(salutiert)
Wir sind heute hier, weil wir unser Land lieben. Wir
sind darauf stolz, wie Amerika heute ist und wie es
noch werden kann. Meine amerikanischen Mitbürger,
wir sind heute hier vereint zu einem einfachen Zweck:
Amerika zuhause stärker zu machen und in der Welt
Respekt zu verschaffen. Ein großer amerikanischer
Schriftsteller schrieb einmal, dass man nicht nach-
hause zurückkehren könne. Er hätte sich diesen
Abend nicht vorstellen können! Heute Abend bin ich
zuhause – zuhause, wo mein öffentliches Leben be-
gann und jene hier leben, die das möglich gemacht
haben; zuhause, wo unsere nationale Geschichte mit
Blut, Idealismus und Hoffnung geschrieben wurde;
zuhause, wo meine Eltern mir die Werte von Familie,
Glauben und Vaterland vermittelt haben. Danke!
Danke an Euch alle für einen Empfang, den ich nie-
mals vergessen werde![135]

Solch „flaggeschwenkenden Patriotismus, Respekt vor dem
Militär sowie Bezugnahme auf Gott",[136] wie das Magazin US
News and World Report es nannte, hatten viele Beobachter
einem liberalen Präsidentschaftskandidaten nicht zugetraut.
„Kerry will Präsident der Vereinigten Staaten werden, und
da hilft es ihm nicht, die Europäer zu begeistern",[137] zim-
merten sich europäische Medien eine Erklärung zurecht.
Die Strategie war also klar: Da die den Demokraten zu-
geneigten US-Bürgerinnen und -Bürger ohnehin John F.
Kerry wählen würden, müsse dieser vor allem versuchen
die konservativen Wähler zu überzeugen. Gerade einmal

drei Jahre waren seit den Anschlägen des 11. September vergangen. Amerikanische Truppen mühten sich nicht nur in Afghanistan, sondern auch im Irak ab – damals noch voll der Hoffnung, ihre Kriege in absehbarer Zeit zu einem zufriedenstellenden Ende bringen zu können.

In einer Zeit, in der die Nachrichten von Kriegsmeldungen und Terrorszenarien beherrscht werden, sollte ein Kandidat, bei dem Patriotismus und Vaterlandsliebe im Zentrum stehen, der aber gleichzeitig in Sachen Kriegsführung auch noch kompetenter erscheint als sein Kontrahent, doch eigentlich beste Chancen haben. Doch John F. Kerry schien sein Offiziershabitus nur wenig zu nützen. Selten hatte sich der Nominierungsparteitag eines Präsidentschaftskandidaten so wenig in den Meinungsumfragen niedergeschlagen wie jener 2004 in Boston. Eine Tatsache, die sich für ihn noch als schlechtes Omen erweisen sollte, denn seine politischen Gegner schliefen nicht. Konsequent wurde er von den Republikanern als „Flip-Flop Kerry" gebrandmarkt – als ein Wendehals, der seine Meinung dreht und wendet, wie es ihm gerade passt. Am Wahltag bekam er schließlich die Rechnung präsentiert: Bloß rund 48 Prozent der Amerikanerinnen und Amerikaner hatten ihn gewählt, während auf seinen elf Zentimeter kleineren Kontrahenten George W. Bush knapp 51 Prozent der Stimmen entfielen[138] – und das, obwohl bereits zu diesem Zeitpunkt die Mehrheit der Meinung war, das Land entwickle sich in die falsche Richtung.[139] Wie konnte die Wahl für John Kerry nur so schiefgehen?

Ein Mann, der sich intensiv mit Fragen wie dieser auseinandergesetzt hat, ist der Linguist George Lakoff. Lakoff ist Professor an der Universität Berkeley und arbeitete sechs Jahre lang für die OSZE als Beauftragter für Medienfreiheit. Seine Überzeugung: Die größte Gefahr für unabhängige Berichterstattung liegt nicht in der offenkundigen Vermengung von Politik und Medien, wie man sie etwa aus Italien kennt, sondern in der Sprache, die die Politik der Öffentlichkeit zur Verfügung stellt. Eine Schlüsselrolle nehmen dabei seiner Meinung nach Metaphern ein. Das mag auf den ersten Blick wie die übersensible Übertreibung eines intellektuellen Schöngeistes erscheinen. Schließlich sind wir ja nicht blöd und können frei entscheiden, ob wir für oder gegen etwas sind; ganz gleich wie sich ein Politiker ausdrückt. Denn die Wirklichkeit ändert sich dadurch ja wohl nicht, oder?

Aber alles der Reihe nach. Tatsächlich ist unser Sprachgebrauch von viel mehr Metaphern bestimmt, als uns vermutlich bewusst ist. Spontan denkt der Hausverstand bei Metaphern wohl nur an Phrasen wie „den Rubikon überschreiten" oder „den Bock zum Gärtner machen". Doch um Metaphern zu verwenden, muss man weder in römischer Geschichte bewandert sein, noch Goethe gelesen haben. Metaphern lauern überall – dem gesunden Menschenverstand fällt das bloß nicht auf. „Auf der ganzen Welt und in jeder Kultur findet sich zum Beispiel die Metapher mehr ist oben und weniger ist unten. Wir sprechen davon, dass Preise steigen oder fallen. Aktien können in den Himmel schießen oder in den Keller stürzen"[140], erläutert George Lakoff. In Wahrheit geschieht dies allerdings nur in unseren Köpfen: „Was ein Preis tatsächlich macht, ist, dass er mehr wird. Preise sind ein Phänomen der Quantität. Wir begreifen sie als steigend oder fallend, weil wir in der Metapher mehr ist oben denken." Als Grund sieht der Linguist unsere Alltagserfahrungen: „Wenn man zum Beispiel Wasser in ein Glas gießt, dann steigt der Wasserspiegel."

Allerdings bilden Metaphern nicht einfach bloß die Realität ab. George Lakoff ist der Meinung, dass sie auch unsere Wahrnehmung beeinflussen. Metaphern können Werturteile beinhalten und bei Problemstellungen ganz bestimmte Lösungen nahelegen. Für Politiker hätte das natürlich einen unschätzbaren Wert. Doch stimmt das überhaupt? Können Metaphern darüber entscheiden, ob wir „Steuererleichterungen" oder „soziale Gerechtigkeit", einen „ausgeglichenen Haushalt" oder die „Sicherung von Arbeitsplätzen" für das Gebot der Stunde halten? Kann die Sprache unser Denken überhaupt beeinflussen?

Pech für Neusprech

Ein totalitärer Überwachungsstaat, der mit der systematischen Verarmung der Sprache kritisches Denken unmöglich machen will – selten wird der Einfluss der Sprache auf unser Denkvermögen so hochgehalten wie in George Orwells Dystopie „1984". Doch der Linguist Guy Deutscher hält davon wenig. „Warum sollte man aber nicht noch weiter gehen?",[141] spottet Deutscher. „Warum sollte man nicht als Schnellheilmittel für die Weltwirtschaft das Wort ‚Gier' abschaffen oder das Wort ‚Schmerz' streichen, um Milliarden für Aspirin zu sparen, oder das Wort ‚Tod' in den Mülleimer befördern und so im Nu die allgemeine Unsterblichkeit herbeiführen?" Von dem Gedanken, dass die Sprache ein „Gefängnis" sei, das unsere Vorstellungskraft beschränkt, hält er sichtlich wenig:

Es ist kaum begreiflich, wie eine dermaßen groteske Ansicht derart weite Verbreitung finden konnte, da einem doch so viele Gegenbeweise in die Augen stechen, wo immer man hinblickt. Fällt ungebildeten Englischsprechern, die nie von dem deutschen Lehnwort „Schadenfreude" gehört haben, die Vorstellung schwer, dass sich jemand am Unglück eines anderen weidet? Sind umgekehrt Deutsche, die für die beiden verschiedenen englischen Begriffe

„when" und „if" ein und dasselbe Wort „wenn"
gebrauchen, unfähig, den logischen Unterschied
zu verstehen zwischen dem, was unter bestimm-
ten Bedingungen geschehen könnte, und dem, was
in jedem Fall geschehen wird? Verstanden die alten
Babylonier, die für „Verbrechen" wie für „Strafe"
dasselbe Wort (arnum) gebrauchten, den Unterschied
nicht? Warum schrieben sie dann Tausende von ju-
ristischen Urkunden, um genau festzusetzen, welche
Strafe für welches Verbrechen verhängt werden soll-
te?[142]

Dass unsere Muttersprache uns nicht daran hindert, Ideen und Unterscheidungen zu verstehen, die andernorts üblich sind, heißt jedoch nicht, dass sie unser Denken nicht beeinflusst. Im Gegenteil, in seinem Buch „Im Spiegel der Sprache" hat es sich Deutscher sogar ausdrücklich zum Ziel gesetzt, die Auswirkungen der Sprache auf Aspekte unseres Denkens zu belegen. Und diese Belege sind durchaus eindrucksvoll.

So trifft die Aborigines-Sprache Guugu Yimithirr keine Unterscheidung zwischen links und rechts, sondern benutzt zur Orientierung die Himmelsrichtungen. Im Guugu Yimithirr ist es also nicht üblich, jemanden zu bitten „ein bisschen nach rechts" zu rücken, sondern man sagt: „Rück ein bisschen nach Osten." Allerdings plagen Guugu-Yimithirr-Sprecher keinerlei intellektuelle Probleme, die Begriffe „links" und „rechts" zu verstehen, wenn sie Englisch reden, wie Deutscher betont. Das Erstaunliche aber ist, dass Guugu Ymithirr ein absolutes Gespür für die vier Himmelsrichtungen mit sich zu bringen scheint. „Unabhängig von den Sichtverhältnissen, unabhängig davon, ob sie sich im dichten Wald befinden oder in offenem Gelände, ob im Freien oder in einem Gebäude, ob stationär oder in Bewegung, sie haben einen absolut präzisen Richtungssinn."[143] Sie müssen dabei nicht einmal den Sonnenstand erkunden oder irgendwelche Berechnungen anstellen, sie fühlen es einfach. Leider ist Guugu Ymithirr mittlerweile so gut wie ausgestorben.

Ein anderer Beleg für den Einfluss der Sprache auf das Denken, den Guy Deutscher anführt, sind die Assoziationen, die mit dem grammatischen Geschlecht einhergehen. So ist etwa „die Brücke" im Deutschen weiblich, im Spanischen jedoch männlich („el puente"). Für Deutschsprecher ist „der Apfel" männlich, für Spanischsprecher weiblich („la manzana"). Und während „das Auto" für Deutschsprachige sächlich ist, ist es für Spanier männlich („el coche") – was uns angesichts der Tatsache, dass das Spanische kein Neutrum kennt, nicht weiter verwundern soll. Die eigentlich spannende Frage ist: Haben die unterschiedlichen grammatischen Geschlechter einen Einfluss darauf, wie wir über die bezeichneten Objekte denken? Offensichtlich ja. Bei einem Experiment wurde Deutsch- und Spanischsprechern eine Liste mit Hauptwörtern vorgelegt, die sie nach ihren Eigenschaften beurteilen sollten.[144] Das Ergebnis, so Guy Deutscher: „Im Durchschnitt bekamen die Substantive, die im Deutschen Maskulina, im Spanischen dagegen Feminina sind (Stühle und Schlüssel beispielsweise), von den Deutschen bessere Noten in puncto Stärke, während Brücken und Uhren, die im Spanischen männlich, im Deutschen jedoch weiblich sind, von den Spanischsprechern durchschnittlich als stärker eingestuft wurden."[145] Der Einfluss des Genus spiegelt sich auch in der Kunst wider. Während etwa deutsche Maler „die Sünde" in den meisten Fällen als Frau darstellen, ist sie in den Gemälden von französischen, spanischen und italienischen Künstlern zumeist ein Mann.[146] Wohl nicht ganz zufällig ist „die Sünde" in diesen Sprachen nämlich männlich.

Allem Anschein nach kann die Sprache also tatsächlich

unser Denken beeinflussen, wenn auch nicht in jener dramatischen Form, wie es George Orwell skizziert. Allerdings kann die Art der sprachlichen Präsentation durchaus einen gehörigen Einfluss auf unsere Urteile und Entscheidungen haben.

Gleiche Information, andere Aussage

Stellen Sie sich vor, Sie müssten sich einer Operation unterziehen. Nach dem Risiko befragt erklärt Ihnen Ihr Arzt, dass Sie die Operation mit 90-prozentiger Wahrscheinlichkeit überleben werden. Klingt nach einer ziemlich sicheren Angelegenheit, oder? Doch was passiert, wenn Ihr Arzt sich genau umgekehrt ausdrückt: „Sie werden mit zehnprozentiger Wahrscheinlichkeit sterben!" Obwohl die Wahrscheinlichkeitsangaben in beiden Fällen genau das Gleiche aussagen, stimmen Menschen eher zu, wenn die Überlebensrate im Vordergrund steht und nicht die Sterbewahrscheinlichkeit.[147] „Framing-Effekt" heißt das Phänomen und gilt freilich nicht nur im Bereich der Medizin. So wird die Leistung von Basketballteams besser bewertet, wenn der Prozentsatz an Treffern betont wird anstatt des Prozentsatzes an Fehlschüssen.[148] Mitarbeiter eines internationalen Konzerns gaben einem Projektteam mit der Erfolgsquote von 60 Prozent bessere Bewertungen als einem Projektteam mit einer Misserfolgsquote von 40 Prozent.[149] Die Art der Präsentation beeinflusst uns sogar dann, wenn wir die Möglichkeit haben, uns unser eigenes Bild zu machen: Im Rahmen einer Studie reduzierte sich zwar der Framing-Effekt, wenn Versuchspersonen ein zu beurteilendes Rinderhackfleisch selbst kosten konnten, bestehen blieb er aber dennoch.[150]

Für Politiker ist das natürlich ein gefundenes Fressen.

Während sich für langjährige Regierungsvertreter positives Framing anbietet („95 Prozent können dank unserer Bemühungen problemlos lesen und schreiben"), können Oppositionspolitiker ihre Kritik mit negativem Framing zusätzlich dramatisieren („5 Prozent Analphabeten – wegen Ihrer verfehlten Bildungspolitik!"). Derlei rhetorische Taschenspielertricks gehören für Spitzenpolitiker zum kleinen Einmaleins, sind allerdings auch ziemlich austauschbar.

„Wenn Berufspolitiker einen Auftrag übernehmen, so verdecken sie gewöhnlich ihre wirklichen Absichten; sie geben sich und verstellen sich in dem Sinne, daß ihre Ansichten möglichst wenig extrem und denen des Auftraggebers möglichst verwandt erscheinen",[151] bemerkte bereits Michel de Montaigne.

Der Linguist George Lakoff geht aber noch weiter: Er meint, dass es auf die Metapher ankommt, ob wir eine konservative oder eine progressive Haltung zu einem bestimmten Thema einnehmen. Eine dieser Metaphern ist der „freie Markt": „Nun, in Wirklichkeit sind Märkte niemals frei. Sie sind immer konstruiert von irgendwem. Und sie sind konstruiert zum Vorteil bestimmter Leute und zum Nachteil anderer Leute",[152] so Lakoff. Indem die Begriffe „Markt" und „Freiheit" miteinander verknüpft werden, würden Kritiker automatisch zu Gegnern der Freiheit werden. Ein anderes Beispiel ist das Wort „Steuererleichterung", die – im Gegensatz zur „Steuersenkung" – Steuern per se als pure Last verdammt und somit außer Acht lässt, dass mit Steuern (hoffentlich) sinnvolle Leistungen erbracht werden. Doch hat George Lakoff recht? Können Metaphern wirklich unsere Wahrnehmung beeinflussen und damit die Richtung, in die unser gesunder Menschenverstand gerade neigt?

Blättert man ein bisschen in den Geschichtsbüchern, lassen sich dafür durchaus Belege finden. Einer der schrecklichsten spiegelt sich in einem Erlebnis wider, das die Ärztin und Holocaust-Überlebende Ella Lingens-Reiner in ihrem Buch „Prisoners of Fear" schildert. Während des Zweiten Weltkrieges wurde sie wegen ihrer Rettung von Wiener Juden nach Auschwitz deportiert, wo sie als Lagerärztin arbeitete (und weiterhin versuchte Mithäftlinge vor ihrer Vernichtung zu bewahren). Auf die rauchenden Schornsteine zeigend fragte sie einmal den KZ-Arzt Fritz Klein, wie er das mit seinem hippokratischen Eid als Arzt vereinbaren könne. Seine Antwort: „Natürlich bin ich Arzt und möchte Leben erhalten. Und aus Respekt vor dem menschlichen Leben würde ich einen entzündeten Blinddarm aus einem kranken Körper entfernen. Der Jude ist ein entzündeter Blinddarm im Körper der Menschheit."[153] Die medizinische Metapher schien für Fritz Klein das glatte Gegenteil dessen zu legitimieren, worauf er seinen Eid geschworen hatte – Leben zu vernichten, anstatt zu retten.

Der Psychiater Robert Jay Lifton, der in den 1960er- und 1970er-Jahren zahlreiche Gespräche mit Tätern wie Opfern geführt hatte, schließt daraus, dass

die Ärzte in Auschwitz von der Notwendigkeit der Eliminierung dessen, was sie für das „jüdische Element" hielten, überzeugt waren – sei es, alle Juden nach Madagaskar zu schicken, die meisten von ihnen zu zwingen, Deutschland zu verlassen, und nur eine kleine, fest etablierte Minderheit zu behalten, die sich dann gänzlich assimilieren sollte, oder jeden einzelnen bis zum letzten Mann zu töten. Denn wenn man die ganze Sache als ein Problem betrachtete, das, ganz gleich mit welchen Mitteln, „gelöst" werden mußte, konnte dieses pragmatische Ziel zum Kernpunkt werden.[154]

Der Terminus der „Endlösung der Judenfrage", mit dem die Nazis ab 1941 ihr Ziel des systematischen Massenmords beschrieben, diente laut Lifton psychologischen Zwecken. Der Begriff „Endlösung" bedeutete „Massenmord, ohne sich so anzufühlen; und er hatte die Lösung eines Problems zum Ziel." So kam es, dass der systematisierte Massenmord nicht als unmenschliches Verbrechen aufgefasst wurde, sondern als notwendiger Reinigungsprozess, der – wie kein anderer – das „Problem" nachhaltig aus der Welt schaffen konnte. Stellt sich bloß noch die Frage, ob Liftons Schlussfolgerung stimmt. Schließlich könnte der KZ-Arzt Fritz Klein Ella Lingens-Reiner aus Verlegenheit bloß eine Ausrede aufgetischt haben. Es könnte aber auch sein, dass Klein wirklich dachte, die Blinddarm-Metapher wäre die Grundlage seines Handelns, obwohl er in Wirklichkeit von ganz anderen unbewussten Motiven angetrieben wurde, von denen er selbst nichts wusste. Letztlich können wir nur darüber spekulieren. Um zu erfahren, ob Metaphern wirklich die ihnen zugeschriebene Macht entfalten können, muss man daher etwas systematischer Vorgehen. Paul H. Thibodeau und Lera Boroditsky vom Department of Psychology an der Stanford University haben genau das gemacht.

Heimliche Vordenker

Es ist wohl keine zu gewagte These, dass Kriminalität und deren Bekämpfung auf uns Menschen eine erstaunliche Faszination ausübt. Davon zeugt nicht nur die unüberschaubare Anzahl an TV-Krimis, Actionblockbustern und Kriminalromanreihen in den Belletristik-Bestsellerlisten. Auch Fernsehnachrichten, Zeitungen und Infotainment-Websites sind voll von Meldungen über Mord, Totschlag, Einbrüche und Raubüberfälle. Das Thema weckt eben

Emotionen – Emotionen mit einer durchaus weitreichenden politischen Dimension, wie ich anhand der Reaktionen auf den Tod des jugendlichen Supermarkteinbrechers Florian P. zu zeigen versucht habe. Natürlich ist Kriminalität pragmatisch betrachtet aber auch ganz einfach ein Sachproblem, mit dem jede Gesellschaft irgendwie umgehen muss. Doch was soll man tun, wenn die Kriminalität plötzlich stark steigt? Die eine Möglichkeit lautet: mehr Polizei, strengere Gesetze und härtere Strafen. Potenzielle Kriminelle würden es sich dann zweimal überlegen, ob sich eine Straftat wirklich lohnt, so der Gedanke. Die andere Möglichkeit: Arbeitsplätze schaffen, für mehr Bildung sorgen, bessere soziale Versorgung. Durch die Schaffung neuer Perspektiven seien weniger Menschen gefährdet in die Kriminalität abzurutschen. Welche Option geeigneter ist das Kriminalitätsproblem zu lösen, soll an dieser Stelle jedoch nicht nachgegangen werden. Vielmehr stellt sich die Frage, wovon es abhängt, welche dieser beiden Richtungen wir bevorzugen. Könnte es sein, dass Metaphern uns dabei beeinflussen, welches Konzept zur Bekämpfung von Kriminalität wir bevorzugen?

Im Rahmen ihrer 2011 veröffentlichten Studie führten Paul H. Thibodeau und Lera Boroditsky fünf verschiedene Experimente durch, die dieser Frage nachgingen.[155] Dabei schilderten sie ein und dieselbe Sachlage mit unterschiedlichen Metaphern und legten sie ihren Probanden vor. Die Versuchsteilnehmer erhielten einen Bericht über die Kriminalitätsentwicklung in einer fiktiven Stadt namens „Addison", der hauptsächlich aus Statistiken bestand. Das las sich in der ersten Version so:

Kriminalität ist eine wilde Bestie, die ihre Jagd auf die Stadt Addison macht. Die Kriminalitätsrate ist in der einst friedlichen Stadt in den vergangenen drei Jahren stetig gestiegen. In der Tat scheint das Verbrechen

in diesen Tagen in jeder Nachbarschaft zu lauern.
Wurden im Jahr 2004 46.177 Vergehen gemeldet,
waren es 2007 mehr als 55.000. Der Anstieg an
Gewaltverbrechen ist besonders beunruhigend. 2004
gab es 330 Morde in der Stadt, 2007 gab es über 500.

Eine Vergleichsgruppe erhielt hingegen diesen Text:

Kriminalität ist ein Virus, der die Stadt Addison infi-
ziert hat. Die Kriminalitätsrate ist in der einst fried-
lichen Stadt in den vergangenen drei Jahren stetig
gestiegen. In der Tat scheint das Verbrechen in die-
sen Tagen jede Nachbarschaft zu plagen. Wurden im
Jahr 2004 46.177 Vergehen gemeldet, waren es 2007
mehr als 55.000. Der Anstieg an Gewaltverbrechen
ist besonders beunruhigend. 2004 gab es 330 Morde
in der Stadt, 2007 gab es über 500.

An der Faktenlage hat sich in der zweiten Version nichts geändert. In Wahrheit sind beide Absätze nahezu deckungs-
gleich. Der Unterschied liegt in einer scheinbaren Kleinigkeit:
Während in der ersten Version von Kriminalität als „wil-
der Bestie" die Rede ist, die in jeder Nachbarschaft „lauert", wird in der zweiten Version Kriminalität als „Virus"
beschrieben, das jede Nachbarschaft „plagt". Nachdem die
Versuchsteilnehmer ihren jeweiligen Text gelesen hatten,
sollten sie zwei kleine Fragen beantworten: Zum einen sollten sie niederschreiben, was ihrer Meinung nach zu tun sei,
um die Kriminalität in Addison zu verringern. Zum anderen
sollten sie jenen Teil des Berichts unterstreichen, der sie in
ihrer Entscheidung besonders beeinflusst habe.

Das Ergebnis war eindeutig: Jene, denen die Kriminalität
in Addison als „wilde Bestie" beschrieben wurde, nannten für
das geschilderte Problem zu 75 Prozent Lösungsstrategien,

die mit Durchsetzungskraft und Härte zu tun hatten (mehr Polizei, strengere Strafen und dgl.). Bei jenen, denen Kriminalität als „Virus" präsentiert wurde, waren es bloß 56 Prozent. Dafür waren in dieser Gruppe mehr Antworten zu finden, die auf soziale Reformen abzielen (Arbeitsplätze schaffen, Ausbildungsprogramme einführen usw.). Die unterschiedlichen Metaphern zeigten deutliche Auswirkungen, welche Politik präferiert wurde – ohne dass es die Versuchsteilnehmer ahnten. Ihrer Meinung nach waren die angeführten statistischen Daten für ihre Antworten am ausschlaggebendsten. Nur 3 Prozent der Probanden meinten, dass die verwendete Metapher sie bei ihrer Antwort besonders beeinflusst hat.

In Experiment 2 verringerten die Wissenschaftler die Abweichungen zwischen den beiden Texten sogar noch. Während sich in Experiment 1 die beiden Versionen an mehreren Stellen unterschieden, waren nun die beiden Texte bis auf die Wörter „Bestie" und „Virus" genau gleich. Die Frage war, ob die metaphorische Kraft eines einzigen Wortes reichen würde, um ein ähnliches Ergebnis zu erhalten wie im ersten Experiment. Wie die Auswertung der Probandenantworten ergab, reichte sie. Nach wie vor schlugen Leser des „Bestien-Textes" mehr Problemlösungsmaßnahmen vor, die mit Durchsetzungskraft zu tun hatten (71 Prozent), als Leser des „Virus-Textes" (54 Prozent). Somit scheint es gar nicht notwendig zu sein, Metaphern mit einschlägigen Adjektiven zu versehen („Kriminalität ist eine wilde Bestie, ...") oder sie explizit mit ihren Implikationen in Bezug zu setzen („... die ihre Jagd auf die Stadt Addison macht" und in jeder Nachbarschaft „lauert"). Aus einem einzigen Wort bestehende Metaphern wie „Bestie" oder „Virus" können bereits genügen, um eine Sachlage aus einem deutlich anderen Blickwinkel zu sehen. Doch lag der Effekt wirklich an der Kraft der Metapher?

Diese Frage stand im Mittelpunkt von Experiment 3. Um sie zu verstehen, ist an dieser Stelle ein kleiner Exkurs notwendig.

***

Bereits die bloße Beschäftigung mit Wörtern kann in uns Assoziationen mit erstaunlichen Auswirkungen wecken. Man spricht in diesem Fall von „semantischem Priming" oder auch „Bahnung". Eines der bekanntesten Beispiele ist eine Studie von John Bargh, Mark Chen und Lara Burrows, bei der Versuchsteilnehmer chaotisch aneinandergereihte Wörter zu Sätzen formen mussten. Danach wurden sie in einen anderen Raum geführt, um dort angeblich eine weitere Aufgabe hinter sich zu bringen.[156] Leider war der Versuchsleiter dort gerade in ein Gespräch vertieft, das kein Ende zu nehmen schien. Ziel war es herauszufinden, wie geduldig die Versuchsteilnehmer waren, also wie lange es dauerte, bis sie das Gespräch unterbrachen. Warum? Weil die Probanden zuvor unterschiedliche Arten von Wörtern zusammenzusetzen hatten. Während die eine Gruppe von Probanden Wörter wie „höflich", „freundlich" und „taktvoll" zu Sätzen geformt hatte, waren es bei der anderen Gruppe Begriffe wie „grob", „stören" und „ärgern" – ein Unterschied, der sich mit durchschnittlich knapp vier Minuten zu Buche schlug! Warteten mit Sensibilität gebahnte Probanden weit über neun Minuten, bis sie das Gespräch unterbrachen, riss den mit Aggression geprimten Versuchsteilnehmern bereits nach fünfeinhalb Minuten der Geduldsfaden. Das Ergebnis überraschte auch die Forscher. Sie waren davon ausgegangen, dass der Unterschied im Tausendstelsekunden-Bereich liegen würde. In einem anderen Experiment wurden die Versuchsteilnehmer auf gleiche Weise mit Begriffen gefüttert, die Assoziationen mit alten Leuten wecken sollten. Danach wurde gemessen, ob sie länger durch den Flur bis zum Ausgang brauchten als eine Kontrollgruppe. Sie werden das Ergebnis bereits ahnen. Priming beruht darauf, dass Wörter wie „freundlich" und „taktvoll" implizite Gedächtnisinhalte aktivieren, die die nachfolgende kognitive Verarbeitung beeinflussen können. Die Wissenschaftler müssen dabei nur beachten, dass sie auf die Beziehung zwischen den dargebrachten Wörtern und den Reaktionen, die sie bei ihren Probanden messen wollen, keine Aufmerksamkeit lenken – sonst klappt das Experiment nicht. Doch nicht nur mit Wörtern lassen sich Priming-Effekte erzielen, sondern auch mit Logos oder Gesichtern.

So ließen Chen-Bo Zhong und Sanford DeVoe von der University of Toronto Probanden entweder die Logos von Fast-Food-Ketten oder die Logos von herkömmlichen Restaurants bewerten.[157] Danach boten die Wissenschaftler ihren Versuchsteilnehmern einen Deal an: einen geringeren Geldbetrag, der sofort ausbezahlt werden würde, oder einen höheren Geldbetrag, den sie aber erst in einer Woche bekommen sollten. Wie sich zeigte, neigten jene Versuchsteilnehmer, die mit Fast-Food-Logos geprimt wurden, tatsächlich zur Ungeduld und nahmen eher den geringeren Geldbetrag als die Vergleichsgruppe. Ein Ergebnis, das uns nachdenklich machen sollte, zumal Fast-Food gerade bei Kindern sehr beliebt ist.

[Die Fähigkeit, Belohnungen aufzuschieben, ist bei Kindern ein erstaunlich guter Prädikator für ihre weitere Entwicklung. In einem berühmten Experiment, dem sogenannten „Marshmallow-Test", erwiesen sich Vierjährige mit dieser Gabe Jahre später als sozial kompetenter, stressresistenter, vertrauenswürdiger und nach wie vor geduldi-

ger (Shoda, Y /Mischel, W./Peake, P. K. [1990]: Predicting adolescent cognitive and self-regulatory competencies from preschool delay of gratification, in: Developmental Psychology 26. 978–986).]

In einer 2004 präsentierten Studie von Sara Konrath, Norbert Schwarz und Brian P. Meier wurden Versuchsteilnehmer mit dem Gesicht von George W. Bush geprimt. Danach wurden sie gebeten Wörter wie „Mord" oder „Trost" per Tastendruck als aggressiv oder hilfreich einzustufen.[158] Der Effekt: Wörter aggressiven Inhalts zuzuordnen fiel den Probanden nach dem Anblick von Bush sichtlich leichter. Dies zeigte sich in den Reaktionszeiten im Vergleich zu Versuchsteilnehmern, die zuvor Bilder eines harmlosen Stuhls zu sehen bekommen hatten. Fotos von George W. Bush konnten also unabhängig von der politischen Einstellung aggressive Gedanken fördern.

Auch Körperwahrnehmungen bahnen sich einen Weg durch unsere Gedanken. In einer Studie von Nils Jostmann, Daniel Lakens und Thomas Schubert wurde den Probanden ein Klemmbrett mit einem Fragebogen ausgehändigt und ihnen von einer Ungerechtigkeit berichtet, einem scheinbaren Fall von unterdrückter Meinungsäußerung:[159] Einem Studenten würde von der Universität die Möglichkeit verwehrt, sich zu einem Thema zu äußern, das ihm sehr wichtig sei. Doch war seine Meinung wirklich wichtig? Kommt auf das Klemmbrett an! Eine Probandengruppe hielt nämlich ein Klemmbrett in der Hand, das sich von jenem der anderen Gruppe äußerlich zwar nicht unterschied, aber um 400 Gramm schwerer war. Wie sich zeigte, erachteten jene mit schweren Klemmbrettern die Situation als bedeutender als jene mit leichten Klemmbrettern. Ein schweres Gewicht in der Hand kann also tatsächlich dazu führen, dass wir einem Thema mehr Gewicht beimessen. Auch kann ein warmes Getränk dazu führen, dass wir jemanden als warmherziger ansehen, wie ein Experiment von Lawrence E. Williams und John A. Bargh ergab. Versuchspersonen, die kurz eine heiße Tasse Kaffee halten sollten, schätzten danach eine Person als großzügiger und liebevoller ein als Probanden, die einen Becher Eiskaffee in Händen gehalten hatten.[160] Umgekehrt bewerteten Probanden in einer fingierten Marktforschungsbefragung heiße Getränke wie Kaffee oder Suppe besser, wenn sie zuvor aus einer Gruppe ausgeschlossen wurden.[161] Soziale Kälte wirkt sich also tatsächlich auf das Temperaturempfinden aus.

Doch nun zurück zu Paul H. Thibodeaus und Lera Boroditskys Metaphernstudie und der Frage, ob die Metaphern „Bestie" und „Virus" einen Einfluss darauf haben können, welches Konzept zur Kriminalitätsbekämpfung am plausibelsten scheint.

War es wirklich die Kraft der Metaphern, die die Probanden der Studie für mehr Härte plädieren ließ, wenn sie es mit einer „Bestie" statt mit einem „Virus" zu tun hatten? „Vielleicht aktiviert das einfache Hören von Wörtern wie Bestie und Virus auch außerhalb des Kriminalitäts-Kontexts Repräsentationen von Jagen und Fangen",[162] mutmaßten die Studienautoren. „Diese aktivierten lexikalischen Assoziationen könnten daraufhin in die Beschreibungen der Menschen eingehen, wie das Kriminalitätsproblem zu lösen sei." Um diese Möglichkeit auszuschließen, wurden die Wörter „Bestie" bzw. „Virus" völlig aus dem Text entfernt. Ansonsten handelte es sich um den gleichen Bericht wie in Experiment 2, mit dem kleinen Unterschied, dass der Einleitungssatz nun schlicht „Kriminalität verwüstet die Stadt Addison" lautete. Bevor die Probanden den Absatz zu lesen bekamen, wurden sie jedoch mit Bestie oder Virus gebahnt, indem sie sich Synonyme zu dem jeweiligen Wort ausdenken sollten. Würde diese Maßnahme reichen, um zu ähnlich unterschiedlichen Antworten zu kommen wie in Experiment 1 und 2? Nein! Egal ob sich die Versuchsteilnehmer zuvor mit „Bestie" oder „Virus" beschäftigt hatten – Auswirkungen auf ihre Vorschläge zur Kriminalitätsbekämpfung zeigten sich nicht. Das legt den Verdacht nahe, dass Metaphern mehr sind als die Summe ihrer einzelnen Wörter und sie ihre Macht tatsächlich durch den Kontext entfalten.

Trotzdem stellt sich die Frage, ob Metaphern wirklich so kraftvoll sind, wie es die ersten Experimente nahelegen. Schließlich könnte es sein, dass „Virus" und „Bestie" nur die Ideenfindung beeinflussten und bloß bewirkten, dass bestimmte Lösungsvorschläge eher in den Sinn kamen als andere. Diese Möglichkeit stand im Zentrum vom Experiment 4. In diesem Teil der Studie wurde abermals der gleiche Text wie in Experiment 2 verwendet, nun wieder mit den „Bestie"- bzw. „Virus"-Metaphern im Einleitungssatz. Der Unterschied: Diesmal sollten die Probanden keine Vorschläge unterbreiten. Stattdessen wurden sie gefragt, wo sie weitere Informationen einholen würden, um das Problem lösen zu können. Dabei wurden ihnen vier Rechercheoptionen geboten: zwei, die auf soziale Reformen hindeuteten (Bildungssystem und Wirtschaft inklusive Armutsgrenzen und Arbeitslosenraten), und zwei, die mit härteren Strafen in Verbindung standen (Stärke der Polizei und Gefängnisse). Erneut zeigte sich ein ähnliches Bild wie in Experiment 1 und 2: Für welche Option sich die Versuchsteilnehmer entschieden, hing in erheblichem Maß von der verwendeten Metapher ab.

Das letzte Experiment, Experiment 5, lief wie Experiment 4 ab. Einziger Unterschied: Der Satz „Kriminalität ist {eine Bestie, die/ein Virus, der} die Stadt Addison verwüstet" stand diesmal nicht am Beginn, sondern am Ende des Absatzes. Nun zeigten sich bei der Auswertung der Antworten keine signifikanten Unterschiede mehr. Die

„Virus"- und „Bestien"-Metapher hatten ihre Macht verloren. Damit lässt Experiment 5 einige Rückschlüsse zu, wie Metaphern wirken: Sie lenken unser Denken in ganz bestimmte Bahnen – Fakten, die danach kommen, sind nicht einfach nur Sachinformationen, sondern werden in die Richtung interpretiert, die die Metapher vorgibt. Wie wir im vorigen Kapitel gesehen haben, ist Verstehen und Glauben kein zweistufiger Prozess.

Das zeigt sich auch hier: Der gesunde Menschenverstand trennt nicht zwischen der Beurteilung der rhetorischen Leistung auf der einen Seite und der Aussagekraft der nüchternen Sachinformationen auf der anderen Seite, wie es die Objektivität erfordern würde. Was Informationen jeweils bedeuten, wird zum Teil von der jeweiligen Metapher vorherbestimmt. Welche Rolle das für die politische Auseinandersetzung spielen kann, zeigt sich auch in der Untersuchung von Paul H. Thibodeau und Lera Boroditsky, bei der die Probanden auch nach ihrer Parteipräferenz gefragt wurden: Zwar präferierten Sympathisanten der US-Republikaner wie erwartet eher das Mehr-Härte-Konzept, allerdings war der Unterschied zu Demokraten deutlich kleiner als jener, der durch die Metaphern hervorgerufen wurde.

Wo es Lösungen gibt, ist das Problem nicht weit

Dass Robert Jay Lifton in seiner Analyse dem Terminus der „Endlösung der Judenfrage" eine so hohe Bedeutung für den Holocaust beimisst, dürfte somit durchaus gerechtfertigt sein: „Mit dem kleinsten gemeinsamen Nenner, nämlich der Einsicht in die Notwendigkeit zur Lösung des ‚jüdischen Problems', gelangten Ärzte und andere Nazis nicht nur zur Akzeptanz, sondern zur Präferenz des Massenmords", so

Lifton, „denn nur er allein versprach eine wirkliche Lösung, ein gründliches Reinemachen und die Endlösung."[163] Zum Glück sind nicht alle Metaphern so pervers und gefährlich wie jene der Nationalsozialisten. Vielmehr sind Metaphern ein geradezu unverzichtbares Kommunikationswerkzeug, um abstrakte Sachverhalte verständlich zu machen. Problematisch ist allerdings, dass Metaphern nicht bloß beschreiben, sondern bis zu einem gewissen Maß auch unser Denken vorgeben. Dabei vergessen wir nur allzu oft die Möglichkeit, dass Metaphern ja auch unzutreffend sein können. Sind es wirklich „Sachzwänge", die Politiker zu ihren Entscheidungen bewegen, wie sie immer behaupten? Gibt es so etwas wie Sachzwänge überhaupt? Haben wirklich „wir über unsere Verhältnisse gelebt" oder nicht vielleicht doch die einen auf Kosten der anderen?

Wer nun auf wessen Kosten lebt, ist freilich Ansichtssache: Hegt man starke Zweifel, dass es auf der Welt gerecht zugeht, dann leben die Betuchten auf Kosten der Mittellosen. Reiche versuchen sich mit allen nur erdenklichen Mitteln davor zu drücken, sich am Solidarsystem zu beteiligen, und verhindern aus purem Eigennutz pragmatisch sinnvolle Maßnahmen, die Armen mehr Chancen im Leben eröffnen würden und der gesamten Gesellschaft zuträglich wären, so der Vorwurf. Umgekehrt sieht es mit starkem Gerechte-Welt-Glauben aus: Da die Welt gerecht ist, sind Reiche zu Recht reich und Arme zu Recht arm. Demnach ist es höchst ungerecht und kontraproduktiv, wenn mit Umverteilungsaktionen Vermögende für ihre Verdienste bestraft werden, um damit Faulheit und Unwille zu belohnen. Die Ursachen für die angeblich herrschende Gerechtigkeit scheinen dabei dem Zeitgeist unterworfen zu sein: Sahen Königshäuser einst ihre Herrschaftsansprüche direkt „von Gottes Gnaden" abgeleitet (während sich die weniger Begnadeten mit den „unergründlichen Wegen des Herrn" begnügen mussten), ist es heute die Weisheit der „unsichtbaren Hand des Marktes", von der die Gerechtigkeit ausgehen soll. Freilich sind gelegentliche Widersprüche unvermeidlich. Um solche Diskrepanzen nicht zu bedrohlich werden zu lassen, biegt der gesunde Menschenverstand gelegentlich schon mal die Tatsachen so hin, dass die wahrgenommene Ungerechtigkeit nicht allzu offensichtlich erscheint. Bei einem Experiment wurde Versuchsteilnehmern ein Artikel über einen Mann vorgelegt, der über 18 Millionen Dollar im Lotto gewonnen hatte.[164] Dabei gab es von dem Artikel zwei Versionen: Während der Lottogewinner der einen Hälfte als besonders fleißig, freundlich und großzügig beschrieben wurde, bekam die andere Hälfte das genaue Gegenteil über den Glücklichen zu lesen. Wie ein später durchgeführter Erinnerungstest ergab, hatte jene Hälfte, deren Artikel ein schlechtes Bild des Lottogewinners zeichnete, im Durchschnitt eine geringere Gewinnsumme in Erinnerung als jene, die ein positives Bild vom Lottogewinner hatte. Dass diese Wahrnehmungsverzerrung nicht nur von theoretischer Bedeutung ist, zeigen Untersuchungen, bei denen die Teilnehmer Schätzungen über die Vermögensverteilung abgeben sollten. So offenbart eine Studie von Michael I. Norton und Dan Ariely, bei der über 5.500 Personen befragt wurden, dass Amerikaner das US-Gesamtvermögen für deutlich gleichmäßiger verteilt halten, als es tatsächlich ist. Der Anteil der reichsten 20 Prozent am Gesamtvermögen wurde drastisch unterschätzt, jener der Mittel- und Unterschicht stark überschätzt.[165] Teilnehmer, die 2004 George W. Bush gewählt hatten, wähnten dabei das Kapital als etwas gleichmäßiger verteilt als Kerry-Wähler. Allerdings waren die Diskrepanzen zwischen beiden Wählergruppen weitaus geringer als jene zur tatsächlichen Vermögensverteilung. Als sie gebeten wurden jene Vermögensverteilung aufzuschlüsseln, die sie als ideal ansehen, zeichnete sich – in unterschiedlichem Ausmaß – sowohl bei Kerry- als auch Bush-Wählern eine Wunsch-Vermögensverteilung ab, die eher an schwedische als an US-amerikanische Verhältnisse erinnert. Bei den meisten Menschen führt der Gerechte-Welt-Glaube offenbar dazu, dass die Welt zwar nicht als absolut gerecht wahrgenommen wird, aber als weitaus gerechter, als es die Fakten erlauben würden.

Dass der Gerechte-Welt-Glaube die Wahrnehmung doch so deutlich verzerren kann, wirft naturgemäß ein wenig schmeichelhaftes Licht auf konservatives Denken. Noch weniger schmeichelhaft sind die Ergebnisse einer groß angelegten Studie aus dem Jahr 2003, bei der konservatives Denken anhand von 88 Proben aus wissenschaftlichen Journalen, Büchern und Konferenzpapieren mit insgesamt weit über 20.000 Teilnehmern nach Mustern durchleuchtet wurde.[166] Das herangezogene Material aus 12 Ländern enthielt Reden und Interviews von Politikern, Meinungen und Urteile von Richtern, Laborexperimente, Befragungs- und Feldstudien. Diese breite empirische Untermauerung sollten wir stets im Kopf behalten, wenn wir uns die Ergebnisse der Untersuchung ansehen – denn die lesen sich wie eine bösartige Abrechnung, wie sie sonst nur aus den Federn von hartgesottenen Polemikern stammt.

Demnach ist der Konservativismus vor allem von einem geprägt: Angst. Konservative Menschen fürchten Bedrohungen wie den Tod oder mögliche Verluste, nehmen die Welt als eher gefährlich wahr, sind pessimistisch und weniger offen für Neues. Konsequenterweise vermeiden sie Unsicherheiten, verachten Ambivalenzen („Wer nicht für uns ist, ist gegen uns") und neigen zum starren Dogmatismus: „Das heißt nicht, dass es so etwas wie linken Extremismus oder Dogmatismus nicht gibt", so die Studienautoren, „doch auch wenn Forscher einen Anstieg an Dogmatismus bei Linken im Vergleich zu Moderaten gemessen haben, liegen die höchsten Dogmatismus-Werte bei Konservativen." Der Hang zum Schwarz-Weiß-Denken steht auch im Zusammenhang mit höheren Werten auf der sogenannten NFCC-Skala („Need for Cognitive Closure"). Hohe Werte auf dieser Skala bedeuten, dass man bei komplexen sozialen Sachverhalten, ohne viel nachzudenken (zum Beispiel mithilfe von Stereotypen), zu raschen Urteilen kommt und Mehrdeutigkeiten vermeidet.

[Eine deutsche Studie zeigte bei den NFCC-Werten ein klares Links-Rechts-Gefälle: Die geringsten Werte hatten unter Studenten Sympathisanten der PDS (heute Die Linke), danach folgten Sympathisanten der Grünen, SPD, FDP und schließlich der CDU mit dem höchsten Bedürfnis nach „kognitiver Schließung" (Kemmelmeier, M. [1997]: Need for closure and political orientation among German university students, in: Journal of Social Psychology 137. 787–789).]

Überhaupt tendieren Konservative zu einer vereinfachten Weltsicht, wie Untersuchungen zur Messung der sogenannten integrativen Komplexität zeigen. Sie setzen sich mit Problemen weniger differenziert auseinander, schenken Fakten und Alternativen weniger Beachtung und erkennen schlechter Zusammenhänge. „Die Kernideologie des Konservativismus", fassen die Studienautoren zusammen, „betont den Widerstand gegen Veränderung und rechtfertigt Ungleichheit [...], um Unsicherheiten und Bedrohungen zu bewältigen."

Uff! Ganz schön starker Tobak, nicht? Obwohl die Autoren anmerkten, dass die Ergebnisse nicht bedeuten würden, dass „konservative Überzeugungen notwendig falsch, irrational oder ungerechtfertigt" seien, stieß die Studie in den USA bei ihrem Erscheinen wenig überraschend auf heftigen Widerstand. So bezeichnete ein republikanischer Abgeordneter die Untersuchung als „empörend" und die Ergebnisse als „lächerliche Hypothesen".[167]

Tatsächlich hinterlassen die Ergebnisse einen eigentümlichen Nachgeschmack. Denn wenn die Richtung der Resultate auch nur ungefähr stimmt, dann stellt sich natürlich die Frage, warum Menschen überhaupt konservative Tendenzen in sich tragen. Wenn Konservativismus mit einer verzerrten Wahrnehmung, Angst und vereinfachtem Weltbild einhergeht, müsste das dann nicht im Leben ein riesiges Hindernis darstellen? Und wie ist das damit zu vereinbaren, dass ausgerechnet sehr erfolgreiche Menschen, wie etwa Unternehmer, Manager oder Spitzensportler, häufig konservativ sind? Liegt das bloß daran, dass konservative Parteien in aller Regel danach trachten, Vermögende möglichst wenig zu besteuern?

„Stellen Sie sich vor, Sie sind 15 Jahre alt, befinden sich in Österreich und erzählen den Leuten: ‚Ich möchte Bodybuilding-Weltmeister werden!' Natürlich wird jemand kommen und sagen: ‚Moment, das ist kein österreichischer Sport! Skifahren, du solltest ein Skiweltmeister werden oder Fußballweltmeister oder Leichtathletikweltmeister, das ist Österreich! Aber Bodybuilding?'"[168] Er tat es trotzdem und begann zu trainieren – eine Stunde pro Tag, zwei Stunden pro Tag, drei Stunden pro Tag bis hin zu fünf, sechs Stunden pro Tag – und wurde der jüngste „Mister Universum" aller Zeiten. Sein Name: Arnold Schwarzenegger. Zu sagen, er hätte eine „eindrucksvolle Karriere" hinter sich, wäre gnadenlos untertrieben. Als mittelloser US-Immigrant gelang es ihm, zum erfolgreichsten Bodybuilder und bestbezahlten Schauspieler seiner Zeit zu werden, bis er schließlich zum Gouverneur einer der größten Volkswirtschaften der Welt aufstieg. Und all das, obwohl die Voraussetzungen für seine stets aberwitzig wirkenden Ambitionen alles andere als glänzend schienen. Sein Ehrgeiz und sein fester Glaube, seine Ziele erreichen zu können, haben sich sichtlich gelohnt. „Alles kann geschafft werden, wenn du dir es vergegenwärtigen kannst und wenn du an dich glaubst", bläute er seinem Publikum in einer Rede vor Universitätsabsolventen ein. Man mag Arnold Schwarzenegger als einen untypischen Konservativen empfinden. Ängstlichkeit, Pessimismus und Verschlossenheit gegenüber Neuem ist vermutlich das Allerletzte, was einem zu seiner Person einfallen würde. Doch sein unerschütterlicher Glaube, alles erreichen zu können, wenn er sich nur genug Mühe gibt, war nur unter der Voraussetzung möglich, auch an eine gerechte Welt zu glauben – eine gerechte Welt namens Amerika. Der Gerechte-Welt-Glaube ist nicht einfach nur ein Bug in den Programmierzeilen des menschlichen Betriebssystems, eine skurrile Macke unseres gesunden Menschenverstands. Dass Menschen im Normalfall davon ausgehen, dass sie in einer einigermaßen gerechten Welt leben, betrachtet Melvin Lerner sogar als lebensnotwendig, „denn nur in einer gerechten Welt können Menschen langfristig zielgerichteten Aktivitäten nachgehen und Vertrauen in andere Menschen und gesellschaftliche Instanzen aufbauen",[169] erläutert der Psychologe Jürgen Maes. Würden wir nämlich glauben, dass absolute Ungerechtigkeit herrscht, müssten wir nicht nur befürchten verdiente Belohnungen vorenthalten zu bekommen, sondern auch unverdiente Strafen abzukriegen (während in einer gerechten Welt hingegen sogar das Leiden Sinn macht). Wir könnten weder jemandem vertrauen, noch würden wir längerfristige Ziele verfolgen, weil wir ohnehin keine positiven Konsequenzen zu erwarten hätten. Wir würden keine Ausbildung anstreben, nicht arbeiten und uns um nichts bemühen. Kurz: Ungerechtigkeit lähmt. Das politische Gegenteil des Gerechte-Welt-Glaubens ist daher nicht der Glaube an eine ungerechte Welt, sondern der Zweifel an der gerechten Welt.

Natürlich kann und muss man an dieser Stelle einwenden, dass der American Dream, den Arnold Schwarzenegger wie kaum ein anderer repräsentiert, mehr Illusion als Realität ist. Ob man seine Träume verwirklichen kann oder nicht, hängt in aller Regel von äußeren Umständen wie der sozialen Herkunft ab. In den USA stehen die Chancen, es „vom Tellerwäscher zum Millionär" zu bringen, im Vergleich zu anderen westlichen Ländern mit Ausnahme Großbritanniens heute sogar ganz besonders schlecht.[170] Trotz aller glücklichen Umstände, die mit Arnold Schwarzeneggers Karriere einhergegangen sein mögen, muss man ihm zugestehen, dass er in seinem Leben Chancen genutzt hat, die wir Normalsterblichen wahrscheinlich niemals gesehen hätten. Mithilfe seines Ehrgeizes und seiner Ausdauer hat er immer alles erreicht, was er sich vorgenommen hatte. Dass ihm die Welt – oder genauer gesagt die Vereinigten Staaten – gerecht erscheint, ist daher nur allzu verständlich. Wen überrascht es angesichts dieser wunderbaren Vorstellung, dass Konservative im Schnitt zufriedener sind als Linke?[171]

Würfeln und würfeln lassen

Sie werden sich vielleicht gewundert haben, dass in diesem Kapitel ein so verallgemeinernder Ton angeschlagen wird. Diese Kritik ist berechtigt, natürlich gibt es weder „den Linken" noch „den Konservativen", ganz zu schweigen davon, dass sich die politischen Spektren von Land zu Land gehörig unterscheiden. Was in dem einem Land als höchst umstritten gilt, ist im Nachbarland vielleicht allgemeiner Konsens. In den meisten europäischen Ländern wären sowohl die US-Republikaner als auch die Demokraten in vielerlei Hinsicht zwei sehr konservative Parteien. „Links" und „rechts" sind in diesem Zusammenhang daher als relative Größen anzusehen, die ihre konkreten Ausformungen erst durch den jeweiligen Status quo erhalten. Wir sprechen also lediglich von Tendenzen, die im polarisierten amerikanischen Zweiparteiensystem vermutlich deutlicher zum Vorschein treten als in europäischen Ländern, deren Parlamente oftmals mit vier, fünf und mehr Parteien gesegnet sind. Menschen ändern sich im Lauf der Zeit, genauso wie ihr Umfeld und ihre Ansichten.

Vor allem aber sind viele von uns nicht konsequent links oder rechts eingestellt, zumal es links wie rechts die unterschiedlichsten Strömungen gibt. Manch linker Gewerkschafter mag in gesellschaftspolitischen Fragen ganz schön altmodisch sein und beileibe nicht jeder, der mit großen sozialen Ungleichheiten gut leben kann, wünscht sich ein höheres Militärbudget oder einen Polizisten an jeder Straßenecke.

Zudem schwanken unsere politischen Einstellungen je nach Situation. So konnte eine Untersuchung von Scott Eidelman und seinem Team zeigen, dass wir umso konservativer werden, wenn wir unter Zeitdruck stehen, betrunken oder abgelenkt sind.[172] Wer mental ausgelastet ist, schaltet in den Gesunder-Menschenverstand-Modus um – und wird konservativ. Das bewirkt zwar, dass uns das Wissen über die Komplexität der Welt zusehends abhanden kommt, aber immerhin schaffen wir es damit, nach dem achten Bier immer noch den Weg nach Hause zu finden. „Unsere Befunde legen nahe, dass konservatives Denken grundlegend, normal und vielleicht natürlich ist", so die Forscher.

So oder so, eines ist sicher: Politiker wollen gewählt werden. Was sie dafür tun? Zum einen versuchen sie natürlich ihre Stammwähler und Hardcore-Sympathisanten zur Wahl zu treiben. Zum anderen wollen sie natürlich auch ein paar Wechselwähler von sich überzeugen – oder zumindest weniger abschreckend erscheinen als ihre Kontrahenten. John Kerry gelang das offensichtlich nicht. Trotz seiner patriotischen Beschwörungen bekam er bei der Präsidentschaftswahl 2004 rund 3,5 Millionen Stimmen weniger als George W. Bush. Und das war angesichts der von ihm verwendeten Metaphern vielleicht gar nicht so verwunderlich. So wie Bush präsentierte sich auch Kerry als Hüter der „Werte von Familie, Glauben und Vaterland", der „Amerika zu Hause stärker" machen und „in der Welt Respekt" verschaffen wolle – sprich: als Hüter der gerechten Welt. Mit George W. Bush hatten die Konservativen diesbezüglich jedoch schon einen weit authentischeren Mann im Weißen Haus. Also entschieden sich die Amerikaner für jenen Präsidenten, den sie bereits kannten, anstatt für einen Kandidaten, der besser sein könnte. Natürlich taten George Bushs Republikaner alles nur Erdenkliche, um Kerrys angeblich bessere Eignung in Zweifel zu ziehen.

Der Linguist George Lakoff vergleicht das mit der Strichzeichnung eines dreidimensionalen Würfels, bei der

man zwei Quadrate schräg versetzt hintereinander zeichnet und die Ecken durch Linien verbindet. Wenn wir so einen Würfel betrachten, können wir ihn aus zwei verschiedenen Perspektiven sehen: Mal von oben und mal von unten – er springt förmlich hin und her. Es ist uns aber nicht möglich, beide Perspektiven gleichzeitig wahrzunehmen. Und dieses Prinzip gelte, meint George Lakoff, auch in der Politik: „Wenn der eine Frame aktiviert ist, wird der entgegenstehende Frame automatisch unterdrückt – er wird im Gehirn geblockt."[173] Lakoff ist daher der Überzeugung, dass es für Politiker und Parteien unerlässlich ist, ihre Werte zu betonen.

Wie wir gesehen haben, wird der politische Hausverstand von einer Vielzahl an Faktoren beeinflusst: der Optik von Politikern, der Metaphern, die sie verwenden (und Medien unhinterfragt übernehmen), Angst, Hoffnung, Glaube und Zweifel hinsichtlich einer gerechten Welt. Somit ist es wenig verwunderlich, dass trotz gleicher Sachlage der gesunde Menschenverstand des einen zu ganz anderen Schlussfolgerungen kommt als der gesunde Menschenverstand des anderen.

Doch wie gerecht ist die Welt nun wirklich? Gewinnen am Ende immer die Guten? Oder muss man gar ein „Schwein sein auf dieser Welt", um nicht unter die Räder zu kommen?

DER GERECHTE MENSCHENVERSTAND

Gut gegen Böse – wer gewinnt? Oder: Warum die Guten erfolgreicher sind, aber die Bösen mehr davon haben

Gustav war noch ein Teenager, als er Markus kennenlernte. Obwohl Gustav neu in der Klasse war, fand er schnell Anschluss, was auch Markus zu verdanken war. „Er hat mich rasch integriert", erzählt Gustav heute. Schnell kristallisierte sich ein enger Freundeskreis heraus, der nicht nur unter der Woche gemeinsam seine Zeit in der Schule absaß, sondern auch samstagabends sein Unwesen trieb. Markus nahm dabei die Rolle des gutmütigen Clowns ein. Auffällig war aber auch seine Spendierfreudigkeit: „Er hat uns immer eingeladen. Wenn du mit ihm fortgegangen bist, bist du dir vorgekommen wie die Frau eines Industriellen", scherzt Gustav, während er zu seiner Kaffeetasse greift. Umgekehrt wies Markus jede Einladung von vornherein zurück: „Das hat er immer abgelehnt." Nach dem Schulabschluss verflüchtigte sich der Freundeskreis allmählich; Gustav und Markus blieben jedoch beste Freunde. „Er war immer sehr hilfsbereit. Ich kann mich nicht erinnern, dass er mir jemals eine Bitte abgeschlagen hätte", erläutert Gustav. Größere Autoreparaturen pflegte er stets in Markus' Garage durchzuführen, was nicht selten vorkam. Mit seinem rostfreudigen italienischen Kleinwagen hatte Gustav jede Menge zu tun. Doch auch sonst erwies sich Markus als äußerst liebenswürdiger Charakter, dessen Freundschaft man sich nur wünschen konnte. Er lud Gustav zum Essen mit seiner Familie ein, gab Partys im Wochenendhaus seiner Eltern und verschenkte gerne mal auch teurere Dinge, wenn er sie nicht mehr benötigte, wie etwa sein noch gar nicht so altes Autoradio.

Ähnliche Erfahrungen machte auch Claudia, die Markus an ihrem Arbeitsplatz kennengelernt hatte. Sie arbeiteten im gleichen Callcenter eines Mobilfunkanbieters. Bei einem Gespräch im Raucherzimmer stellte sich heraus, dass sie das Gleiche studierten. Zwar lernten sie sich dadurch etwas besser kennen, doch seine Hilfsbereitschaft war Claudia von Anfang an suspekt. Dass er etwa einem – ebenfalls von der Arbeit bekannten – Pärchen sein neues Auto zur Verfügung stellte, damit sie zu einer seiner Partys kommen konnten, sorgte bei ihr nur für Kopfschütteln. Den Schlüssel legte Markus dem Pärchen einfach unter die Fußmatte. „Wie kann ich ein neues Auto zwei Menschen überlassen, die ich kaum kenne?", wundert sich Claudia noch heute. Besonders unangenehm war ihr jedoch, wenn Markus sich ihr gegenüber übertrieben zuvorkommend zeigte: „Andauernd bot er mir irgendwas an; es war mir richtig unheimlich", erzählt sie, „bis ich einmal klargestellt habe, dass aus uns sicher niemals etwas wird." Naturgemäß tat Markus diese „Anschuldigung" als absurd ab und beteuerte, dass er niemals solche Absichten gehabt hätte. „Mir hat er immer von dir vorgeschwärmt", wirft Gustav lachend in Richtung Claudia ein, „einmal, er war schon ein bisschen betrunken, meinte er zu mir, dass ich es bei dir versuchen soll, weil er ohnehin keine Chance hätte.

Ich glaube, er hat das an diesem Abend mindestens zehnmal wiederholt." Mit der Zeit waren die drei zusehends öfter miteinander fortgegangen. Dabei versuchte Markus alles, um Claudia von sich zu überzeugen, während sie das genaue Gegenteil tat und immer abweisender wurde. „Du warst schon ziemlich gemein zu ihm und hast ihn nur mehr ausgelacht", erinnert sich Gustav zurück. „Ich wollte bloß sicherstellen, dass er keinesfalls denkt, dass zwischen uns jemals etwas passieren könnte", erklärt Claudia rückblickend ihre ätzenden Kommentare, die sie für Markus übrig hatte. Trotzdem kutschierte Markus sie beim Fortgehen bereitwillig durch die Stadt, rang um Aufmerksamkeit und fischte bei jeder Gelegenheit nach Komplimenten, ohne jemals eines zu ernten.

Hätte es sich dabei um einen Hollywoodfilm gehandelt, dann wäre die Geschichte wohl so weitergegangen: Ein gut aussehender, aber hinterlistiger junger Mann betritt die Bühne, um Claudias Herz zu erobern. Sie fühlt sich zu ihm hingezogen, denn im Gegensatz zum Publikum ahnt sie nicht, dass er ein Schuft ist. Der Einzige, der seinen wahren Charakter zu erkennen scheint, ist Markus, der schließlich in einem Akt der Selbstaufopferung einen wie auch immer gearteten teuflischen Plan des Bösewichts vereitelt, um Claudia und andere zu beschützen. Nun erkennt sie den guten Charakter von Markus und sein größter Traum wird wahr, während natürlich der Schurke seine gerechte Strafe abbüßen muss. So funktionieren in abgewandelter Form sehr viele Stoffe der Populärkultur, sei es in Groschenromanen, Comics, Fernsehserien oder Filmen. Während der Bösewicht am Ende sterben oder zumindest eine Niederlage einstecken muss, führt die Tugendhaftigkeit des Protagonisten, im Idealfall eines Underdogs, zu Glück, Liebe und Erfolg. Wenig überraschend ergab eine Untersuchung, dass Menschen, die sich im Fernsehen häufig Serien und Spielfilme ansehen, stärker zum Gerechte-Welt-Glauben neigen.[174]

Freilich ist die Wirklichkeit viel profaner – weniger dramatisch und bestenfalls gelegentlich von dieser tiefen inneren Gerechtigkeit erfüllt, die man aus Hollywoodfilmen kennt. Denn während im Fernsehen das noble Verhalten des Helden die Story voranbringt und zu einem guten Ende führt, beinhaltet das echte Leben Sackgassen und Irrtümer, die uns schlicht und einfach nicht weiterbringen und keinen tieferen Sinn haben. So auch im Fall von Markus.

Es ist ein sonniger, aber nicht sehr heißer Sonntag Anfang August. Ein mildes Lüftchen weht über den Sonnenschirm hinweg. Wie so oft in ihrer Freizeit sitzen Gustav und Claudia auf ihrer Terrasse. Die Zeitung mit den Sudokus liegt in Griffweite, es duftet nach Kaffee. Seit vielen Jahren sind die beiden nun schon ein Paar. Markus hat damals die Freundschaft zu Gustav aufgekündigt, obwohl er ihn ursprünglich sogar dazu ermutigt hatte, es bei Claudia „zu versuchen". „Ich hätte es nicht gemacht, wenn er mir nicht so oft gesagt hätte, dass es okay wäre", beteuert Gustav. Markus' wahres Gefühlsleben konnte mit seiner auf die Spitze getriebenen Gutmütigkeit letztlich aber offensichtlich nicht ganz mithalten. Sind die Guten am Ende also vielleicht gar nicht die Gewinner, sondern bloß die Dummen? Schließlich hat Markus seinen guten Charakter immer wieder bewiesen: Seine Selbstlosigkeit, Großzügigkeit und Hilfsbereitschaft beschränkte sich schließlich nicht nur auf Claudia, sondern galt stets allen Menschen in seinem Umfeld. Doch genützt hat es ihm zumindest in diesem Fall nicht. Vermutlich kennen wir alle einen „Markus", dem das Wohlergehen anderer wichtiger zu sein scheint als sein eigenes – zuvorkommend, einfühlsam und stets verfügbar.

Menschen, die ihr eigenes Wohl hinter das anderer stellen, die stets einfühlsam und hilfsbereit sind, wird von der

Gesellschaft am meisten Achtung und Respekt gezollt – sollte man meinen. Doch auch hier übersieht der gesunde Menschenverstand ein paar wesentliche Dinge.

Wie du mir …

Der Arme und der Reiche

„Vor alten Zeiten, als der liebe Gott selber auf Erden unter den Menschen wandelte, trug es sich zu, daß er eines Abends müd war und ihn die Nacht überfiel, eh' er zu einer Herberge kommen konnte. Da standen aber auf dem Weg vor ihm zwei Häuser einander gegenüber, eins groß und schön, das andere klein und ärmlich anzusehen, und gehörte das eine einem reichen, das andere einem armen Manne."[175] Da der liebe Gott davon ausging, dass er dem Besitzer des hübschen Hauses wohl weniger zur Last fallen würde als dem Bewohner der dürftigen Hütte, klopfte er bei dem Reichen an, um einen Schlafplatz zu erbitten. „Der Reiche guckte ihn an vom Haupt bis zu den Füßen und weil der liebe Gott schlichte Kleider trug und nicht aussah wie einer, der viel Geld in der Tasche hat, schüttelte er mit dem Kopf und sprach: ‚ich kann euch nicht aufnehmen, meine Kammern liegen voll Samen und sollte ich jedermann herbergen, der an meine Thüre klopfte, so müßt ich selber bald fortgehen; sucht euch anderswo ein Auskommen.'" Also probierte der liebe Gott sein Glück bei der alten Hütte gegenüber. Kaum hatte er an die Tür geklopft, bat ihn der Arme schon herein und hieß ihn herzlich willkommen: „Da gefiel es dem lieben Gott und er trat ein; die Frau des Armen reichte ihm die Hand, hieß ihn willkommen und sagte, er möchte sichs bequem machen und vorlieb nehmen, sie hätten nicht viel, aber was es wäre, gäben sie von Herzen gern." Nachdem das Ehepaar ihr kärgliches Abendessen mit ihrem Gast geteilt hatte und die Schlafenszeit hereinbrach, sagte die Frau heimlich zu ihrem Gatten: „hör', lieber Mann, wir wollen uns heut' Nacht eine Streu dahin machen, damit der arme Wanderer sich in unser Bett legen und ausruhen kann, er ist den ganzen Tag über gegangen, da wird einer müd." Natürlich wollte der liebe Gott ihren Vorschlag nicht annehmen, doch das freundliche alte Ehepaar ließ nicht locker. Also verbrachten die beiden die Nacht am Boden, während sich der liebe Gott in ihrem Bett ausruhte. Als er am nächsten Morgen aufstand, hatten sie ihm bereits ein Frühstück gekocht. Nach dem Frühstück war für den Wandersmann die Zeit gekommen, sich zu verabschieden. „Doch als er in der Thüre stand, sprach er: ‚weil ihr so mitleidig und fromm seyd, so wünscht euch dreierlei, das will ich euch erfüllen.'" Als dem Armen bloß ewige Seligkeit und Gesundheit einfiel, schlug der liebe Gott ihm vor, seine alte Hütte durch ein neues Haus zu ersetzen – und ging.

„Als es nun voller Tag war, und der Reiche aufstand und sich in's Fenster legte, sah er gegenüber ein schönes neues Haus stehen statt der alten Hütte. Da machte er Augen, rief seine Frau und sprach: ‚Frau, sieh einmal, wie ist das zugegangen?'" Sie ging hinüber zu dem Armen und erkundigte sich, was geschehen war. Er erzählte, dass es sich um ein Geschenk eines Wanderers handle, dem er eine Nachtherberge geboten hatte. „Eil dich", sagte die Frau des Reichen, „und setz dich auf dein Pferd, der Mann ist noch nicht weit, du mußt ihn einholen, und dir auch drei Wünsche gewähren lassen." Gesagt, getan. Schließlich holte er den lieben Gott ein und fragte ihn, ob er er ebenfalls drei Wünsche äußern dürfte. „‚Ja', sagte der liebe Gott, ‚das dürfe er wohl, es wäre aber nicht gut für ihn, und sollte sich lieber nichts wünschen.' Der Reiche aber meinte, er wollte sich schon etwas Gutes aussuchen, wenn es nur gewiß erfüllt würde. Sprach der liebe Gott: ‚reite nur heim und drei Wünsche, die du thust, die sollen erfüllt werden.'" Nun hatte der Reiche also, was er wollte. Doch als er nach Hause ritt, musste er sich über sein Pferd ärgern, das immerzu hochsprang, wenn er gedankenverloren seine Zügel fallen ließ. Zornig wünschte er seinem Pferd den Tod – „und wie er das Wort ausgesprochen, plump! fiel er auf die Erde und lag das Pferd todt und regte sich nicht mehr und war der erste Wunsch erfüllt". Aus Geiz entfernte der Reiche das Sattelzeug von seinem toten Pferd und schleppte es in schlimmster Mittagshitze auf seinem Rücken. „Da kam's ihm so in die Gedanken, was es seine Frau jetzt gut habe, die sitze daheim in einer kühlen Stube und lasse sich's wohlschmecken. Das ärgerte ihn ordentlich und ohne daß er's wußte, sprach er so hin: ‚ich wollt' die säß daheim auf dem Sattel und könnt' nicht herunter, statt daß ich ihn da auf dem Rücken schleppe.'" Schon war der Sattel von seinem Rücken verschwunden und er verstand, dass sich nun auch sein zweiter Wunsch erfüllt hatte. Jetzt war ihm erst recht heiß und er fing an nach Hause zu laufen. „Wie er aber ankam und seine Stubenthür aufmachte, saß da seine Frau mittendrin auf dem Sattel und kann nicht herunter, jammert und schreit. Da sprach er: ‚gib dich zufrieden, ich will dir alle Reichthümer der Welt herbei wünschen, nur bleib da sitzen.' Sie sagte aber: ‚was helfen mir alle Reichthümer der Welt, wenn ich auf dem Sattel sitze, du hast mich darauf gewünscht, du mußt mir auch wieder herunter helfen.' Er mochte wollen oder nicht, er mußte den dritten Wunsch thun, daß sie vom Sattel ledig wär' und heruntersteigen könnt', und der ward auch erfüllt. Also hatte er nichts davon als Aerger, Müh' und ein verlorenes Pferd; die Armen aber lebten vergnügt, still und fromm bis an ihr seliges Ende."

Die Tücken der Gegenseitigkeit

Bei dieser Geschichte namens „Der Arme und der Reiche"
aus den „Kinder- und Hausmärchen" der Gebrüder Grimm
sticht – wie bei vielen Märchen der Gebrüder Grimm – das
Gerechte-Welt-Motiv geradezu ins Auge: Das gutherzige
arme Paar wird für seine Nächstenliebe belohnt, während
die egoistischen Reichen auf humorvolle Art und Weise bestraft werden. Vermutlich, so ist vielerorts zu lesen, geht die
Geschichte auf den antiken griechischen Mythos „Philemon
und Baucis" zurück, den Ovid in seinen „Metamorphosen"
beschreibt. Doch neben der Gerechtigkeit, die „der liebe
Gott" – ursprünglich waren es Zeus und sein Sohn Hermes –
herstellt, fällt noch etwas auf, nämlich dass der göttliche
Wanderer offenbar genauso tickt wie wir: Zu jenen, die gut
zu ihm sind, ist er auch gut. Jene hingegen, die ihn zurückweisen, weist er ebenfalls zurück (wenn auch nur indirekt,
schließlich ist er „der liebe Gott") – eigentlich eine typisch
menschliche Verhaltensweise, die für alle Kulturen univer-
sell gültig ist und „Reziprozität" genannt wird.

Redewendungen wie „Eine Hand wäscht die andere",
„Wie du mir, so ich dir" oder „Wie man in den Wald hin-
einruft, so kommt es wieder heraus" zeugen davon, für wie
selbstverständlich wir das Prinzip der Gegenseitigkeit halten. Wer uns etwas zum Geburtstag schenkt, den beschen-
ken wir ebenfalls und wer hinter unserem Rücken schlecht
über uns spricht, über den werden wir wahrscheinlich auch
nicht nur Gutes zu berichten wissen. Reziprozität ist ein
Grundprinzip des menschlichen Handelns und wirkt stärker, als wir es vielleicht erahnen würden: Tests haben ergeben, dass die Rücklaufquote von Fragebögen höher ist, wenn
ihnen fünf Dollar beigelegt werden, als wenn das Ausfüllen
des Fragebogens im Nachhinein mit fünfzig (!) Dollar entlohnt wird.[176] Klar, niemand mag Menschen, die nehmen,
ohne selbst etwas zu geben. Wer würde daher schon selbst

so wahrgenommen werden wollen? Es ist daher wenig verwunderlich, dass wir ein tiefes inneres Bedürfnis haben, uns für alles nur Erdenkliche erkenntlich zu zeigen, sei es für ein „Guten Morgen!", für eine aufgehaltene Tür oder für eine Einladung zum Essen. Das Gefühl, etwas zurückgeben zu müssen, wird dabei umso stärker, je flüchtiger sich zwei Menschen kennen. Die einzige Beziehung, in der ein dauerhaftes Missverhältnis zwischen Geben und Nehmen für beide Seiten in Ordnung ist, ist jene zwischen Eltern und ihren Kindern.

Dem gesunden Menschenverstand ist klar: Das Prinzip der Gegenseitigkeit ist gut, richtig und gerecht – wer sich daran hält, kann nichts falsch machen. Doch so einfach ist es nicht. Denn so wichtig das Gesetz der Reziprozität auch ist, damit Menschen überhaupt zusammenleben können, so sehr birgt es auch seine Tücken.

„Ich finde nichts so teuer, als was mir geschenkt wird; dadurch ist mein Wille mit einer Hypothek belastet, die sich Dankbarkeit nennt; und lieber nehme ich Dienste an, die verkäuflich sind; natürlich: für solche Dienste gebe ich nur mein Geld, für die anderen gebe ich mich selbst."[177] Diese Vorsicht, ausgedrückt von Michel de Montaigne, ist nicht ganz unbegründet. Die Reziprozitätsnorm kann nämlich auch dazu eingesetzt werden, Menschen zu manipulieren. Stellen Sie sich vor, wir beide – also Sie und ich – müssen gemeinsam eine Aufgabe erledigen. Nachdem wir einige Zeit zusammensitzen und an unserer Arbeit tüfteln, stehe ich irgendwann auf und verlasse kurz den Raum. Als ich zurückkomme, habe ich zwei Flaschen Cola in der Hand: „Ich habe mir etwas zu trinken geholt und dachte mir, ich bringe Ihnen auch gleich etwas mit …" Wie aufmerksam von mir, oder? Als unsere Arbeit vorbei ist, frage ich Sie, ob Sie mir Lose abkaufen könnten – je mehr, desto besser. Würden Sie mir ein paar Lose abkaufen? Und wenn ja, wie viele?

Wie ein berühmtes Experiment des Psychologen Dennis Regan zeigte, das nach diesem Schema aufgebaut war, kauften die Versuchsteilnehmer deutlich mehr Lose, wenn ihnen ihr Arbeitspartner (ein Komplize des Versuchsleiters) eine Flasche Cola mitgebracht hatte.[178] Noch erstaunlicher aber war, was die Auswertung der Fragebögen ergab, die die Versuchsteilnehmer nach dem Experiment ausgefüllt hatten: Es war vollkommen gleichgültig, ob sie den Komplizen sympathisch fanden oder nicht. Auch jene, die ihn nicht mochten, kauften ihm nach der Cola mehr Lose ab. Das Prinzip der Reziprozität ist so stark, dass es weder von Bedeutung ist, ob wir um eine Gefälligkeit gebeten haben, noch ob wir die betreffende Person gut leiden können. Regans Experiment offenbart, wie leicht wir manipulierbar sind. Gratiskostproben, Blumenverteilungsaktionen oder ungefragt zugestellte Kalender haben oft keinen anderen Zweck, als unser Bedürfnis nach gegenseitigem Ausgleich auszunützen. Doch nicht immer sind solche Reziprozitätsfallen so leicht zu enttarnen wie bei ungebetenen Geschenken.

Erstaunlicherweise klappt das Spiel mit der Gegenseitigkeit auch bei unverschämten Forderungen. Der Sozialpsychologe Robert Cialdini bezeichnet das als „Neuverhandeln-nach-Zurückweisung-Taktik": Demnach formuliert Verhandlungspartner A eine ungemein üppige Forderung, woraufhin sein Gegenüber B diese wahrscheinlich ablehnt (falls nicht, umso besser!). Danach schraubt A seine Ansprüche zurück und formuliert eine neue Forderung, der weit leichter nachzukommen ist. Weil die meisten Menschen nicht gerne zweimal hintereinander „Nein" sagen und A mit seiner Forderung ja bereits entgegengekommen ist, schraubt B seine Ansprüche aufgrund der Reziprozitätsregel nun ebenfalls zurück – der Deal ist perfekt, muss aber keineswegs gerecht sein.

Diese Vorgehensweise gehört in Politik und Wirtschaft

zum Standardrepertoire und konnte auch experimentell eindrucksvoll nachgewiesen werden. So sollte in einem Versuch ein Geldbetrag innerhalb eines vorgeschriebenen Verhandlungszeitraums (sonst war das Geld weg) zwischen zwei Personen aufgeteilt werden.[179] Eine der beiden war dabei in den Versuch eingeweiht worden und hatte jeweils mit verschiedenen Taktiken vorzugehen. In der ersten Variante sollte der Komplize mit einer extremen Forderung beginnen und nicht davon abweichen. In der zweiten Version sollte er ebenfalls mit einer extremen Forderung beginnen, dann aber langsam davon abgehen. In der dritten Version sollte er mit einer Forderung ins Rennen einsteigen, die ihn nur leicht übervorteilte, durfte davon aber nicht abweichen. Wie sich zeigte, bekam der Eingeweihte in der zweiten Version – zu Beginn viel fordern, dann langsam davon abweichen – letztendlich den höchsten Betrag zugesprochen. Bemerkenswertes Detail am Rande: Die ahnungslosen Versuchsteilnehmer der zweiten Variante zeigten sich mit dem Ergebnis am zufriedensten, obwohl sie am wenigsten Geld bekommen hatten! Wohl nicht umsonst riet bereits Machiavelli es dem Bogenschützen gleichzutun: Auch dieser müsse ein weit entferntes Ziel höher anvisieren, um es zu treffen.

Der Glaube unseres gesunden Menschenverstands, das Gesetz der Gegenseitigkeit würde echte Gerechtigkeit schaffen, erweist sich somit als Illusion: Die Reziprozitätsnorm kann bewusst dazu eingesetzt werden, bei Menschen das Gefühl zu erzeugen, sie müssten mit einer Gegenleistung eine scheinbare Gerechtigkeit wiederherstellen, obwohl von Gerechtigkeit gar keine Rede sein kann. Doch wenn das Gesetz der Reziprozität tatsächlich so mächtig ist, wie ist dann die Entwicklung zwischen Claudia und Markus zu erklären? Markus versuchte ihr jeden Wunsch von den Augen abzulesen, ja überhäufte sie geradezu mit Gefälligkeiten – und trotzdem hatte er keinen Erfolg. Nun liegt die Vermutung nahe, dass sie ihn einfach nicht attraktiv fand, doch erklärt das nicht die zunehmende Verachtung, die sie für ihn zu empfinden schien. „Wie konnte er mir immer noch nachrennen, obwohl ich mich nur noch über ihn lustig gemacht habe?", wundert sie sich noch heute. Was war in dieser Zeit geschehen?

Wie wir gesehen haben, haben wir das Bedürfnis, anderen etwas zurückzugeben, wenn sie uns etwas Gutes tun. Doch als Claudia signalisierte, dass sie nicht weiter mitspielen wolle und sich nicht mehr für seine Freundlichkeiten erkenntlich zeigte, hörte Markus nicht damit auf – und setzte damit das Gesetz der Gegenseitigkeit außer Kraft.

„Abgesehen von dem unmittelbaren Ziel, das der Einzelne sich gesetzt hat, und von den Motiven dieser Zielsetzung, liegt es in seinem Interesse, das Verhalten der anderen, insbesondere ihr Verhalten ihm gegenüber, zu kontrollieren",[180] führt der Soziologe Erving Goffman in seinem legendären Bestseller „Wir alle spielen Theater" aus. Wenn zwei Personen miteinander sprechen, tauschen sie damit nicht nur die Inhalte des Gesagten aus, sondern definieren mit Ausdrücken, Umgangsformen und ihrer Körpersprache die Art der Verbindung, in der sie zueinander stehen. Claudia und Markus litten dabei im Grunde unter dem gleichen Problem: Weil sie sich nicht auf eine gemeinsame Basis einigen konnten, versuchten beide vergebens die Deutungshoheit an sich zu reißen. Während Markus alles tat, um ihre Verbindung enger zu gestalten, verfolgte Claudia das entgegengesetzte Ziel – sie wollte klarmachen, dass ebendies nicht infrage kam. Statt zu einem gemeinsamen Kompromiss zu gelangen, verfingen sich die beiden in einem Teufelskreis.

Verschlimmert wurde die Situation dadurch, dass Markus sich dazu genötigt sah, seine zunehmende Unsicherheit mit Humor zu überspielen. „Er fing immer mehr an zu lachen, wenn sie da war, und wurde immer mehr zu einer Witzfigur", entsinnt sich Gustav an die Entstehungszeit seiner Beziehung mit Claudia zurück. Es hatte nichts mit Bosheit zu tun, dass Claudia schließlich Markus bloß noch auszulachen pflegte. Stattdessen fühlte sie sich in die Ecke gedrängt und versuchte damit die Kontrolle über das Verhältnis zu Markus zu behalten, während sich dieser mit seinem sich selbst erniedrigenden Verhalten statt Zuspruch nur noch mehr fiese Kommentare einhandelte. „Woran", fragt Claudia, „soll man denn einen solchen Menschen bitte schön messen?"

Willig und billig

„Was nichts kostet, ist nichts wert", sagt uns der gesunde Menschenverstand. Für ihn ist klar: Wenn etwas knapp ist, dann ist es wertvoller und dementsprechend teurer. Diese Marktlogik klingt zwar stimmig, kann aber mitunter groteske Züge annehmen, wenn wir darüber hinaus auch noch auf die Qualität schließen. Doch genau das macht unser gesunder Menschenverstand: Er schlussfolgert aus der Knappheit nicht nur einen höheren Preis, sondern auch eine höhere Qualität. So stuften Versuchsteilnehmer den Geschmack von Schokoladekeksen besser ein, wenn sie das Backwerk aus einem Gefäß mit nur zwei Keksen nahmen statt aus einem Gefäß mit zehn Schokokeksen.[181] Alleine der Eindruck, dass es weniger davon gäbe, ließ die Kekse leckerer schmecken. Umgekehrt wird ein niedrigerer Preis mit geringerer Qualität gleichgesetzt, wie etwa ein Experiment mit Wein ergab: Wein, den man als billigen Fusel deklariert hatte, schmeckte den Probanden deutlich weniger gut als Wein, der als edles Tröpfchen präsentiert worden war – obwohl es sich um das gleiche Produkt gehandelt hatte.[182] Wie ein dabei durchgeführter Scan mithilfe eines Magnetresonanztomografen zeigte, war beim Trinken des vermeintlich teuren Weins insbesondere der mediale orbitofrontale Cortex deutlich aktiver, ein Hirnareal, das mit angenehmen Erfahrungen in Verbindung steht. Alleine die Vorstellung, etwas Kostbares zu konsumieren, hatte den Hausverstand der Versuchsteilnehmer bereits in Erregung versetzt, während sich in den sensorischen Arealen keine Unterschiede zeigten. Teures schmeckt aber nicht nur besser, sondern wirkt auch mehr. Placebos erwiesen sich in einem Versuch als deutlich wirksamer, wenn man die Versuchspersonen mittels einer Broschüre wissen ließ, dass es sich dabei um einen besonders teuren Wirkstoff handelte.[183]

In vielen Lebensbereichen erscheint es uns völlig klar, dass Erfolge ihren Wert erst durch die Mühe erhalten, die wir dafür aufbringen mussten. Selbst Tiere haben eine Vorliebe für Lebensmittel, für die sie schuften mussten.[184] Umgekehrt wäre ein Uniabschluss so gut wie bedeutungslos, wenn ein Studium bloß ein Semester dauern würde, ein Ferrari wäre nichts Besonderes, wenn ihn sich jeder leisten könnte, und eine Olympiamedaille nahe am reinen Materialwert, wenn wir sie uns einfach in der Dekoabteilung bei Ikea kaufen könnten. Doch nicht immer sticht das so ins Auge, zum Beispiel wenn es um Schönheitsideale geht. Galt im Europa des 19. Jahrhunderts die „noble Blässe" noch als absolutes Schönheitsmerkmal, mit dem sich Adelige vom meist im Freien arbeitenden Pöbel abzusetzen trachteten, gilt heute die angeblich „gesunde Bräune" als erstrebenswert. Einen ähnlichen Trend können wir auch beim Körpergewicht beobachten.

Laut Angaben der WHO hat sich die Anzahl der stark Übergewichtigen seit 1980 mehr als verdoppelt.[185] 2008 hatten bereits 1,5 Milliarden Menschen zu viel auf den Rippen. Mittlerweile leben 65 Prozent der Weltbevölkerung in Ländern, in denen Übergewicht und Fettleibigkeit mehr

Menschen das Leben kostet als Untergewicht. Gleichzeitig scheint sich jedoch das Schönheitsideal in die genau entgegengesetzte Richtung zu bewegen. Um diesen Verdacht zu belegen, studierten finnische Ärztinnen die Entwicklung von Schaufensterpuppen. Während ihr dargestellter Fettanteil in den 1950er-Jahren noch im normalen Rahmen lag, waren bloß vier Jahrzehnte später die Schaufensterpuppen bereits so dünn, dass sie aus medizinischer Sicht als schwer krank einzustufen wären.[186] Würde man ihre Maße auf eine echte Frau übertragen, wären normale Körperfunktionen wie Menstruation und Schwangerschaft gar nicht mehr möglich. Über den Grund schreiben die Studienautorinnen: „Anhand der Modegeschichte können wir sehen, dass in Zeiten der Knappheit lange Röcke mit einer Fülle an Stoff schick waren. Als Stoff reichlich verfügbar war, wurden die Röcke kurz und eng." Einen ähnlichen Zusammenhang vermuten sie beim Fettanteil.

Knappheit ist eben sexy und kann selbst profanen Dingen den Anschein von außerordentlicher Kostbarkeit und Exklusivität verleihen. Dass diese Denkweise des gesunden Menschenverstands groteske Züge annehmen kann, ist eigentlich nicht überraschend. „Aluminium ist das vierthäufigste Element auf der Erde: Es macht fast ein Zehntel von allem aus, was sich unter unseren Füßen befindet", schildert der Autor Bill Bryson in seinem Buch „Eine kurze Geschichte von fast allem". Dennoch ahnte man nichts von der Existenz des Aluminiums,

bis Humphry Davy es im 19. Jahrhundert entdeckte, und noch lange danach galt es als seltene, kostbare Substanz. Der US-Kongress hätte an der Spitze des Washington Monument fast eine glänzende Verkleidung aus Aluminiumfolie anbringen lassen, um zu zeigen, was für eine großartige, wohlhaben-

de Nation die Vereinigten Staaten geworden waren,
und die französische Kaiserfamilie warf zur gleichen
Zeit das staatliche Silbergeschirr weg und ersetzte es
durch Gerätschaften aus Aluminium.[187]

Dass unsere Vorliebe für Exklusives auch für sinnvolle Zwecke eingesetzt werden kann, bewies bereits zuvor der legendäre Captain Cook. James Cook – nomen est omen – war der Erste, der Sauerkraut gegen Skorbut nutzte, eine gefährliche Vitaminmangelerkrankung, die die langen Seereisen seinerzeit schwer auf die Probe stellte. Aufgrund seiner guten Konservierbarkeit war Sauerkraut das ideale Lebensmittel, um die Mannschaft mit ausreichend Vitamin C zu versorgen. Es gab da nur ein Problem: den eigenwilligen Geschmack. Die Besatzung wollte das stinkende Kraut einfach nicht essen. Als Captain Cook das bemerkte, soll er einen interessanten Trick angewendet haben: Statt das Gemüse seiner Crew einfach aufzuzwingen, ließ der Kapitän bei jedem Mahl große Schüsseln Sauerkraut gut sichtbar auf jene Tische stellen, wo er und die anderen ranghohen Mitglieder der Mannschaft aßen, und wies seine Offiziere an sich reichlich zu bedienen. Die Maßnahme verfehlte ihre Wirkung bei den einfachen Seemännern nicht: Die Nachfrage nach Sauerkraut stieg so sehr an, dass Captain Cook binnen einer Woche damit beginnen musste, das zuvor verhasste Kraut zu rationieren.

Der Anschein von Exklusivität kann sogar Dinge anziehend machen, die wir eigentlich gar nicht haben wollen. Dies könnte auch erklären, wieso Claudia für Markus immer wichtiger wurde: Sie wurde zusehends abweisender und abweisender – und für ihn immer kostbarer und kostbarer. Im Rahmen einer aufschlussreichen Studie von Erin R. Whitchurch, Timothy D. Wilson und Daniel T. Gilbert wurden Probandinnen die Facebookprofile von vier männlichen

Studenten gezeigt, die auch die Profile ebendieser Frauen angesehen hätten.[188] Dabei wurde den Teilnehmerinnen erzählt, dass die Studenten sie entweder sehr mochten, durchschnittlich mochten oder sich nicht sicher waren, ob sie sie sehr oder doch nur durchschnittlich mochten. Zwar zeigte sich auch hier die Reziprozitätsnorm: Wenig überraschend waren die Probandinnen eher bereit sich mit jemandem zu verabreden, der sehr (statt nur durchschnittlich) von ihnen angetan war. Allerdings fühlten sich die Versuchsteilnehmerinnen am meisten von den Studenten angezogen, deren Interesse unklar war. Auch dachten die Probandinnen länger über diese Gruppe von Studenten nach. Eine gewisse Unnahbarkeit kann also durchaus von Vorteil sein. Laut einer vielbeachteten Definition von Max Weber ist Charisma eine „exzeptionelle, außeralltäglich geltende Qualität einer Persönlichkeit, um derentwillen sie als mit übernatürlichen oder übermenschlichen oder mindestens spezifisch außeralltäglichen, nicht jedem andern zugänglichen Kräften oder Eigenschaften begabt oder als gottgesandt oder als vorbildlich und deshalb als ‚Führer' gewertet wird".[189] Als solcher ist der Charismatiker ein „Grenzgänger an der Peripherie sozialer Erwartungen",[190] der einerseits nicht zu abgehoben sein darf, andererseits aber auch nicht zu nahbar erscheinen sollte – denn sonst ist er ja nicht mehr „außeralltäglich". Doch genau diese Gratwanderung kommt nicht selten den Falschen zugute.

Ernennung zum Ehrenmann

Warum Mafiosi über Zahnschmerzen jammern

Als der angesehene Chirurg Dr. Gaspare Galati 1872 die vier Hektar große Zitronen- und Mandarinenplantage namens „Fondo Riella" übernahm, hatte er wohl nicht damit gerechnet, welches Ausmaß an Ärger er sich damit einhandeln sollte. Dabei war die Übernahme von Anfang an unter einem schlechten Stern gestanden: Dr. Galati hatte den Betrieb nahe der Stadtgrenze Palermos von seinem Schwager geerbt, der nach einer Serie von Drohbriefen einem Herzinfarkt erlegen war. Die Fondo Riella war zu diesem Zeitpunkt bereits in Verruf geraten, weil schon getätigte Geschäftsabschlüsse nicht mehr eingehalten werden konnten. Dies lag nicht etwa daran, dass die Fondo per se unwirtschaftlich gewesen wäre, sondern vielmehr an ihrem Wächter, einem ungebildeten, aber gerissenen Mann namens Benedetto Carollo, der ein böses Spiel trieb: Nicht nur, dass er bis zu einem Viertel des Verkaufspreises in die eigene Tasche wirtschaftete, stahl er auch im großen Stil Mandarinen. Sogar die Kohle ließ er verschwinden, die die Bewässerungspumpe antrieb. Sein Ziel war es, den Wert des Betriebs so stark sinken zu lassen, dass er ihn schließlich selbst aufkaufen konnte. Schon zu seiner Zeit als Wächter trat Carollo auf, als ob ihm die Fondo bereits gehören würde. Dr. Galati, der das Gut völlig unverhofft geerbt hatte, wollte sich nicht weiter auf diese Ärgernisse einlassen und beschloss die Plantage zu verpachten. Carollo hingegen tat alles in seiner Macht Stehende, um diese Absicht zu konterkarieren. Dr. Galati bekam Wind davon, entließ seinen Wächter und stellte einen neuen Mann ein. Doch dem sollte keine große Zukunft beschert sein: Unbekannte schossen ihm am Abend des 2. Juli 1874 mehrmals in den Rücken, woraufhin er kurze Zeit später verstarb.

Obwohl die Polizei von dem Verdacht, hinter dem Mord

könnte Benedetto Carollo stehen, unterrichtet worden war, nahmen die Beamten zwei Männer fest, die mit dem Opfer nicht einmal ansatzweise in Beziehung standen. Bald darauf wurden sie wieder freigelassen. Nachdem Dr. Galati einen neuen Wärter eingestellt hatte, bekam seine Familie bald merkwürdige Post. Den „Ehrenmann" Carollo durch einen „elenden Spion" zu ersetzen wäre ein Fehler gewesen, hieß es da, sollte er auf eine Wiedereinstellung Carollos verzichten, hätte dies schwerwiegende Folgen. Der neuerliche Gang zur Polizei brachte wenig. Nach einer zweistündigen Vernehmung Carollos ließ man ihn wieder laufen; von den sieben Drohbriefen, die Dr. Galati den Behörden zwecks Untermauerung seines Verdachts vorgelegt hatte, bekam er nur sechs zurück. Ausgerechnet jener, der am unverhohlensten drohte, sei „verloren gegangen". Weil es offensichtlich war, dass die örtliche Polizei mit Carollo unter einer Decke steckte, wandte sich der wackere Arzt an einen Untersuchungsrichter. Wieder folgten Briefe, in denen der Austausch des neuen Wächters durch einen „Ehrenmann" gefordert wurde. Dr. Galati blieb hart, was sein Wächter mit drei Schüssen in den Rücken bezahlen musste. Zwar hatte er überlebt, doch es sah nicht gut für ihn aus. Als er mit hohem Fieber im Sterben zu liegen schien, machte er schließlich im Beisein des Untersuchungsrichters seine Aussage: Der Anschlag, der am helllichten Tag durchgeführt worden war, war tatsächlich auf das Konto von Carollo sowie von zwei weiteren ehemaligen Mitarbeitern der Fondo Riella gegangen. Dr. Galati gab nicht auf und pflegte seinen angeschossenen Wächter, so gut er nur konnte. Obwohl er ständig neue Drohbriefe erhielt, wollte er alles tun, damit sein wichtigster Zeuge vor Gericht aussagen konnte. Tatsächlich hatte Dr. Galatis Behandlung Erfolg, doch die Freude darüber sollte nur von kurzer Dauer sein. Kaum konnte der Wächter das Bett verlassen, ging er zu den Verbündeten Carollos und schloss mit ihnen ein Friedensabkommen ab. Seine Aussage zog er zurück. Ausgerechnet dem Mann, der ihm das Leben gerettet hatte, fiel der Wächter in den Rücken. Stattdessen suchte er lieber die Nähe jener, die ihn um ein Haar umgebracht hatten. Hals über Kopf floh der bislang so mutige Dr. Galati mit seiner Familie nach Neapel.

Auch nach seiner großen Niederlage blieb Dr. Galati ein couragierter Geist. 1875 versandte er an den römischen Innenminister ein Schreiben, in dem er von seinen Erfahrungen berichtete. Der Innenminister ließ daraufhin über die Angelegenheit einen Untersuchungsbericht anfertigen – und der hatte es in sich. Erstmals wurden konkrete Anhaltspunkte für eine Geheimorganisation geliefert, deren mystische Aura sich bis heute erhalten hat: die sizilianische Mafia. Aus dem Bericht geht unter anderem hervor, dass bereits im 19. Jahrhundert am Anfang jeder Mafiakarriere ein Initiationsritual gestanden war – eine Einführungszeremonie, die in abgewandelter Form auch noch 100 Jahre später angewandt werden sollte. Dabei wurde der angehende „Ehrenmann" bei seiner Aufnahme in den Geheimbund erst einmal verschieden ranghohen Mafiaanführern vorgestellt. Diese Vorstellung folgte in Form eines rätselhaft erscheinenden Dialogs, der mit den Worten „Du lieber Gott! Mein Zahn tut weh!" seinen Anfang nahm. Danach wurde dem Aspiranten von einem seiner künftigen Chefs an Arm oder Hand eine Ritzwunde zugefügt. Das heraussickernde Blut musste er auf ein Heiligenbild streichen, das daraufhin verbrannt und dessen Asche verstreut wurde, währenddessen der angehende Mafioso seinen Blutschwur zu leisten hatte. Nun war er ein „Ehrenmann".

Man kann dieses Ritual „bizarr" oder „bigott" nennen oder auch einfach nur als kindisch ansehen. Eines ist es jedoch ganz sicher: wirksam. Weshalb das Ritual so wirkungsvoll ist, veranschaulicht ein Experiment, das in den (bekanntlich ziemlich prüden) 1950er-Jahren in Stanford durchgeführt wurde. Der Versuchsleiter bat dabei Studentinnen – die sich im Glauben gemeldet hatten, an einer unscheinbaren Untersuchung mit dem Titel „Dynamik des Gruppendiskussionsprozesses" teilzunehmen – Karten mit zotigen Wörtern laut vorzulesen.[191] „Vögeln", „Schwanz", „bumsen", mühten sich die armen Teilnehmerinnen ab. Doch dem war noch nicht genug: Danach mussten sie aus Büchern „lebhafte Beschreibungen sexueller Aktivität" vortragen. Begründet wurde die seltsame Aufgabe mit dem Vorwand, dass man eruieren wolle, ob die Studentinnen unbefangen über das Thema reden könnten. Doch der wahre Grund lag ganz woanders verborgen. Als die Studentinnen ihre peinliche Prüfung überstanden hatten, ließ man sie über Kopfhörer eine voraufgezeichnete Diskussion anhören – eine wirklich wertlose, furchtbar langweilige Diskussion, die unmöglich jemand interessant finden konnte. Doch das simulierte „Initiationsritual" der Versuchsleiter hatte seine Wirkung nicht verfehlt: Tatsächlich fanden die Studentinnen die gehaltlose Diskussion wesentlich interessanter als eine Vergleichsgruppe, die am Beginn des Experiments keine Peinlichkeiten hinter sich bringen musste. Auf den ersten Blick mag das sehr seltsam wirken: Peinliche Aufgaben im Vorfeld machen eine langweilige Diskussion auch nicht interessanter, das sagt einem doch der gesunde Menschenverstand. Doch diesen Zusammenhang gibt es tatsächlich – und vielleicht werden Sie überrascht sein, wie sehr dieser Zusammenhang auf der Hand liegt, wenn man die Theorie dahinter kennt.

Wer A sagt, muss auch B sagen

Vermutlich kennen Sie die Geschichte des Hirtenjungen, der seine Schafe am Fuße eines Berges in der Nähe eines dunklen

Waldes hütete. Da dies eine ziemlich öde Beschäftigung war, schmiedete er einen Plan, wie er ein bisschen Aufregung und Gesellschaft in seinen Alltag bekommen könnte. Er hastete hinab zum Dorf und rief: „Ein Wolf! Ein Wolf!" Die Dorfbewohner eilten mit Rechen und Stöcken bewaffnet zu dem Hirtenjungen – doch weit und breit war kein Wolf zu sehen. Dem Hirtenjungen gefiel das Schauspiel so gut, dass er es nach ein paar Tagen abermals wiederholte. Wieder schrie er: „Ein Wolf! Ein Wolf!", und wieder eilten die Dorfbewohner herbei, ohne auch nur die leiseste Spur eines Wolfes ausfindig machen zu können. Kurz darauf war es allerdings so weit: Ein Wolf schlich aus dem Dunkel des Waldes hervor. „Ein Wolf! Ein Wolf!", schrie der Hirtenjunge lauter als jemals zuvor. Doch die Hilfe der Dorfbewohner blieb aus. Zu sehr hatten sie sich daran gewöhnt, dass der Junge bloß Scherze mit ihnen trieb. Hilflos musste er mitansehen, wie der Wolf sich an seinen Schafen satt fraß. Die Moral der über zweieinhalbtausend Jahre alten Fabel des griechischen Dichters Aesop: Wer einmal lügt, dem glaubt man nicht, und wenn er auch die Wahrheit spricht!

Dass die Geschichte heute noch so bekannt ist, verdeutlicht ihre Zeitlosigkeit. Würden Sie jemandem trauen, der Sie mehrmals bei einem Termin versetzt? Würden Sie einem Freund ein drittes oder viertes Mal Geld borgen, obwohl er trotz seines „hoch und heiligen" Versprechens seine alten Schulden noch immer nicht beglichen hat? Vermutlich nicht. Wahrscheinlich würden Sie ihm mit der Zeit mit ähnlicher Skepsis begegnen wie die Dorfbewohner dem Hirtenjungen. Umgekehrt ist es nur allzu verständlich, dass wir keinesfalls selbst wie der Hirtenjunge wahrgenommen werden wollen, sondern als Person mit „Handschlagqualität". Was passiert, wenn wir ebendiese abgesprochen bekommen, zeigte der Ausgang der US-Präsidentschaftswahl 2004. John Kerry war von seinen Gegnern als „Flip-Flop Kerry" verunglimpft worden, als ein Politiker, auf den man sich nicht verlassen könne, weil er wie ein Fähnchen im Wind seine Meinung wechselt – und verlor die Wahl. Genau deshalb haben wir gute Gründe, nach Konsistenz zu streben. Um glaubwürdig zu sein, darf niemand von uns denken, wir würden Wasser predigen und Wein trinken. Daher ist es uns für gewöhnlich außerordentlich wichtig, dass unsere Worte mit unseren Taten konsistent sind. Man kann es durchaus als Ironie ansehen, dass uns gerade dieses Bedürfnis nach Widerspruchsfreiheit auch für Manipulationen anfällig macht.

Wie das funktioniert, führten Jonathan Freedman und Scott Fraser in einem eindrucksvollen Experiment vor. Die Psychologen ließen für ihre Studie Studenten ausschwärmen, um Hausbesitzer zu bitten, ein kleines Schild mit der Aufschrift „Fahren Sie vorsichtig!" gut sichtbar aufzuhängen.[192] Eine einfache Bitte, der leicht nachzukommen war. Ein paar Wochen später kreuzten erneut angebliche ehrenamtliche Helfer mit einer Bitte auf, die diesmal jedoch bedeutend größer war: Nun lautete das Anliegen, im Vorgarten eine fast schon grotesk große Plakatwand mit der Aufschrift „Augen auf im Straßenverkehr!" aufstellen zu dürfen. Auf einem Beispielfoto konnten die Hausinhaber sogar sehen, wie dieses Plakat ein Haus beinahe zur Gänze verdeckt. Kaum zu glauben, aber tatsächlich gaben über drei Viertel der Befragten dem Riesenschild ihr Okay – bei einer Vergleichsgruppe waren es hingegen gerade einmal 17 Prozent. Der Erfolg dieser Strategie, erst eine kleine Bitte auszusprechen und dann eine große folgen zu lassen, hat einen einfachen Grund: Die Hausbesitzer plagte das Bedürfnis, konsistent zu sein. Mit der Montage des kleinen „Fahren Sie vorsichtig!"-Schildes taten sie freiwillig und öffentlich kund sich für umsichtiges Verhalten im Straßenverkehr einzusetzen. Als etwas später die Bitte folgte, das große „Augen auf im Straßenverkehr!"-Plakat aufzustellen, wollten sie mit ihrer ersten Entscheidung nicht in Konflikt geraten. „Wer A sagt, muss auch B sagen", flüsterte ihnen ihr gesunder Menschenverstand zu, „viele kennen nun dein Engagement für vorsichtiges Autofahren. Also musst du nun auch hier ‚Ja' sagen!" Besonders verblüffend war auch das Ergebnis einer Variation, die Freedman und Fraser in ihr Experiment eingebaut hatten. Anstelle der Montage eines kleinen Schildes wurden einige Versuchspersonen gebeten eine Petition namens „Kalifornien soll noch schöner werden" zu unterschreiben. Erstaunlicherweise gaben auch in diesem Fall die Hausbesitzer deutlich öfter die Erlaubnis, das große „Augen auf im Straßenverkehr!"-Schild aufzustellen, obwohl die Forderung des Plakats mit „Kalifornien soll noch schöner werden" gar nichts zu tun hat. Warum? Weil die Unterzeichnung der Petition offensichtlich das Selbstbild der Hausbesitzer verändert hatte – mit ihrer Unterschrift hatten sie sich als engagierte kalifornische Bürger deklariert, die sich nun auch wie engagierte kalifornische Bürger verhalten mussten. Unser Bedürfnis nach Widerspruchsfreiheit kann uns manchmal ganz schön in die Bredouille bringen, wie bereits Montaigne erkannte:

Mein Wort kann ich nicht brechen; es hält mich sicherer in Haft als Gefängnismauern und Gesetzesvorschriften. Meine Versprechungen halte ich gewissenhaft und bin darin fast übertrieben peinlich; deshalb formuliere ich sie gern unbestimmt und mit Vorbehalten. Den unwichtigen Versprechen gebe ich Gewicht, indem ich sie ebenso genau nehme; diese Norm peinigt mich und beherrscht mich: ja, wenn ich bei Unternehmungen, die meinem freien Entschluß entstammen, das Ziel nenne, so setze ich mir gleichsam dieses Ziel, und dadurch, daß ich es anderen bekanntgebe, verpflichte ich mich gleich-

sam selbst dazu: wenn ich es ausspreche, kommt mir
das wie ein Versprechen vor: deshalb teile ich selten
meine Absichten mit.[193]

Montaigne war sich sichtlich dessen bewusst, dass es nicht immer einfach ist, sich konsistent zu verhalten. Manchmal treffen wir Entscheidungen, die unserem Selbstbild, vernünftig oder wenigstens halbwegs bei Sinnen zu sein, deutlich widersprechen. An diesem Punkt kommt die kognitive Dissonanz ins Spiel, die wahrscheinlich bekannteste Theorie aus der Sozialpsychologie überhaupt. „Kognitive Dissonanz ist ein Konfliktzustand, den eine Person erlebt, nachdem sie eine Entscheidung getroffen hat, eine Handlung vorgenommen hat oder in Kontakt mit Informationen gekommen ist, die im Widerspruch zu ihren Überzeugungen, Gefühlen und Werten stehen",[194] so die Lehrbuchdefinition. Da wir diesen Widerspruch als unangenehm empfinden, suchen wir nach einer Strategie, um diesen Konfliktzustand zu verringern.

Wie das konkret aussehen kann, zeigte das bereits oben beschriebene Experiment aus den 1950er-Jahren, bei dem sich Studentinnen freiwillig zu einer Gruppendiskussion gemeldet hatten. Jene Gruppe, die einfach bloß die Diskussion zu hören bekam, bewertete sie als das, was sie war: einfach nur langweilig und absolut wertlos. Jene Gruppe hingegen, die dazu angehalten worden war, erst peinliche „Beschreibungen sexueller Aktivität" vorzutragen, war mit einer kognitiven Dissonanz konfrontiert: Warum hätten sie erst (freiwillig!) die unangenehme Aufgabe hinter sich bringen sollen, wenn danach bloß eine absolut wertlose Diskussion folgte? Um mit ihrer Entscheidung, bei dem Unsinn überhaupt mitgemacht zu haben, konsistent sein zu können, brauchten sie eine Rechtfertigung. Als Folge werteten sie die langweilige und wertlose Diskussion einfach um Längen besser, als diese tatsächlich war – der innere Konfliktzustand wurde aufgelöst. Unangenehme Initiationsriten haben also durchaus ihren psychologischen Sinn: Sie stärken das Zusammengehörigkeitsgefühl. Daher ist es nicht verwunderlich, dass sie in den verschiedensten Kulturkreisen zu finden sind. So entfernt etwa das in Namibia ansässige Volk der Ova-Himba ihrem Nachwuchs in jungen Jahren die unteren Schneidezähne, worauf die Stammeszugehörigen äußerst stolz sind. Nach diesem folgenschweren Akt wird es sich schließlich jeder zweimal überlegen, seiner Gruppe den Rücken zu kehren, denn wenn man schon auf den Luxus verzichten muss, gut beißen zu können, dann muss man sich schon etwas dafür erwarten können, nämlich gegenseitige Unterstützung – und die gewährt man viel eher, wenn man das Privileg hat, in einer Gruppe zu sein, der eben nicht jeder angehören kann.

Dass das Gefühl des Privilegs von nicht zu unterschätzender Bedeutung ist, zeigt sich aber auch schon im ganz Kleinen, wie ein Experiment verdeutlicht, bei dem die Versuchsleiter ihre Probanden im Glauben ließen, es gehe um das Lösen einer Lernaufgabe.[195] Dabei bekamen die Versuchsteilnehmer scheinbar „zufällig" mit, wie ihr Partner, bei dem es sich in Wahrheit um einen eingeweihten Komplizen der Versuchsleiter handelte, sich zweimal über sie äußerte: entweder erst positiv und (etwas später) dann negativ, erst negativ und dann positiv oder bei beiden Malen positiv bzw. negativ. Nach der Lernaufgabe wurden die Studienteilnehmer abschließend befragt, wie sympathisch ihnen ihr Partner gewesen sei. Ginge es nach dem gesunden Menschenverstand, müsste die Zuneigung am größten sein, wenn sich der Komplize zwei Mal über die Probanden positiv geäußert hatte. Schließlich ist ein Lob plus noch ein Lob ein doppeltes Lob, oder? Doch falsch ge-

WAS WILLST DU DAMIT ANDEUTEN?!
NATÜRLICH HAT ES SICH GELOHNT, FÜR
DEN AUTOMATISCHEN SCHUHBAND-AUF-
BINDER EINEN KREDIT AUFZUNEHMEN!
DU BIST JA NUR NEIDISCH!!

SCHLUCK ICH HAB
JA NUR GEFRAGT...

dacht. Erstaunlicherweise war die Sympathie am größten, wenn der Komplize zunächst die negative und später erst die positive Bemerkung fallen ließ. Einen schwierigen Menschen für sich eingenommen zu haben ist eben ein größerer Erfolg als das Lob von jemand, von dem ohnehin nichts anderes zu erwarten war.

Wir können uns also vorstellen, wie stolz die Mafiosi des 19. Jahrhunderts nach dem Blutschwur sein mussten, der sagenumwobenen Untergrundorganisation angehören zu dürfen. Schließlich mussten sie sich bereits vor ihrer Initiation als würdig erweisen: Sie wurden genauestens überwacht und mussten fast immer bereits einen Mord begangen haben, um der Mafia beitreten zu dürfen. Zudem wurden sie in ihrer Vorbereitungsphase ständig daran erinnert, dass sie „ein

Niemand" seien, ein „Nichts gemischt mit null".[196] Erst als Mitglied der „ehrenwerten Gesellschaft" galten sie aus Sicht der Organisation nicht mehr als vogelfrei. Aus diesem Blickwinkel lässt sich erahnen, weshalb Dr. Galatis zweiter Ersatzwächter – vermutlich selbst ein Ehrenmann – die Gesellschaft der Mafia vorzog, anstatt sich seinem Lebensretter erkenntlich zu zeigen: Die Rücknahme seiner Aussage bewahrte ihn nicht nur vor seiner endgültigen Ermordung. Die Sympathie der Mafia könnte auch schlicht und einfach einen höheren Stellenwert genossen haben – sie war etwas Besonderes und versprach damit eine privilegierte Stellung, die Dr. Galati nicht bieten konnte. Gleichzeitig können wir nun aber auch erahnen, weshalb sich Claudias Mitleid mit Markus, ihrem unverbesserlichen Verehrer, in Grenzen hielt. Seine Umwerbungen hatte im Grunde keinerlei Wert, weil sie immer und überall erfolgten, ganz gleich wie abweisend sie sich dabei gerierte. Tatsächlich scheint Markus' Liebesgeschichte alles andere als ein Einzelfall zu sein.

Die Faszination des Bösen

Der Sozialpsychologe Peter K. Jonason ließ 200 Studenten auf ihre Persönlichkeit hin testen und nach ihrem Sexualleben befragen. Das Ergebnis: Miese Typen kriegen die meisten Frauen.[197] Selbstverliebte (Narzissmus), kaltherzige und impulsive (Psychopathie) sowie herrschsüchtige (Machiavellismus) Männer scheinen beim anderen Geschlecht besonders gut anzukommen – jedenfalls wenn es um kurze Abenteuer geht. Einen ähnlichen Zusammenhang offenbarte auch eine Untersuchung, bei der über 35.000 Menschen in knapp 60 verschiedenen Ländern befragt wurden.[198] Jonason sieht in seiner Studie einen Hinweis, dass diese drei in der Psychologie oftmals als „dunkle Triade" bezeichneten Charaktereigenschaften – Narzissmus, (subklinische) Psychopathie und Machiavellismus – tatsächlich zusammengehören.

Doch nicht nur im Privatleben, sondern auch beruflich scheinen sich „dunkle" Persönlichkeitsmerkmale zu lohnen. Laut den Psychologen Paul Babiak und Robert D. Hare sind waschechte Psychopathen in Unternehmen sogar besonders häufig zu finden. In ihrem Buch „Menschenschinder oder Manager", das sich ganz dem Thema Psychopathie am Arbeitsplatz widmet, halten sie fest:

Unser ursprüngliches Forschungsprojekt umfasste nahezu 200 Führungskräfte mit großem Potenzial. Wir fanden dabei etwa 3,5 Prozent, die dem [...] Profil des Psychopathen entsprachen. Das sieht an sich zwar nicht wie ein hoher Anteil aus, liegt aber doch erheblich über dem bei der Gesamtbevölkerung (ein Prozent) und dürfte auch mehr sein, als die meisten Unternehmen bei ihren Beschäftigten haben möchten. Dazu kommt noch, dass diese Menschen auf dem besten Weg dazu waren, in ihren Organisationen Führungspositionen zu erreichen.[199]

Erstaunlich daran ist nicht nur, dass diese Führungskräfte oftmals unentdeckt bleiben, wenn sie ausschließlich eigennützige Ziele verfolgen, sich mit fremden Federn schmücken und die Schuld für fehlgeschlagene Projekte anderen zuschieben, nein, vielmehr erscheinen sie oft sogar wie die „perfekten Mitarbeiter" – zumindest aus der Sicht der Führungsebene. Denn während sie gegen unliebsame Kollegen intrigieren und mühsame Arbeit ihren Untergebenen aufhalsen, „schleimen" sie sich bei all jenen ein, die ihnen hilfreich sein könnten, und machen sie zu „Anhängern". Besonders nützlich sind da natürlich Kontakte zu hohen Führungskräften, wie Babiak und Hare beobachteten: „Der Psychopath hatte die wenigen Interaktionen so gut inszeniert und dabei stets einen so positiven Eindruck gemacht, dass diese Anhänger begannen, sich für ihn einzusetzen. Sie hielten ihn für loyal, kompetent und höchst erfolgreich und fingen an, die positiven Aspekte hervorzuheben und die negativen auszuklammern. Einige benutzten ihre Machtposition sogar, um den Ruf des Psychopathen vor Kritik vonseiten seiner Kollegen oder anderer Führungskräfte zu schützen."[200] So werden das skrupellose Weiterreichen von Arbeit zur Fähigkeit zum Delegieren und ohrenbetäubende Schreiattacken zum straffen Führungsstil uminterpretiert.

Eine Umfrage verdeutlicht dieses Bild: Demnach geben beinahe zwei Drittel der Befragten an, dass schlechte Chefs für ihr abscheuliches Benehmen nicht nur nicht abgestraft werden, sondern sogar noch davon profitieren würden.[201] Das sei „ziemlich bemerkenswert – bemerkenswert beunruhigend", wie die Studienautoren Anthony Don Erickson, Ben Shaw und Zha Agabe von der Bond-Universität in Australien anmerken. Tatsächlich scheint cholerisches Gehabe zumindest Männern Karrierevorteile zu verschaffen. Wie eine Untersuchung an der Yale University zutage brachte, werden bei Männern Wutausbrüche nicht nur akzeptiert, sondern zum Teil sogar belohnt; Frauen hingegen verlieren an Prestige.[202] Heißt es bei einem zornigen Mann, er sei durchsetzungsfähig, wird eine wütende Frau als überfordert angesehen – übrigens sowohl von Männern als auch von Frauen. Besonders bizarr daran ist, dass eine Frau weniger harsch beurteilt wird, wenn sie den Grund für ihren Anfall darlegt, während dies bei Männern teilweise sogar zu schlechteren Bewertungen führt. Ihnen wird ihre Einsicht als Zeichen der Schwäche angelastet. Das legt eine besonders folgenschwere Befürchtung nahe: Unter Männern haben ausgerechnet jene

Vollblutwiderlinge beste Karrierechancen, die erst gar nicht auf die Idee kommen, dass an ihrem schlechten Benehmen etwas auszusetzen sein könnte.

Es deutet also viel darauf hin, dass es sich zumindest für Männer lohnt, ein Schwein zu sein. Der Gerechte-Welt-Glaube des gesunden Menschenverstands spielt ihnen dabei in die Hände: Wenn wir glauben, dass die Erfolgreichen zu Recht triumphieren und die Geschädigten zu Recht die Dummen sind, haben erfolgreiche miese Typen ein leichtes Spiel. Zudem scheint es geradezu eine Faszination des Bösen zu geben: So ergibt etwa eine Suche nach „Hitler" im Onlineversandhaus Amazon.com mehr Treffer als „Nelson Mandela", „Albert Schweitzer" und „Gandhi" zusammen. Bei einer Telefonabstimmung für das russische Fernsehen wurde Josef Stalin sogar zum drittgrößten Russen aller Zeiten gewählt.[203] Auf Facebook hat der düstere Star-Wars-Fürst Darth Vader weit mehr als doppelt so viele Fans wie sein unverdorbener Sohn und Gegenspieler Luke Skywalker. Und auch die Mafia wird nicht erst seit Marlon Brandos Darstellung des erhabenen „Don Corleone" im Filmklassiker „Der Pate" für ihre Verwegenheit bewundert: „Das Adjektiv ‚mafioso' bedeutete im Dialekt von Palermo ursprünglich ‚schön', ‚kühn' oder ‚selbstbewusst'", erläutert der britische Historiker John Dickie in seinem Buch „Cosa Nostra". „Wer als mafioso bezeichnet wurde, hatte also ein gewisses Etwas, eine Eigenschaft, die man ‚mafia' nannte. Die beste Entsprechung in der modernen Jugendsprache ist ‚cool'; ein Mafioso war jemand, der sich wichtig vorkam."[204] Doch es kommt noch schlimmer.

Ein Computerprogramm unter Gutmensch-Verdacht

„Gutmensch" ist ein Ausdruck, der seit geraumer Zeit durch politische Debatten geistert und in gewissen Milieus zu einem nahezu unverzichtbaren Teil des Vokabulars geworden zu sein scheint. Die Stärke des Begriffs liegt darin, dass er pointiert klingt, in seiner Aussage jedoch vage bleibt. Dadurch bietet sich für jeden die Möglichkeit, aus einer breiten Palette von Bedeutungen selbst auszusuchen, was – oder besser gesagt wer – damit nur gemeint sein kann: jemand, der wahlweise zu milde oder zu fanatisch, zu moralisch oder zu naiv, bigott, eitel und/oder humorlos ist. Allerdings gibt es eine bedeutende Unterscheidung, ist der Journalist und Literaturkritiker Ulrich Greiner überzeugt: „Um der Klarheit willen empfiehlt es sich, zwischen dem Gutmenschen und dem guten Menschen zu unterscheiden. Der Gutmensch ist schwer erträglich, weil er sich immer auf die moralisch unangreifbare Seite stellt. Aus seiner Unangreifbarkeit bezieht er Macht, sein äußerliches Gutsein aber verdeckt das potenziell Schändliche des Machthabens."[205] Der gute Mensch hingegen handle „gut im Dienste eines konkreten einzelnen Menschen", zeigt sich Greiner in einem Kommentar für die Hamburger Wochenzeitung „Die Zeit" überzeugt, ansonsten „leitet er nichts daraus ab, es fällt ihm nicht ein, anderen ein schlechtes Gewissen zu machen". Genau darin würde sich der gute Mensch vom Gutmenschen unterscheiden, denn dessen „Ziel besteht darin, als gut zu wirken, und er erreicht es am schnellsten, wenn er die anderen als Sünder erscheinen lässt".

Greiners Argumentation klingt durchaus schlüssig, denn schließlich kann ja wohl kaum jemand etwas gegen wirklich gute Menschen haben. Also macht es durchaus Sinn, zwischen guten Menschen und Gutmenschen zu unterscheiden. Die Frage ist allerdings, ob diese Unterscheidung auch wirklich stimmt. Schließlich ist es eine ziemlich kühne Behauptung, dass der Gutmensch mit dem guten Menschen kaum Gemeinsamkeiten hat und ihm bloß deswegen eine Woge der Antipathie entgegenschlägt, weil er ein Rechthaber par excellence ist. Zum Glück gibt es Mittel und Wege, Thesen wie dieser ein bisschen näher auf den Grund zu gehen, ohne sich dabei in langwierigen und fruchtlosen Debatten zu verzetteln. Dazu gehören Laborversuche, wie sie Craig Parks und Asako Stone von der Washington State University durchgeführt haben.

Die Sozialpsychologen baten Studenten, über ein Computernetzwerk mit jeweils vier anderen ein Verteilungsspiel zu spielen.[206] Am Beginn bekam jeder Proband zehn Punkte, die er entweder behalten oder auf eine gemeinsame Spielbank legen konnte, was deren Wert verdoppelte. Danach konnten die Probanden das Spielbankkonto bis zu einem Viertel ihres Wertes wieder beheben – ein verlockendes Angebot, wurde ihnen doch versprochen, dass die Anzahl der Punkte auf ihrem eigenen Konto nach Ende des Spiels eins zu eins in Essensgutscheinen ausbezahlt werden würde. Allerdings wurde ihnen auch gesagt, dass ein möglichst üppiges Spielbankkonto die Chance der Gruppe auf eine gemeinsame finanzielle Belohnung erhöhen würde. Was die Versuchsteilnehmer nicht wussten: Ihre jeweiligen vier Mitspieler waren nicht real, sondern wurden lediglich von einem Computerprogramm simuliert. Die fiktiven vier wurden dabei auf unterschiedliche Strategien programmiert: Während die Mehrheit auf das Gemeinwohl einigermaßen Rücksicht nahm, war einer der „Mitspieler" von Kopf bis Fuß auf Gier eingestellt – er investierte wenig in das gemeinsame Spielbankkonto, bediente sich aber reichlich der dort angesammelten Punkte. In einer anderen Variation des Experiments war einer der „Komplizen" hingegen auf extreme Selbstlosigkeit programmiert worden. Er zahlte viel ein, nahm sich aber wenig.

Eigentlich wollten Parks und Stone mit ihrem Experiment nur den sozialen Ausschluss von Betrügern studieren. Ihre Erwartung wurde nicht enttäuscht: Wie eine Befragung danach ergab, hätten die Versuchsteilnehmer mit dem gierigen Mitspieler nicht noch einmal zusammenarbeiten wollen. Allerdings zeigte sich auch etwas gänzlich Unerwartetes. Die Mehrheit der Versuchsteilnehmer hätte nicht nur die raffenden, sondern auch die besonders selbstlosen Mitspieler am liebsten hinausgewählt. Die Überraschung war groß, da die Psychologen die Variation mit den selbstlosen Mitspielern bloß zu Kontrollzwecken in den Versuch eingebaut hatten. Was hatten die Studenten, die an der Studie teilnahmen, bloß gegen ihre besonders uneigennützigen „Mitspieler" einzuwenden?

Sie würden „mich schlecht aussehen lassen", beklagten die Probanden, und sie brächen die Regeln – „wer viel gibt, soll auch viel nehmen". Craig Parks und Asako Stone schließen daraus, dass die Abneigung daher rührt, dass die Selbstlosen die Latte nach oben verschieben würden, sprich: Die Versuchsteilnehmer hatten die Befürchtung, dass der hohe moralische Standard nun auch von ihnen erwartet werden könnte. Dieses Ergebnis legt nahe, dass der Begriff „Gutmensch" nicht bloß einen bigotten Moralapostel beschreibt, „der die anderen als Sünder erscheinen" lassen will, wie der Feuilletonist Ulrich Greiner meint. Zwar mag es solche Menschen sicherlich auch geben; die unliebsamen „Mitspieler" in Parks' und Stones Versuch waren jedoch bloß Teil eines Computerprogramms, die aus Sicht der Probanden echte Selbstlosigkeit bewiesen. Es ist wohl müßig zu erwähnen, dass Computerprogramme weder Eitelkeit kennen, noch sich am „potenziell Schändlichen des Machthabens" berauschen können. Daraus folgt, dass sich hinter dem Begriff des „Gutmenschen" auch eine gewisse Abneigung gegen tatsächlich gute Menschen versteckt. Um unser eigenes Selbstbild zu bewahren, neigen wir offenbar dazu, die angeblich selbstsüchtigen Motive guter Menschen einfach herbeizubehaupten.

Das zeigt sich auch in einer Studie, bei der der manchmal etwas spannungsgeladenen Beziehung zwischen Fleischessern und Vegetariern auf den Grund gegangen wurde. Eine Gruppe von Fleischessern wurde gefragt, was ihnen zu Vegetariern einfällt.[207] 47 Prozent der Versuchsteilnehmer kamen negative Attribute wie „eingebildet", „pingelig" oder „selbstgerecht" in den Sinn. Danach wurden sie gefragt, wie sie, die Fleischesser, wohl von Vegetariern moralisch eingeschätzt werden. Und siehe da: Versuchsteilnehmer, die zuvor negative Vorurteilen gegen Vegetarier genannt hatten, fühlten sich von ihnen auch eher abgewertet. Ein besonders bemerkenswertes Bild ergab das Experiment mit einer zweiten Gruppe von Probanden, die mit den Aufgaben in umgekehrter Reihenfolge konfrontiert worden waren. Erst wurden sie also nach dem Bild befragt, das ihrer Meinung nach Vegetarier von Fleischessern hätten, und erst danach wurden sie gebeten ihre Assoziationen zu Vegetariern kundzutun. Die Umkehrung der Reihenfolge verfehlte ihre Wirkung nicht – die zweite Probandengruppe hatte eine noch deutlich negativere Vorstellung von Vegetariern als die erste. Allem Anschein nach sagt damit das Wort „Gutmenschen" weniger etwas über die Bezeichneten aus als über die Bezeichnenden.

Darauf, dass wir in einer gerechten Welt leben, weist all dies nicht gerade hin. Im Gegenteil, fast scheint es so, dass Egoismus und Skrupellosigkeit geradezu Voraussetzungen sind, um es im Leben zu etwas zu bringen. Die Psychologen Paul Babiak und Robert D. Hare weisen darauf hin, dass manche Organisationen sogar aktiv Menschen mit einem gewissen Maß an psychopathischen Merkmalen einstellen: „Mehrere Führungskräfte sagten zu uns: ‚Viele der Merkmale, die Sie uns beschreiben, scheinen in unserem

Unternehmen durchaus geschätzt zu werden. Weshalb sollte man nicht für manche Aufgaben Psychopathen anheuern?"[208]

Zu viel des Schlechten

Als die Cosa Nostra über sich selbst stolperte

Unter anderen Umständen hätte es sich für Dr. Gaspare Galati um einen Glücksfall handeln müssen, als der Chirurg 1872 die Fondo Riella geerbt hatte. Der Absatz von Zitronen und Orangen erlebte im 19. Jahrhundert einen wahren Boom, nachdem die saure Frucht aufgrund der steigenden Beliebtheit von Tee in Europa wie in den USA immer mehr nachgefragt wurde. Die sizilianischen Zitronenplantagen waren einst die profitabelsten landwirtschaftlich genutzten Flächen, die Europa seinerzeit zu bieten hatte. „Die Mafia wurde nicht aus Armut und Isolation geboren, sondern aus Macht und Reichtum",[209] erläutert der Historiker John Dickie. Doch der Reichtum war im feudal geprägten Sizilien des 19. Jahrhunderts höchst ungleich verteilt: auf der einen Seite schwerreiche Großgrundbesitzer, die fernab der römischen Zentralregierung nahezu uneingeschränkte Macht genossen, auf der anderen Seite bettelarme, rein formal freie Bauern, die ihre Felder überteuert pachten mussten. Um die Kontrolle zu behalten, sicherten die zumeist in der Stadt lebenden Großgrundbesitzer ihre Ländereien mit eigenen Schutztruppen ab, deren Chefs oftmals zu Großpächtern, den sogenannten Gabelloti, aufstiegen. Ein Staat, der sein Gewaltmonopol nicht durchsetzte, skrupellose Großpächter als inoffizielle Machthaber und Feldhüter, die die Bauern zur

172

Arbeit antrieben und vor Banditen schützten – das waren Zutaten, aus denen sich die Mafia herausbildete.

Die Folgen dieses Gefüges sind fatal. Anfang des 21. Jahrhunderts ist die Arbeitslosigkeit in Sizilien rund doppelt so hoch wie im Rest Italiens, über 30 Prozent der sizilianischen Familien leben in Armut.[210] Dies verwundert nicht, wenn wir uns die nackten Zahlen über den Schaden ansehen, den das organisierte Verbrechen in Italien zu verantworten hat: Nach Berechnungen des Verbands der italienischen Kaufleute müssen rund 160.000 Händler im Jahr insgesamt um die sechs Milliarden Euro Schutzgeld an die Verbrechersyndikate abliefern. Auch wenn es auf den ersten Blick beeindruckend erscheinen mag, dass diese in Italien mit Schutzgeldern, Wucherzinsen, Drogengeschäften und vielem mehr einen Jahresumsatz von 90 Milliarden Euro lukrieren, scheint der Eindruck eines skrupellosen, aber erfolgreichen Verbrechernetzwerks doch trügerisch. Laut einem Bericht der mailändischen Tageszeitung Corriere della Sera hat der Schraubstock der organisierten Kriminalität alleine von 2004 bis 2006 bewirkt, dass rund 165.000 kommerzielle Aktivitäten eingestellt wurden und 50.000 Hotels dichtgemacht haben.[211]

Kann man die Mafia also tatsächlich als „erfolgreiche Organisation" bezeichnen? Schließlich beraubt sie sich ihrer eigenen Geschäftsgrundlage, indem sie die Menschen verarmen lässt und das Gemeinwesen zerstört. Allerdings dürfte das den Mafiosi ziemlich egal sein. Außerdem ist es ja nicht weiter überraschend, dass Verbrechersyndikate ihren Opfern Schaden zufügen. Doch wie sieht es mit der Cosa Nostra selbst aus – hat sich für sie das Bösesein wirklich gelohnt?

Für viele ihrer Mitglieder auf jeden Fall. Bereits in der zweiten Hälte des 19. Jahrhunderts staunte der Polizeibeamte Giuseppe Alongi über den zur Schau getragenen Reichtum in den Dörfern rund um Palermo. „Die Familien der Ärzte, Handwerker und Beamten konnten an protziger Eleganz nicht mit den Angehörigen der niedrigen Gesellschaftsschichten mithalten",[212] so John Dickie. Tatsächlich verhalf die sizilianische Mafia in den vergangenen 150 Jahren ihren ranghohen Mitgliedern und Verbindungsmännern aus Politik und Wirtschaft zu unglaublicher Macht und Reichtum. Lange Zeit schien es überhaupt so, als wäre die Mafia nicht nur unbesiegbar, sondern beinahe unbekämpfbar: Opfer und Zeugen wurden eingeschüchtert, Aussteiger und Gegner erschossen, Beamte bestochen. Aufgrund des absoluten Verschwiegenheitsgebots, der „Omertà", und des Fehlens schriftlicher Aufzeichnungen war lange nicht einmal klar, ob es sich bei der Mafia überhaupt um ein Verbrechernetzwerk handelt oder nur um eine Form des übertriebenen Ehrgefühls, das den Sizilianern angeblich innewohnt. So meinte der Kriminologe und Soziologe Henner Hess noch 1970: „Mafia ist keine Organisation, keine Geheimgesellschaft, sondern eine Methode", die sich durch den Gebrauch oder die Androhung von physischer Gewalt auszeichnen würde.[213] Dabei entspreche der Mafioso „dem Persönlichkeitsideal des Sizilianers, indem er sowohl mächtig und respektheischend ist als auch ein von Handarbeit freies, kavaliermäßiges Leben führt".[214] Dies würde einem Ehrenmann im Lauf seines Lebens „einen enormen Zuwachs an Prestige, einen steilen Aufstieg auf der Skala der sozialen Wertschätzung" einbringen, so Hess. Als Ursache für den „Irrglauben", die Mafia sei ein organisiertes Verbrechernetzwerk, sah Hess zweifelhafte historische Quellen, Missverständnisse, journalistische Vereinfachungen und politische Motive „linksgerichteter Schriftsteller".[215]

Das war durchaus keine verschrobene Einzelmeinung, sondern eine einst weit verbreitete Ansicht. Tatsächlich mangelte es lange Zeit an stichfesten Beweisen, um die Theorie belegen zu können, die Mafia sei eine Organisation. Dass wir heute mehr über die Geheimnisse der Cosa Nostra wissen, hat die Mafia zu einem nicht geringen Anteil sich selbst zuzuschreiben.

Als 1962/63 Schießereien, Autobomben und Verfolgungsjagden in Palermo plötzlich zur Gewohnheit wurden, trat in der italienischen Öffentlichkeit ein Gesinnungswandel ein. Es war klar: Hier stimmte etwas nicht. Es war die Zeit des „ersten großen Mafiakriegs", angestoßen von einem missglückten Heroindeal, der zu einem explosiven Konflikt zwischen den sizilianischen Mafiafamilien führte. Sein Ende nahm der Konflikt mit dem „Massaker von Ciaculli", bei dem sieben Menschen von einer Autobombe getötet wurden. Die Empörung war groß; noch heute erinnert in Ciaculli ein Denkmal aus Marmor an die Toten. Nun konnten die Behörden nicht länger zusehen und mussten hart durchgreifen; an die 2.000 Menschen wurden festgenommen. Viele Ehrenmänner tauchten unter und flohen ins Ausland. Nicht einmal Schutzgeld soll mehr eingetrieben worden sein. In Rom nahm ein parlamentarischer Untersuchungsausschuss seine Arbeit auf und empfahl erstmals eigene Strafgesetze, um des Mafiaproblems besser Herr werden zu können. Zwar hat der Untersuchungsausschuss gemessen an seiner 13-jährigen Tätigkeit bis auf gelegentliche aufsehenerregende Enthüllungen kaum etwas erreicht, eines sei jedoch gelungen, so der Historiker John Dickie: „Die Mafia war jetzt nicht mehr ausschließlich ein Thema der Linken."[216]

Nachdem die Cosa Nostra Ende der 1960er-Jahre beinahe in Trümmern lag, feierten die sizilianischen Mafiosi in den 1970er-Jahren durch den aufkommenden Heroinhandel ihr großes Comeback. Mithilfe der sogenannten „Pizza Connection" dominierten sie den Markt an der US-amerikanischen Ostküste; in Westeuropa und den USA stieg die Zahl der Heroinsüchtigen innerhalb weniger

Jahre ebenso dramatisch an wie der Reichtum der dealenden Ehrenmänner, die nun vermögender waren als je zuvor. Doch eine Organisation, bei der Gewalt bei der Lösung von Konflikten einen derart zentralen Stellenwert einnimmt, bekommt irgendwann einmal mit sich selbst Probleme.

1969 ließ die Cosa Nostra die „Kommission" wieder auferstehen. Die Kommission ist ein politisches Gremium, das in Sizilien in den 1950er-Jahren auf Empfehlung des US-Mafiosos Joe Bananas eingeführt worden war. Der Gedanke dahinter: Damit Konflikte zwischen Mafiafamilien nicht unnötig eskalieren, soll die Kommission bei Streitfragen schlichtend eingreifen und wichtige Entscheidungen treffen. Nach dem ersten großen Mafiakrieg war die Kommission für einige Jahre aufgelöst worden, aber später wurde das Gremium in abgewandelter Form wiederbelebt. Doch was sich zunächst gesittet anhören mag, endete in einem ungeheuren Blutvergießen. In den 1970er-Jahren begannen sich zwei Lager zu bilden. Auf der einen Seite standen Gaetano Badalamenti, dessen Verbündeter Stefano Bontate, Salvatore Inzerillo und andere Mafiabosse. Badalamenti verdiente ein Vermögen mit dem Heroinhandel, doch innerhalb der Cosa Nostra verlief seine Karriere weit weniger glatt. Sein Vorsitz der Kommission währte nicht lange; 1977 wurde er aus der Cosa Nostra ausgeschlossen, woraufhin er ins Ausland ging. Stefano Bontate wurde am späten Abend des 23. April 1981 auf der Heimfahrt von seinem Geburtstagsfest erschossen; kurz darauf folgte die Ermordung Salvatore Inzerillos. Das war nicht Ausdruck simpler Rachegelüste, sondern das Ergebnis einer Strategie, ist der Historiker John Dickie überzeugt. Denn um seine Ziele zu erreichen, kannte das andere Lager innerhalb der Kommission keine Skrupel – auch nicht gegenüber gestandenen Ehrenmännern. Luciano Leggio aus Corleone hatte kein geringeres Ziel, als die gesamte Mafia unter seine Kontrolle zu bringen. Seine wirtschaftliche Unterlegenheit machte Leggio, unterstützt von seinen Stellvertretern Totò Riina und Bernardo Provenzano, mit militärischen Mitteln wett. Sie führten nicht nur mit zahlreichen Hinrichtungen einen geradezu offenen Krieg gegen den Staat, sondern hintergingen auch ihre Gegner aus dem gemäßigteren Mafialager rund um Bontate, Inzerillo und Badalamenti.

Mit der Ermordung Bontates und Inzerillos trat der „Staatsstreich" der Corleoneser und ihrer Verbündeten endgültig in die finale Phase ein: Die Zeit der „blutigen Ernten" war gekommen, auch bekannt als „zweiter großer Mafiakrieg". Was folgte, war eine Massenhinrichtung, bei der nicht nur die Gegner der Corleoneser ermordet wurden, sondern auch deren Freunde, entfernte Verwandte und Geschäftspartner. Sogar enge Verbündete mussten dran glauben, sofern sie „Anzeichen für eigenständiges Denken erkennen ließen",[217] erläutert John Dickie: „Die Taktik, die die Corleoneser über mehr als drei Jahrzehnte hinweg entwickelt hatten, trug jetzt ihre Früchte: Auf der Grundlage von Hinrichtungen hatten sie in der Cosa Nostra eine Diktatur errichtet. Damit hatten sie nicht das Wertesystem der Organisation verraten, wie viele Abtrünnige später behaupteten; sie hatten es vielmehr in seinem innersten Kern offen gelegt."

Unter den Ehrbaren ist der Skrupellose König

Nicht nur kriminelle Organisationen bekommen gelegentlich ihre eigene Verkommenheit hart zu spüren. Oft genug sind es ganz normale Unternehmen. „Der Schaden, den Arschlöcher an ihrem Arbeitsplatz anrichten, schlägt sich nieder in den Kosten eines höheren Personalwechsels, eines höheren Krankenstands, in einer geringeren Arbeitsloyalität und der Ablenkung und beeinträchtigten individuellen Leistungsfähigkeit, die von so vielen Studien über psychische Misshandlung, Mobbing und Tyrannei am Arbeitsplatz dokumentiert werden",[218] schreibt Robert I. Sutton, Professor an der Stanford Graduate School of Business und Autor des Bestsellers „Der Arschloch-Faktor". In seinem Buch mit dem markigen Titel plädiert er für eine „Anti-Arschloch-Regel": „Werden Sie Arschlöcher so schnell wie möglich los."[219]

Die Realität weist leider nicht selten in die andere Richtung, denn entgegen der Meinung des gutgläubigen Hausverstands ist es oft nicht die Arbeit selbst, die honoriert wird. Was zählt, ist der Eindruck. Robert Sutton nennt unter anderem eine Studie der Managementprofessorin Amy Edmondson über einschüchternde Vorgesetzte und unkooperative Kollegen, die ein zunächst überraschendes Ergebnis lieferte: „Edmondson führte eine, wie sie annahm, simple Untersuchung in acht Krankenpflegestationen durch, wie sich die Qualität der Beziehung zu Vorgesetzten und Kollegen auf die Anzahl falscher Medikamentenvergaben auswirkte, wobei sie davon ausging, dass umso weniger Fehler gemacht wurden, je besser das Verhältnis zu den Vorgesetzten und die Unterstützung durch die Kollegen waren."[220] Doch die Erwartung der Studienautorin und ihrer Kollegen von der Harvard Medical School wurde zunächst enttäuscht. Nicht jene Stationen, deren Mitarbeiter untereinander ein grimmiges Verhältnis hatten, begingen die meisten Fehler, sondern jene, wo ein gutes Arbeitsklima herrschte – „zehn Mal so viele wie auf den Stationen mit schlechten Vorgesetzten".[221] Erst auf den zweiten Blick wurde klar, wieso. Während die Stationen mit guten Vorgesetzten die Fehler offen einräumten, grassierte in den „schlechten" Stationen die Angst. „Wenn die Angst ihr hässliches Gesicht erhebt, dann, so stellte der Guru in Sachen Unternehmensqualität, W. Edwards Deming, schon vor langer Zeit fest, konzentrieren sich die Leute darauf, sich selbst zu schützen, nicht darauf, ihre Organisation zu verbessern", führt Sutton aus. „Wie Edmondsons Studie belegt, passiert das sogar dort, wo das Leben von Menschen auf dem Spiel steht."

Das Bedürfnis, sich zu schützen, spielt auch bei der Mafia eine zentrale Rolle: Vielfach wagen es ihre Opfer einfach nicht, ihre Aussage zu machen. Doch unter dem „Terrorregime" der Corleoneser wurde ebendieses Schutzbedürfnis der Cosa Nostra zum Verhängnis. Zwar gelang es ihnen mit ihrem rigiden Vorgehen, die Macht an sich zu reißen. Doch da Verbündete des „gemäßigteren" Lagers rund um Stefano Bontate und Salvatore Inzerillo regelrecht abgeschlachtet wurden, sah so mancher Mafioso trotz Omertà nur noch eine Möglichkeit, um zu überleben: als Kronzeuge mit den Behörden zu kooperieren. Einer der berühmtesten „Pentiti" war Tommaso Buscetta, dessen Aussage bei den Maxi-Prozessen in den 1980er-Jahren dazu beitrug, Hunderte Mafiosi hinter Gitter zu bringen. Und fast noch wichtiger: Letztlich wurde damit amtlich bestätigt, dass es sich bei der Cosa Nostra weder um ein „Persönlichkeitsideal" noch um eine Verschwörungstheorie „linksgerichteter Schriftsteller" handelt, sondern tatsächlich um eine gut vernetzte Organisation. Zwar versuchten die im Krieg gegen den Staat erprobten Corleoneser mit einer Serie von Anschlägen – bei denen unter anderem der engagierte Untersuchungsrichter Giovanni Falcone ums Leben kam – den Staat zum Nachgeben zu zwingen. Nachdem jedoch der gefürchtete Mafia-Schreckensherrscher Totò Riina, Nachfolger Luciano Leggios als Boss der Bosse, 1993 in Palermo verhaftet worden war, wurde es ruhig um die Cosa Nostra.

Es sieht also so aus, als hätte nun doch noch das Gute gesiegt. Letzten Endes werden Bösewichten aller Art ihre Untaten eben doch zum Verhängnis, weil sie innerhalb ihrer

Kreise nie wirklich aufeinander zählen können. Irgendwann ist der Konfliktstoff so umfangreich und die Zahl ihrer Feinde so groß, dass sich Menschen wie die Mafiosi einfach gegenseitig zerfleischen – eine Deutung, die dem Hang unseres gesunden Menschenverstands, an eine gerechte Welt zu glauben, sicherlich entgegenkommen würde. Doch leider sind Realität und Moral zweierlei Paar Schuhe. Fassen wir noch einmal zusammen: Miese Typen legen oftmals erstaunliche Karrieren hin, manche ihrer Eigenschaften werden von der Wirtschaft sogar ziemlich nachgefragt. Nicht selten werden rücksichtslose Egoisten für ihre Untaten regelrecht belohnt – auch in sexueller Hinsicht. Im Gegensatz zu selbstlosen Charakteren scheint das Böse aufregend und faszinierend zu sein. „Zu" guten Menschen hingegen wird sogar Antipathie entgegengebracht, obwohl sie größere Leistungen für das Gemeinwohl erbringen. Dafür haben Menschen, die anderen wenigstens nichts Böses antun, den Vorteil, dass sie weniger Feinde haben und damit auch weniger riskieren. Miese Typen müssen hingegen stets auf der Hut sein: vor ihren Opfern, vor Menschen, die vom Gerechtigkeitsgedanken getrieben werden, und nicht selten vor dem Gesetz. Doch wenn im „Kampf zwischen Gut und Böse" stets „die Guten" als Sieger hervorgehen, wie es Hollywood immer und immer wieder skizziert, warum ist dieser Kampf dann nicht längst entschieden? Müssten Psychopathen, Machiavellisten, Soziopathen oder schlicht und einfach Arschlöcher, wie Robert I. Sutton sagen würde, nicht längst ausgestorben sein?

Machen wir ein kleines Gedankenexperiment. Stellen Sie sich vor, es gäbe zwei Arten von Lebewesen: zum einen aggressive Falken, zum anderen friedfertige Tauben. Wenn zwei aggressive Falken aufeinandertreffen und sich um ein Stück Nahrung oder um eine Paarungsmöglichkeit streiten, kommt es zwischen ihnen immer zum Kampf. Der Gewinner erhält dank der erkämpften Beute 50 Energiepunkte, der Verlierer hingegen wird schwer verletzt und verliert 100 Punkte. Es steht also +50 zu -100 Punkten; innerhalb einer Falkenpopulation hat jeder Falke somit im Durchschnitt -25 Punkte. Anders sieht es aus, wenn zwei Tauben aneinandergeraten. In diesem Fall versuchen beide den anderen mit Drohgebärden zu vertreiben. Die Tauben stehen einander gegenüber und drohen eine Weile, bis schließlich eine der beiden entnervt aufgibt und von dannen zieht. Jene, die die Beute ergattert, erhält daraufhin ihre 50 Energiepunkte, die andere hingegen 0. Da das Drohen ein wenig Zeit und Energie in Anspruch genommen hat, werden beiden 10 Punkte abgezogen. In Summe steht es also +40 zu -10, das ergibt einen Mittelwert von +15 Energiepunkten – 40 Punkte mehr als ein durchschnittlicher Falke. Eine reine Taubengesellschaft fährt mit ihrer friedfertigen Strategie somit eindeutig besser als eine Falkengesellschaft.

Doch eines Tages kommt es in unserer friedfertigen und höchst erfolgreichen Taubengesellschaft zu einem folgenschweren Ereignis, nämlich zu einer Genmutation. Das Junge zweier Tauben ist ein Falke (bzw. wendet die aggressive Falkenstrategie an). Jedes Mal, wenn es zwischen dem Falken und einer anderen Taube zu einem Konflikt kommt, spielt sich die gleiche Szene ab: Während der Falke sofort zu kämpfen beginnen will, laufen die Tauben erschrocken davon. Der Falke erhält damit 50 Punkte, die Taube 0. Für den Falken ist das natürlich eine tolle Sache und er kann zunächst ein Leben führen wie Gott in Frankreich. Doch sein Glück währt nicht ewig. Da er alle Konflikte um Paarungsmöglichkeiten gewinnt (mehr Punkte = mehr Fortpflanzung), kommen immer mehr Falken zur Welt und je mehr Falken es gibt, desto weniger Konkurrenten laufen in einer Konfliktsituation einfach weg. Die aggressive Strategie des Falken wird somit immer weniger rentabel. Irgendwann gibt es schließlich so viele Falken, dass die Strategie der Tauben wieder lohnenswert wird. Zwar bringt den Tauben ihr Davonrennen keine Energiepunkte ein (o Punkte), allerdings bleiben sie unversehrt, während die Falken bei ihren stetigen Kämpfen unentwegt schwer verletzt werden und so ins Punkteminus geraten. Die Folge: Die Anzahl der Tauben erhöht sich und die der Falken reduziert sich wieder – und zwar so lange, bis die Falkenstrategie wieder erfolgreicher ist. Erst wenn sowohl auf Falken als auch auf Tauben die gleiche durchschnittliche Anzahl an Punkten entfällt, stellt sich eine stabile Population ein. In diesem Fall wären das 6,25 Punkte bei einem Verhältnis von 7 Falken zu 5 Tauben. Dieses spieltheoretische Gedankenexperiment geht auf den englischen Biologen John Maynard Smith zurück und beschreibt eine sogenannte evolutionär stabile Strategie.[222] Dabei wird deutlich, wieso eine Strategie so viel Einfluss bekommen kann, obwohl die andere eigentlich erfolgreicher ist. Mitglieder einer reinen Taubenpopulation haben es im Leben eindeutig besser als Bewohner einer Falkengesellschaft. Allerdings ist eine reine Taubengesellschaft nicht mutationsstabil – ein einziger Falke genügt, um die Taubengesellschaft gehörig ins Wanken zu bringen. Umgekehrt lohnt sich das Falkendasein jedoch nur dann, wenn es genügend Tauben gibt. Ähnliches könnte man auch von der Mafia sagen: Auch sie ist davon abhängig, dass es genügend Menschen gibt, die nicht den Treueschwur geleistet haben. In einer Gesellschaft, die ausschließlich aus Ehrenmännern besteht, würde das Ausmaß blutiger Mafiakriege derart überhandnehmen, dass das kriminelle Geschäft schlicht nicht mehr lohnenswert wäre.

Vom Luxusleben zum Schuppenkaspar

Nach einem kurzen Intermezzo des Schwagers des psychopathisch veranlagten Mafiadespoten Totò Riina folgte Bernardo Provenzano an der Mafiaspitze, der Riinas terroristischem Kurs ein Ende setzte und der Mafia strikte Diskretion verordnete. Die Mafia sollte aus dem öffentlichen Bewusstsein verschwinden. Provenzanos moderate Führung trug durchaus Früchte. So gelang es ihm etwa, die Welle an Aussteigern zu stoppen, indem er die Sozialleistungen für inhaftierte Mafiosi erhöhte und die Ermordung Angehöriger von Abtrünnigen verbot. Doch mit dem prunkvollen Leben eines Fürsten der Unterwelt hatte seine Regentschaft nur wenig zu tun. Als eine Spezialeinheit der Polizei den geheimnisumwitterten „Capo dei Capi", der jahrzehntelang untergetaucht war, 2006 endlich dingfest machen konnte, hauste Provenzano von seiner Lebensgefährtin getrennt in einem heruntergekommenen Schuppen nahe Corleone. Die Zeiten, in denen er Designerklamotten trug und in einer 300-Quadratmeter-Wohnung lebte, waren für ihn schon lange vorbei. Mit der Verhaftung Totò Riinas hatte für Provenzano „die Phase der Gehöfte, der Feldhäuser, ja wohl sogar der Hühnerställe"[223] begonnen; mit anderen Mafiabossen kommunizierte er hauptsächlich mithilfe von „Pizzini", kleiner Zettel, die er mit Klebeband versiegelte und mit einem Netzwerk ausgewählter Boten umständlich versendete. Das Einzige, das bei Provenzano an Francis Ford Coppolas „Der Pate" erinnerte, war eine Kassette mit dem Soundtrack des Films, die die Polizei in seiner Hütte fand.

Trotzdem: Bernardo Provenzano hat es im Leben weit gebracht. Schwer vorstellbar, dass ein halber Analphabet wie er es auf anderem Weg zu so viel Macht, Reichtum und Einfluss hätte bringen können wie als Chef einer blutrünstigen Verbrecherorganisation. Untertauchen zu müssen, verhaftet oder umgebracht zu werden gehören nun einmal zu den Risiken eines Mafiosos. Doch obwohl die italienische Polizei in den vergangenen Jahren mit spektakulären Verhaftungen hochrangiger Mafiamitglieder aufhorchen ließ und sich in Sizilien mittlerweile offener Widerstand gegen die Organisation regt, muss die Mafia wohl nach wie vor als Erfolgsmodell angesehen werden. Kritiker meinen sogar, dass die Lage nicht nur nicht besser geworden sei, sondern sich sogar zusehends verschlimmere. Allerdings gilt nicht mehr die sizilianische Cosa Nostra – also die „eigentliche" Mafia – als die gefährlichste Mafiaorganisation. Heute ist es neben der neapolitanischen Camorra vor allem die kalabrische 'Ndrangheta, die den Behörden zu schaffen macht – und das längst nicht mehr nur in Italien.

Des Menschen Schafspelz

Anakins Verwandlung
Das Gute siegt am Ende also nicht immer gegen das Böse, wie es Hollywood dem gesunden Menschenverstand verklickern möchte. Noch unsinniger ist aber die Dialektik von „Gut und Böse" selbst, die im Blockbusterkino immer wieder zum Tragen kommt.

„Manche Menschen wollen die Welt einfach nur brennen sehen", sagt Bruce Waynes Butler Alfred über den Joker, den wahrscheinlich bekanntesten Gegenspieler von Batman, in „The Dark Knight". Dass der von Heath Ledger dargestellte Joker durch und durch böse ist, verrät bereits seine Optik: Er hat ein vernarbtes Gesicht, fettige Haare und gibt fortwährend ekelerregende Schmatzgeräusche von sich. So jemand muss schließlich böse sein. Dabei wurde „The Dark

Knight" für seinen amoralischen Impetus von der Kritik ausdrücklich gelobt.[224] Tatsächlich hinterlässt der Film zumindest einen ambivalenten Beigeschmack: Am Ende übernimmt Batman die Verantwortung für die Morde des im Laufe der Handlung übergeschnappten Staatsanwalts und Volkstribuns Harvey Dent, um den vom Schicksal gebeutelten Bewohnern Gotham Citys nicht ihren Glauben an Gerechtigkeit zu nehmen. Der Glaube an die gerechte Welt ist eben wichtiger als das persönliche Schicksal oder die Wahrheit – eine Botschaft, die man durchaus als zweifelhaft bezeichnen kann. Vielleicht hat Bruce Wayne alias Batman ja geahnt, dass man ihm nicht glauben würde. Das Setting bleibt jedenfalls genretypisch: Der Held ist attraktiv, edel und gut, der Schurke ist hässlich und abgrundtief böse.

Eine ähnliche Message geht auch von den Star-Wars-Filmen aus. Kaum ist in Episode III die Verwandlung des einstigen Helden Anakin Skywalker zu einem skrupellosen Mörder abgeschlossen, wird er auch schon zu jenem gruselig-schweratmigen Superschurken umoperiert, der als Darth Vader den Weltraumbewohnern das Leben schwer macht. Erst nachdem er sich in Episode VI, dem erzählerisch bislang letzten Teil der Reihe, erneut „der guten Seite der Macht" besinnt und seinen Sohn Luke Skywalker vor dem Tod bewahrt, darf er seinen dunklen Helm noch einmal ablegen und sich somit in einen Menschen zurückverwandeln.

Hollywoodcharaktere sind meist nur allzu leicht durchschaubar; idealerweise unterstreicht jede Handbewegung und jeder Nebensatz die moralische Integrität des Helden und die durchtriebene Bösartigkeit des Schurken. Wenn nicht, dann fällt die Szene meist der Schere zum Opfer – „weil sie die Geschichte nicht voranbringt", wie Regisseure gerne sagen. Diese Tendenz scheint sich in den vergangenen Jahren noch verstärkt zu haben. Während es in Star Trek I (1979) noch das naive künstliche Bewusstsein einer Raumsonde war, die die Erde an den Rand der Vernichtung brachte, in Star Trek IV (1986) die Bedrohung vom Aussterben der Wale ausging und Captain Kirk sich in Star Trek VI (1991) mit seinen Vorurteilen gegen Klingonen kritisch auseinandersetzte, musste der unheimliche Gegenspieler der jugendlichen Raumschiffcrew in „Star Trek" anno 2009 schon Mr. Spocks Heimatplaneten Vulkan zerstören, um dem Publikum seine Bösartigkeit zu beweisen. Bezeichnenderweise handelt es sich um den erfolgreichsten Film der gesamten Reihe.

Das legt den Verdacht nahe, dass das Blockbusterkino nicht trotz seiner flachen Produktionen so beliebt ist, sondern gerade wegen des fehlenden Tiefgangs. Deswegen muss man nicht gleich in Misanthropie verfallen: Klar ist es im Sinne der Unterhaltungsindustrie, möglichst breite Massen anzusprechen. Was läge da näher, als sich auf den kleinsten gemeinsamen Nenner zu konzentrieren? Der Kampf zwischen Gut und Böse ist so ein kleinster gemeinsamer Nenner. Denn während Filme über ungerechtfertigte Polizeigewalt oder die Risiken der Atomkraft je nach Weltanschauung gänzlich unterschiedliche Reaktionen hervorrufen könnten, sind die Fronten im Kampf zwischen Gut und Böse eindeutig. Bereits wenige Monate alte Babys brauchen nicht lange darüber nachzudenken, wem ihre Sympathie gilt, wie eine Untersuchung an der Yale University zeigen konnte.[225] Hatten die Kleinen die Wahl zwischen einem gelben Dreieck, das zuvor in einer Art Minitheaterstück einen boshaften Schurken spielte, und einem blauen Quadrat, das sich in der gleichen Aufführung von seiner hilfsbereiten Seite gezeigt hatte, entschieden sie sich fast immer für das Quadrat. Das legt die Vermutung nahe, dass bereits wenige Monate alte Babys zwischen Gut und Böse unterscheiden. Die Vorliebe für kooperative bzw. die Abneigung gegen unkooperative Personen bleibt uns auch im Erwachsenenalter erhalten, wie die Hirnforscherin Tania Singer mit ihrem Team in einem aufsehenerregenden Versuch zeigte. 32 Probandinnen und Probanden aus den verschiedensten Erdteilen folgten dabei einer simplen Spielanordnung, bei der sie Geldbeträge auszutauschen hatten.[226] Bei jeder Transaktion mit einem anderen Spieler verdreifachte sich ihr Geldbetrag. Allerdings ahnten sie nicht, dass die Forscher vier Komplizen (davon je zwei Männer und Frauen) eingeschleust hatten, die fixen Vorgaben folgen mussten. Zwei davon verhielten sich besonders kooperativ, während die anderen beiden außerordentlich unfair zu sein hatten und den vertrauensvoll überwiesenen Geldbetrag einfach für sich behielten. Danach ließ man die Probanden von einem Kernspintomografen aus zusehen, wie die besonders fairen bzw. unfairen Komplizen schmerzhafte Elektroschocks bekamen. Die Auswertungen der Hirnscans offenbarten ein interessantes Bild: Als die Versuchsteilnehmer mitansehen mussten, wie ausgerechnet den außerordentlich fairen Komplizen Elektroschocks zugefügt wurden, meldeten sich bei den Probanden Hirnareale, die Schmerzen repräsentieren. Mit anderen Worten: Sie litten mit. Anders verhielt es sich jedoch bei Elektroschocks für die unfairen Komplizen. In ihrem Fall empfanden männliche Versuchsteilnehmer kein Mitgefühl, dafür aber war eine Aktivierung des Nucleus accumbens zu erkennen – eines Areals, das sich auch bei Essen, Drogen und Sex meldet. Die Versuchsteilnehmer hatten offenbar eine richtige Freude, als die „Schurken" ihre „gerechte Strafe" einstecken mussten. Bei weiblichen Probanden war hingegen keine Aktivierung des Belohnungszentrums zu erkennen; sie verspürten weiterhin Mitgefühl – wenn auch weniger, als dies bei den fairen Komplizen der Fall war. Die Experimentatorin Tania Singer weist jedoch darauf hin, dass dies daran gelegen haben könnte, dass der Versuchsaufbau eventuell Männern eher entgegenkam als Frauen. Vielleicht hätte sich ihr Belohnungszentrum ja ebenfalls gemeldet, wenn die Strafe für die rücksichtslosen Komplizen nicht physischer, sondern psychischer oder finanzieller Natur gewesen wäre. Aufschlussreich ist aber auch ein Detail am Rande: Sowohl die weiblichen als auch die männlichen Versuchsteilnehmer beurteilten in einem Fragebogen die kooperativen Komplizen als fairer, umgänglicher, netter und sogar attraktiver als die Egoisten.

Wenn wir so eine Abneigung gegen selbstsüchtige Menschen haben, dann müsste das ja bedeuten, dass Uneigennützigkeit bis zu einem gewissen Maß etwas ganz Selbstverständliches ist. Und genauso ist es auch, obwohl das dem gesunden Menschenverstand meist gerade von jenen widerspricht, die sich ganz besonders viel auf ihren Scharfsinn und ihre Fähigkeit einbilden, „Klartext" zu sprechen. Da ein Zyniker bekanntermaßen die Welt so sieht, wie sie ist, und nicht so, wie sie sein sollte, könne die unangenehme „Wahrheit", der Mensch sei von Natur aus egoistisch, ja nur stimmen, so die Milchmädchenrechnung des gesunden Menschenverstands. Doch obwohl die Vorstellung des Menschen als selbstsüchtiger (und darüber hinaus vollkommen rationaler) Eigennutzmaximierer, auch unter dem Namen Homo oeconomicus bekannt, sogar die Grundlage der geltenden ökonomischen Theorie darstellt, handelt es sich eben nur um eine Halbwahrheit, wie mittlerweile eine Vielzahl an Experimenten nahelegt.

Beim sogenannten „Ultimatum-Spiel" werden zwei Versuchspersonen, die einander zuvor niemals begegnet sind und danach auch nicht mehr begegnen werden, in zwei unterschiedliche Räume gesetzt; nicht einmal sehen oder hören können die beiden einander. Per Münzwurf wird einer der beiden Personen die Rolle des Empfängers zugewiesen, der anderen die Rolle des Anbieters, der daraufhin eine Geldsumme erhält (zum Beispiel zehn Euro). Allerdings hat die Sache für den Anbieter einen Haken: Er braucht das Einverständnis des Empfängers, das er dadurch erlangen kann, dass er diesem einen Teil des Geldes abtritt. Bietet der Anbieter dem Empfänger beispielsweise drei Euro an und dieser akzeptiert, dann gehen drei Euro an den Empfänger und dem Anbieter bleiben die restlichen sieben Euro. Lehnt der Empfänger den Deal jedoch ab, dann bekommt keiner von beiden etwas. Wie verhalten sich also die Teilnehmer in dem Experiment?

Die meisten Anbieter bieten „ihren" Empfängern vier oder fünf Euro an – ein fairer Handel also. Wenn ein Anbieter hingegen lediglich ein oder zwei Euro abtreten will, dann geschieht etwas Erstaunliches: Rund die Hälfte der Empfänger lassen den Deal empört platzen. Erstaunlich ist das deshalb, weil der Empfänger mit seiner Ablehnung schlechter aussteigt, als wenn er die (zugegebenermaßen eher geringe) Geldsumme akzeptieren würde. Der Zorn über skrupelloses Verhalten wiegt aber eben oft schwerer als der bloße Eigennutz. Das gilt sogar dann, wenn die gehandelten Beträge in der Höhe eines Wochen- bzw. Monatslohns liegen, wie Tests in Indonesien zeigten.[227]

Mit dem eigennutzmaximierenden Homo oeconomicus ist dieser Sinn für Gerechtigkeit unvereinbar. Niemals würde er aus Empörung über mangelnde Fairness auch nur auf einen Euro verzichten – weder als Empfänger noch als Anbieter. Der Mensch ist jedoch kein reiner Egoist. Natürlich lässt sich immer einwenden, dass selbst hinter der altruistischsten Tat eine unbewusst egoistische Motivation stecken könnte. Da sich diese Behauptung weder beweisen noch widerlegen lässt, gehört sie jedoch in das Reich der Glaubensfragen. Gemessen an den Taten ist der Mensch jedoch ein miserabler Eigennutzmaximierer. Besonders deutlich wird das in einer Variation des Ultimatum-Spiels. Das „Diktator-Spiel" läuft nach dem gleichen Prinzip wie das Ultimatum-Spiel ab. Auch hier kennen einander die Teilnehmer nicht, sie sehen einander nicht und sie werden nie wieder etwas voneinander hören. Der Unterschied zum Ultimatum-Spiel: Der Empfänger hat keine Interventionsmöglichkeit, das heißt, er kann den Deal nicht ablehnen. Der Anbieter könnte also getrost den gesamten Betrag für sich behalten, ohne irgendeine Konsequenz befürchten zu müssen. Doch egal ob in Europa, Japan oder den USA,[228] ob in Afrika, der Mongolei oder im südamerikanischen Regenwald[229] – nirgendwo konnte nachgewiesen werden, dass der Mensch rein egoistisch handelt. Viele treten sogar die Hälfte des Geldbetrags an ihre machtlosen Empfänger ab. Interessanterweise werden die höchsten Beträge bei derlei Experimenten in Gesellschaften mit hoher Marktintegration angeboten.[230]

Allerdings scheint sich prosoziales Verhalten bis zu einem gewissen Maß auch wieder abtrainieren zu lassen. Zwar mag der bloß auf den Eigennutz bedachte Homo oeconomicus nur als Modell zu ganz spezifischen Forschungszwecken erdacht worden sein, in der Praxis scheint er jedoch auch Vorbildcharakter zu gewinnen und auf jene abzufärben, die sich mit ihm intensiv beschäftigen. Das legt eine Untersuchung nahe, bei der durchleuchtet wurde, wie sich das Spielverhalten von Studierenden verschiedener Fachrichtungen unterscheidet. Dabei zeigte sich, dass Studenten wirtschaftswissenschaftlicher Studiengänge ein Verhalten an den Tag legen, das dem Modell des Homo oeconomicus erstaunlich nahekommt.[231] Interessanterweise nähern sie sich damit aber nicht nur dem wirtschaftswissenschaftlichen Ideal an, sondern auch dem Verhalten von Schimpansen.

Eine Forschergruppe um Keith Jensen vom Leipziger Max-Planck-Institut für Evolutionäre Anthropologie ließ in einem Experiment Schimpansen eine vereinfachte Version des Ultimatum-Spiels spielen.[232] Mithilfe einer ziemlich aufwändigen Apparatur konnten die behaarten Anbieter zwischen zwei Optionen wählen, indem sie an einem Seil zogen – zum Beispiel zwischen acht Rosinen für sie selbst und zwei Rosinen für die Empfänger vs. fünf Rosinen für beide. Die Empfänger konnten den Deal mit einem Hebel platzen lassen. Doch das taten sie so gut wie nie. „Schimpansen sind rationale Maximierer bei einem Ultimatum-Spiel", so der vielsagende Titel der Studie. Die Anbieter wählten in großer Mehrzahl jene Option, die sie selbst massiv bevorteilte. Die bedeutendste Erkenntnis jedoch ist, so die Forscher, „dass die Empfänger dazu tendierten, jedes Angebot zu akzeptieren". Lediglich in einer Variante, in der die Anbieter zwischen acht zu zwei Rosinen und zehn zu null Rosinen wählen konnten, legte bei der zweiten Option ein erheblicher Teil der Empfänger ihren Protest ein. Das macht aus Sicht des Homo oeconomicus durchaus Sinn: Es war die einzige Option, bei der sie nichts zu verlieren hatten.

Es ist also nicht der Mensch, der sich durch reinen Egoismus auszeichnet, sondern der Schimpanse. Der Mensch hingegen ist ein „Homo reziprocans", er belohnt faires und bestraft unfaires Verhalten – selbst wenn es mit Kosten verbunden ist. Darin liegt auch der Reiz in Märchen wie „Der Arme und der Reiche": Es bereitet uns einfach Genugtuung, wenn wir das arme Ehepaar für seine Hilfsbereitschaft mit einem schönen neuen Haus belohnt sehen, während das reiche Ehepaar für sein egoistisches Verhalten bestraft wird. So sehen wir die Welt nun einmal am liebsten: ausgewogen, fair und gerecht. Dieser Gerechtigkeitssinn ist aber nicht einfach bloß eine sympathische Macke, sondern scheint auch die Grundlage für die enorme Erfolgsgeschichte der menschlichen Spezies zu bilden.

Der Anthropologe Michael Tomasello, der auch an der Studie mit den Ultimatum spielenden Schimpansen mitgewirkt hatte, versucht mithilfe von Untersuchungen den

Unterschied zwischen Mensch und Tier auszumachen, indem er Kleinkinder und Schimpansen kleine Tests absolvieren lässt. Wie sich zeigte, tragen sowohl Menschen als auch Schimpansen altruistische Züge in sich. So sind bereits anderthalbjährige Knirpse von sich aus bemüht Filzstifte oder Wäscheklammern vom Boden aufzuheben und hinaufzureichen, wenn sie sehen, dass jemand sie versehentlich fallen gelassen hat und sie nicht erreichen kann.[233] Ähnlich verhalten sich auch an Menschen gewöhnte Schimpansen – allerdings nur, wenn sie die Situation richtig deuten können. Denn obwohl sie bei Disziplinen wie Raumordnung und Gedächtnisorientierung mit Kleinkindern mithalten können, sind unsere nächsten Verwandten bei sozialen Aufgaben weit abgeschlagen. Alleine simple Zeigegesten scheinen sie bereits zu überfordern. „Zwar folgen Affen Blicken und Zeigegesten auf sichtbare Ziele, aber sie scheinen die zugrundeliegende kommunikative Absicht nicht zu begreifen",[234] so Tomasello. „Für Affen ist dieses Verhalten vollkommen sinnvoll, denn in ihrem natürlichen Umfeld zeigt niemand in hilfreicher Absicht für sie auf Futter – sie konkurrieren vielmehr sogar darum –, so daß sie keine altruistische Intention vermuten."[235] Zwar eignen sich auch die meisten bei Menschen aufgewachsenen Schimpansen Zeigegesten an, doch in über 95 Prozent der Fälle benützen sie diese bloß, um ihren Willen zum Ausdruck zu bringen.[236] Bereits einjährige Kinder hingegen verwenden Zeigegesten auch dazu, um anderen Menschen einfach nur zu helfen.[237]

Wären wir Menschen keine so außerordentlich sozialen Wesen, würden Sie das Buch, das Sie gerade lesen, vielleicht niemals in Händen halten. Es hätte sich schlicht keine Sprache entwickelt, deren Komplexität über „ich will" hinausgeht, wie Michael Tomasello vermutet. Denn im Gegensatz zu unseren nächsten Verwandten sind wir in der Lage, gemeinsam einem Ziel nachzugehen, statt nur alleine unser Glück zu versuchen. Selbst die Mafia bezieht ihre Stärke nicht aus reinem Egoismus, sondern auch aus ihrer Fähigkeit zur Kooperation.

Wenn die anderen nur Menschen sind

Der italienische Schriftsteller und Regisseur Andrea Camilleri hatte in seinen Studententagen einmal die Gelegenheit, mit dem damaligen Mafiaboss von Agrigent, Nicola Gentile, ins Gespräch zu kommen. Cola Gentile, „ein distinguierter älterer Herr, der mit einem großen Erzähltalent und einer feinen Ironie ausgestattet war",[238] nannte Camilleri „Duttureddru", was so viel wie „Doktorchen" bedeutet. Es war an einem Nachmittag des Jahres 1949, als der Mafioso Andrea Camilleri seine Sicht der Welt mit einem kleinen Gedankenexperiment zu erklären versuchte:

> *Duttureddru, nehmen wir an, ich betrete diesen Raum und Sie richten eine Pistole auf mich, während ich selbst unbewaffnet bin. Und Sie sagen zu mir: „Cola Gentile, auf die Knie mit Ihnen!" – was kann ich da groß tun? Natürlich gehe ich auf die Knie. Das heißt aber noch lange nicht, dass Sie ein Mafioso sind, nur weil Sie Nicola Gentile dazu gebracht haben, auf die Knie zu gehen. Nein, Sie sind ein Idiot mit einer Pistole in der Hand, das sind Sie! Nehmen wir noch einmal an, ich, Nicola Gentile, betrete unbewaffnet diesen Raum. Ich sage zu Ihnen: „Duttureddru, schauen Sie, ich befinde mich in einer dummen Lage ... Ich muss Sie leider bitten, auf die Knie zu gehen." Sie sagen: „Aber wieso denn?" Und ich erkläre es Ihnen. Ich erkläre es Ihnen und ich kann Sie davon überzeugen, dass Sie um des lieben*

Friedens willen jetzt besser auf die Knie gehen, im
Interesse aller. Sie sind also überzeugt, gehen auf die
Knie, und ich bin ein Mafioso. Wenn Sie sich weigern,
auf die Knie zu gehen, muss ich Sie erschießen – aber
das bedeutet nicht, dass ich gewonnen habe. Ich habe
verloren, Duttureddru![239]

Im Gegensatz zu John Dickie kam Camilleri zum Schluss,
dass Cola Gentile nicht einfach nur versucht habe sich als
Mann des Friedens und der Gerechtigkeit darzustellen, „vielmehr *war* er zutiefst davon überzeugt, ein Mann zu sein,
der immer den Frieden und die Gerechtigkeit gesucht hat.
Und wenn man denjenigen tötet, der nicht gehorcht, ist dies
eine *ultima ratio*"[240]. Die geheimnisvollen Initiationsrituale,
die Pflicht zur Treue und Wahrheit, die Omertà sowie die
unverhältnismäßig strengen Bestrafungen dienen für die
Cosa Nostra dem sozialen Zusammenhalt und gegenseitigen
Vertrauen – Vertrauen, das unter normalen Verbrechern rar
gesät ist. Doch dieses Vertrauen gilt eben nicht jedem, sondern nur anderen Ehrenmännern. Hier liegt die Kehrseite
der Medaille verborgen: Obwohl der Mensch ein erstaunlich soziales Lebewesen mit einer tiefen Abneigung gegen
Ungerechtigkeit ist, scheint sein Gerechtigkeitssinn mit
einer Neigung verknüpft zu sein, die erst recht wieder
Ungerechtigkeiten hervorbringt: unserem Stammesinstinkt.

Bereits Kinder neigen dazu, Zugehörige der eigenen
Gruppe gegenüber Außenseitern zu bevorzugen. So waren
in einem Experiment mit Verteilungsspielen 45 Prozent der
7- bis 8-Jährigen dazu bereit, auf Belohnungen – es handelte sich um Süßigkeiten – zugunsten anderer zu verzichten, solange es sich um (anonymisierte) Angehörige der
eigenen Schule handelt.[241] Für Kinder aus einer anderen
Schule verzichteten hingegen gerade einmal 12 Prozent auf
eine Süßigkeit. Kleinere Kinder, 3- bis 4-Jährige bzw. 5- bis

6-Jährige, trafen ihre Wahl hingegen nicht nach Aspekten der Gerechtigkeit; gleichzeitig interessierte sie aber auch kaum, ob ihre Spielpartner aus der gleichen oder einer anderen Schule kamen. Die Studienautoren schließen daraus, dass der Wunsch nach Gleichheit *(Egalitarismus)* sowie die Tendenz, Mitglieder der eigenen Gruppe zu bevorzugen und Angehörige einer anderen Gruppe auszuschließen *(Parochialismus)*, tief in der menschlichen Entwicklung verwurzelt sind. Dass sich diese beiden Vorlieben während der Kindheit simultan zu entwickeln scheinen, sei „aus Sicht neuester Evolutionstheorien verblüffend, wonach der gleiche evolutionäre Prozess den menschlichen Altruismus gemeinsam mit dem Parochialismus hervorbringt".

Diese „neuesten Evolutionstheorien" werden durch Computermodelle gestützt, bei denen simulierte Akteure in unzähligen Runden miteinander interagieren müssen. So ließen die Ökonomen Jung-Kyoo Choi und Samuel Bowles im Rahmen einer Computersimulation vier unterschiedliche Akteure aufeinander los – Tolerante, Egoisten, Parochialisten und Altruisten.[242] Wie sich zeigte, brachten die Simulationen nach Tausenden Generationen immer zwei Typen von Populationen hervor: Auf der einen Seite waren friedliche Staaten, geprägt von toleranten und egoistischen Akteuren, auf der anderen Seite kriegerische Gesellschaften, die von Parochialisten und Altruisten geprägt waren. Das ist insofern erstaunlich, da Parochialismus und Altruismus nicht gerade dazu gemacht scheinen, den eigenen Fortbestand zu sichern. Die einen nehmen Kosten in Kauf, um anderen zu helfen, die anderen riskieren Leib und Leben, weil sie sich in kriegerische Konflikte mit Außenstehenden stürzen. Samuel Bowles vermutet daher, dass Parochialismus und Altruismus Synergieeffekte erzeugen. Zwar würden parochiale Altruisten mit anderen Gruppen Konflikte auslösen, so seine These, allerdings tragen sie auch dazu bei, dass ihr Stamm erfolgreich daraus hervorgeht – und sichern sich damit Land, Ressourcen und kulturellen Einfluss. Eine Vermutung, die Bowles unter anderem durch ethnografische Studien belegt sieht, wonach Kämpfe mit zu den Haupttodesursachen unter prähistorischen Urvölkern gehörten. Ein Ehrenmann fasste das fatale Zusammenspiel zwischen Stammeszugehörigkeit und der Verachtung Außenstehender einmal so zusammen: „Wir sind Mafiosi, alle anderen sind nur Menschen."[243]

Mordsgeschenke

„Nun gut, wer bist du denn?", fragt Dr. Faust. „Ein Teil von jener Kraft, die stets das Böse will und stets das Gute schafft." Könnte an der berühmten Selbstbeschreibung, die Goethe Mephistoteles in Faust I in den Mund legt, mehr dran sein als gedacht? Sind Feindseligkeiten, Kriege und Hass der Preis, den der Mensch für sein außergewöhnlich fürsorgliches Wesen bezahlen muss? Einiges deutet darauf hin.

Immer wieder in der Geschichte hat der Mensch seine außergewöhnliche Hilfsbereitschaft unter Beweis gestellt, gleichzeitig hat er es aber auch geschafft, außergewöhnlich viele Angehörige seiner Spezies umzubringen. Denn auch wenn es unserem gesunden Menschenverstand widerstreben mag: In vielen Fällen ist Mord keineswegs antisozial. In einer Untersuchung von Morddelikten zwischen Chicagoer Gangs über einen Zeitraum von drei Jahren kommt der Soziologe Andrew Papachristos zum Schluss: „Die meisten soziologischen Theorien erachten Mord als ein Ergebnis der unterschiedlichen Verteilung von individuellen, nachbarschaftlichen oder sozialen Merkmalen. Doch während solche Untersuchungen die unterschiedliche Häufigkeit an Morddelikten erklären, erklären sie nicht die soziale Ordnung von Mord, also wer wen wann wo und aus welchem Grund umbringt."[244] Daher lasse sich Mord zwischen Gangs nicht am besten verstehen, indem man nach den jeweils individuellen Ursachen sucht, sondern indem man die sozialen Netzwerke durchleuchtet, die die Gewalt hervorbringen. Papachristos' Ergebnis: Die untersuchten Mordtaten zwischen den Chicagoer Gangs gleichen einem Austausch von Geschenken. Wurde das Mitglied einer Gang getötet, folgte der Mord an einem Mitglied der Gruppe, die für die Untat verantwortlich war, was naturgemäß gerächt werden musste – und so weiter und so fort. Die Morde zwischen den Gangs erzeugten „ein institutionalisiertes Netzwerk des Gruppenkonflikts", in dem sie sich in einem geradezu „epidemieartigen Prozess" ausbreiteten.

Morde sind also nicht nur „sozial", sondern sogar sozial ansteckend. Freilich wird auch aus rein egoistischen Motiven getötet. Es handelt sich dabei um jene Morde, bei denen Gut und Böse am leichtesten auseinanderzuhalten sind: Der Krokodilstränen vergießende Mörder seiner Erbtante, von dem in abgewandelter Form Generationen von Fernsehkrimis zehren, oder die kaltblütige „Schwarze Witwe", die ihren greisen Ehemännern Schlafmittel in die Suppe mischt, um an deren Vermögen zu kommen – niemand würde bezweifeln, dass es sich um verwerfliche Taten handelt. Allerdings ist anzunehmen, dass die meisten Morde im Lauf der menschlichen Geschichte eben nicht auf diese reine Form des Egoismus zurückgehen. Wenn Gewalt im Dienste einer Gruppe, eines Staates, einer Ideologie – also im weitesten Sinn im Dienste oder zur (Wieder-)Herstellung einer *gerechten Welt* – verübt wird, fällt das Ausmaß des Unheils meist nicht nur weit verheerender aus. Es ist auch schwieriger, das Böse als solches zu erkennen. Denn in der Realität sind Massenmörder naturgemäß keine düsteren roboterartigen Kreaturen wie die Figur des Darth Vader aus

Star Wars, sondern können ganz biedere graue Mäuse sein, die sich von der Masse kaum abheben. Es war die jüdische Publizistin Hannah Ahrendt, die in diesem Zusammenhang von der bis heute vielzitierten „Banalität des Bösen" sprach. Als Adolf Eichmann, der während der Zeit der Nazidiktatur für die Ermordung von schätzungsweise sechs Millionen Menschen zentral mitverantwortlich war, 1961 in Jerusalem der Prozess gemacht wurde, berichtete Ahrendt für die angesehene US-Zeitschrift „The New Yorker". Die dabei entstandenen Artikel fasste sie in dem vielbeachteten Buch „Eichmann in Jerusalem" zusammen, in dessen Vorwort sie 1964 über die „Banalität des Bösen" meinte:

Eichmann war nicht Jago und nicht Macbeth, und nichts hätte ihm ferner gelegen, als mit Richard III. zu beschließen, „ein Bösewicht zu werden". Außer einer ganz ungewöhnlichen Beflissenheit, alles zu tun, was seinem Fortkommen dienlich sein konnte, hatte er überhaupt keine Motive; und auch diese Beflissenheit war an sich keineswegs kriminell, er hätte bestimmt niemals seinen Vorgesetzten umgebracht, um an dessen Stelle zu rücken.[245]

Eine „teuflisch-dämonische Tiefe" konnte sie Eichmann jedenfalls nicht abgewinnen. Zudem merkte sie an, dass „das Ordnungsprinzip, nach dem gemordet wird, beliebig bzw. nur von historischen Faktoren abhängig ist. Es ist sehr gut denkbar, daß in einer absehbaren Zukunft automatisierter Wirtschaft Menschen in die Versuchung kommen, alle diejenigen auszurotten, deren Intelligenzquotient unter einem bestimmten Niveau liegt."[246]

Mit „Eichmann in Jerusalem" hatte Ahrendt viel Staub aufgewirbelt. Unter anderem werfen Kritiker ihr vor, dass sie Eichmanns Selbstdarstellung auf den Leim gegangen sei. Als Angeklagter hatte dieser naturgemäß ein Interesse daran, bloß als harmloser Bürokrat mit begrenztem Intellekt wahrgenommen zu werden.

Doch abgesehen von der historischen Vorlage ist es vielleicht ohnehin viel entscheidender, sich ins Bewusstsein zu rufen, dass so etwas wie eine „Banalität des Bösen" überhaupt denkmöglich ist. Man muss weder ein charismatischer Irrer noch ein blutrünstiger Waffennarr sein, um das Zeug zum Schlächter zu haben. Auch ein biederer Bürokrat mit Frau und Kindern kann ein Mörder sein. Die Erkenntnisse der Sozialpsychologie der 1960er- und 1970er-Jahre zeichneten in den Jahren nach dem Eichmann-Prozess sogar ein weit dramatischeres Bild: Jeder kann ein Sadist und Mörder sein. Egal ob friedensbewegter Hippie oder devote Hausfrau, sie alle können mit relativ einfachen Mitteln und ohne Zwang dazu gebracht werden, unschuldige Menschen zu Tode zu quälen. Oder um es mit den Worten des Philosophen und Schriftstellers Karl Jaspers zu sagen: „Der gesunde Menschenverstand ist blind sowohl für das äußerste Böse wie für das höchste Gute."[247]

Ganz zu Recht gelten heute Stanley Milgrams Gehorsamkeitsexperimente und Philip Zimbardos berühmtes Gefängnisexperiment als Klassiker, die mittlerweile zur Allgemeinbildung zählen oder zumindest zählen sollten. Philip Zimbardos „Stanford-Prison-Experiment" bewies eindrucksvoll, dass aus gesunden jungen Männern der Mittelschicht innerhalb kürzester Zeit sadistische Gefängniswärter mit schwer depressiven Gefangenen werden können.[248] Teilweise mussten sogar die Experimentatoren einschreiten, um Misshandlungen zu verhindern. Obwohl den Versuchsteilnehmern ihre Rollen als Insassen und Wärter bloß per Münzwurf zugewiesen worden waren, kam niemand auf die Idee, das Experiment einfach per

Willenserklärung zu verlassen – zu sehr hatten sie ihre Rollen binnen kürzester Zeit verinnerlicht. Nach nur sechs Tagen musste der außer Kontrolle gelaufene Versuch abgebrochen werden.

Vielleicht noch eine Spur bekannter sind die Gehorsamkeitsexperimente von Stanley Milgram, einem ehemaligen Schulfreund Zimbardos. Milgrams ursprüngliche Idee war, das Experiment nach einem Vorlauf in den USA in Deutschland zu testen, um die psychologischen Mechanismen herauszufinden, die den Holocaust möglich gemacht hatten. Was hatten die Deutschen an sich, dass sie sich an einem systematisierten Massenmord beteiligten? Bereits die ersten Ergebnisse des Versuchs waren allerdings so eindeutig, dass sie von Deutschen kaum mehr übertroffen werden konnten. Dabei war die Versuchsanordnung erschreckend simpel: Freiwilligen, die dachten, sie würden an einem Experiment zum Thema Gedächtnis und Lernen teilnehmen, wurde die Rolle des Lehrers zugewiesen.[249] Wenn ihr Schüler falsch lag, sollten sie ihm einen Elektroschock verpassen, dessen Stärke sich mit jedem Fehler steigerte. Der Schüler war ein liebenswürdiger Buchhalter um die 50, der sich trotz einer Herzschwäche dazu bereit erklärt hatte, an dem Versuch teilzunehmen. Daneben gab es noch die Rolle des Versuchsleiters. Er trug einen weißen Laboranzug, erklärte die Regeln und ermahnte den Lehrer seine Aufgabe zu erfüllen. Der Versuchsleiter hatte damit die Rolle der Autoritätsperson inne. Die Frage war: Wie weit würden die Versuchsteilnehmer gehen? Würden sie ihrem herzkranken Schüler auch dann noch Elektroschocks geben, wenn er sich vor Schmerzen windet und um Gnade fleht, nur weil der Versuchsleiter es so will?

Man kann von Glück sprechen, dass der Schüler keine echten Stromstöße bekam und seine Schmerzen nur simulierte, denn die Antwort fiel unerwartet eindeutig aus:

Unter 300 Volt beendete überhaupt kein Teilnehmer das Experiment; die Mehrheit der Probanden verabreichte dem Schüler die volle Dosis (450 Volt), obwohl der betreffende Knopf mit einem ausdrücklichen Warnhinweis versehen war, der auf die damit verbundenen Gefahren hinwies. Dies stand im krassen Gegensatz zu der Einschätzung von 40 Psychiatern, die Milgram zuvor befragt hatte. Sie hatten vorausgesagt, dass nur 0,1 Prozent der Teilnehmer, also etwa Sadisten oder Psychopathen, den 450-Volt-Knopf drücken würden. Doch damit machten sie einen Fehler, der dem gesunden Menschenverstand oft unterläuft, wie wir bereits im ersten Kapitel gesehen haben: Sie überschätzten den Einfluss der Persönlichkeit und unterschätzten vollkommen die Macht der Situation.

Besonders bemerkenswert an den Milgram-Experimenten ist, dass die Versuchsteilnehmer scheinbar gegen ihren Willen gehandelt hatten, ohne aber den Versuch abzubrechen. Die Freiwilligen waren keineswegs sadistische Fieslinge, wie man sie aus James-Bond-Filmen kennt, sondern litten förmlich mit, leisteten verbalen Widerstand und quälten sich in ihrer Rolle als Lehrer bis an den Rand des Nervenzusammenbruchs. Sie wollten ihrem Schüler keine tödlichen Stromstöße verpassen. Eher schien es, dass sie nicht anders konnten.

Das Milgram-Experiment, erstmals Anfang der 60er-Jahre des 20. Jahrhunderts durchgeführt, wurde unzählige Male in verschiedensten Variationen und Ländern durchgeführt – immer mit einem ähnlichen Ergebnis. Die Ergebnisse sind also eindeutig, weniger klar hingegen sind deren Gründe. Während der 1984 verstorbene Stanley Milgram das bedenkliche Verhalten der Versuchsteilnehmer im Gehorsam gegenüber Autoritätspersonen – also dem Versuchsleiter – begründet sah, erachten Kritiker seine Hypothese als unzureichend belegt. So beobachtete der Sozialpsychologe Jerry Burger, der das Milgram-Experiment vor wenigen Jahren wiederholt hatte, dass sich seine Probanden den Anordnungen des Versuchsleiters („Das Experiment erfordert, dass Sie fortfahren") je eher widersetzten, umso autoritärer sie formuliert waren („Sie haben keine Wahl, machen Sie weiter").[250] Es wäre daher denkbar, dass das Verhalten der Teilnehmer weniger mit Gehorsam als mit unserer Neigung zu tun hat, uns zugewiesene Rollen zu übernehmen. Eine vor Kurzem veröffentlichte Untersuchung von Alexander Haslam, Stephen D. Reiter und Joanne R. Smith kommt zu einer ähnlichen Interpretation: Hinter der Willfährigkeit der Probanden steckt nicht Gehorsam, sondern vielmehr die Identifikation mit dem angeblichen Versuchsleiter.[251]

Wie dem auch sei: So oder so zeigt Milgrams Experiment eindringlich, wie leicht aus unbescholtenen Durchschnittsmenschen ohne Zwang potenzielle Mörder werden können. Offenbar schlummern in uns Mechanismen, die uns in einem guten Umfeld Gutes und in einem schlechten Böses tun lassen. Mit einem Kampf zwischen Gut und Böse, wie er in Filmen inszeniert wird, hat all das freilich sehr wenig zu tun. Weder gewinnen am Ende immer die Guten, noch sind diejenigen, die Schlechtes tun, automatisch Psychopathen. Zwar sind wir Menschen keineswegs reine Egoisten, die nur auf ihren Eigennutz bedacht sind, sondern wirklich erstaunlich soziale Wesen. Doch leider kann das unserer Menschlichkeit auch zum Verhängnis werden. Nie werden Kriege im Namen der Bosheit geführt, sondern stets unter der Annahme, für die Freiheit und die *gerechte Welt* zu kämpfen – auch wenn es sich dabei wohl nicht selten um Lippenbekenntnisse der jeweiligen Machthaber handeln dürfte, um Rückhalt in der Bevölkerung zu gewinnen. Die menschliche Neigung zu chauvinistischem Stammesdenken dürfte skrupellosen Politikern dabei durchaus entgegenkommen. Besonders gefährlich wird es immer dann, wenn

Feindbilder geschaffen werden und bestimmte Personen nicht mehr als Individuen angesehen werden, sondern als „Fremdkörper" aus der Gruppe hinausdefiniert werden. Wie leicht das geht, offenbart eine einfache Übung der amerikanischen Lehrerin und Anti-Rassismus-Aktivistin Jane Elliott: Sie erklärt den Teilnehmern (meistens handelt es sich um Schulkinder) anhand zahlreicher „wissenschaftlicher Beweise", dass Blauäugige Braunäugigen überlegen seien. Die Folgen lassen nicht lange auf sich warten: Braunäugige werden abgewertet, beschimpft und diskriminiert. Wenn Elliott am nächsten Tag erzählt, dass sie sich geirrt habe und in Wahrheit die Braunäugigen den Blauäugigen überlegen seien, kehrt sich das Bild ins Gegenteil um. Eine Lektion, die zwar fast alle Teilnehmer als bedeutsame Erfahrung beschreiben, die sich aber leider nur moderat auf die Verminderung von Vorurteilen auswirkt.[252]

Wie es aussieht, haben Demagogen also leichtes Spiel mit uns. Dass „miese Typen" beste Chancen haben, die Karriereleiter nach oben zu klettern, wie etwa der Psychopathie-Experte Robert D. Hare meint, liegt dabei nicht nur an ihren Fähigkeiten, andere Menschen zu manipulieren. Alleine die Tatsache, dass sie im Gegensatz zu vielen anderen ein klares Ziel vor Augen haben – Macht, Geld, Sex etc., sprich: die bedingungslose Maximierung des Eigennutzes –, dürfte ihnen dabei einen Vorsprung verschaffen. Im Rahmen eines Experiments ließ man eine Gruppe Menschen durch einen runden Raum flanieren, der in unterschiedliche Segmente eingeteilt worden war.[253] Die Teilnehmer hatten kein spezifisches Ziel, ihre einzige Aufgabe war es, sich nicht weiter als eine Armlänge von mindestens einer Person zu entfernen. Eine paar wenige Versuchspersonen bekamen allerdings eine Zusatzaufgabe: Sie sollten sich in einen bestimmten Sektor begeben, durften dabei allerdings weder die Gruppe verlassen, noch mit ande-

ren Personen kommunizieren. Und siehe da: Als die Gruppe ein Signal zum Aufhören erhielt, befanden sich die meisten in einem oder wenigstens in der Nähe des Zielsegments. Ein paar Eingeschworene hatten die ganze Gruppe geführt, ohne dass die anderen Teilnehmer es gemerkt hatten.

Ähnlich ergeht es auch Fischen: Konfrontiert man sie mit einem hirnlosen Roboterfisch, folgen sie ihm.[254] Erstaunlich daran ist, dass ihnen der Robofisch dabei nicht einmal ähnlich sehen muss. Er muss bloß etwas schneller die Flosse bewegen, kleine Kreise schwimmen und wieder etwas beschleunigen, um von dem Fischschwarm als Chef anerkannt zu werden. Boshaft könnte man sagen: Der perfekte Leader braucht weder ein Gehirn noch soziale Fähigkeiten. Er muss einfach zur Tat schreiten und darauf achten, den Kontakt zu seinen Untergebenen nicht zu verlieren.

Wenn das Sein zum Sollen wird

An dieser Stelle beenden wir unsere kleine Reise durch die Welt des Gerechtigkeitsverständnisses des gesunden

Menschenverstands. Natürlich sollten wir nie vergessen, dass Gerechtigkeit von Kultur zu Kultur anders empfunden und gelebt wird. Blättern wir etwa durch die Bibel, finden wir zahlreiche Stellen, an denen die große Wertschätzung des erstgeborenen Sohnes ins Auge sticht, dem – wie selbstverständlich – das gesamte Erbe seines Vaters zusteht. In Zeiten der geringen Lebenserwartung und der harten körperlichen Arbeit wohnt dem durchaus eine gewisse Logik inne: Als kräftigstes Kind kann der älteste Sohn seinen Eltern am effektivsten zur Hand gehen, also ist es auch nur gerecht, wenn er alles erbt. Heute würde man diese Auffassung vermutlich am ehesten unter dem Stichwort der „Leistungsgerechtigkeit" legitimieren. Freilich hat sich in unseren Breiten mittlerweile eine ganz andere Auffassung durchgesetzt. Nach dem Ableben der Eltern steht gesetzlich allen Kindern ein gleich großer Pflichtanteil vom Vermögen der Eltern zu – unabhängig vom Geschlecht und der Reihenfolge der Geburt. Weitaus umstrittener ist die Frage der Erbschaftsbesteuerung: Soll der Staat einen Anteil des Erbes einbehalten, um damit jene unterstützen zu können, die unter weit schlechteren Bedingungen ins Leben starten? Und wenn ja, in welchem Ausmaß? Wie Sie dazu stehen, ist natürlich ganz Ihre Sache. Der Punkt ist, dass Fragen der Gerechtigkeit von Person zu Person und von Kultur zu Kultur unterschiedlich beantwortet werden. Aber ich vermute, das wussten Sie bereits.

Was uns alle eint, ist, dass wir überhaupt so etwas wie einen Gerechtigkeitssinn haben. Folgt daraus, dass wir tatsächlich das Glück haben, in einer gerechten Welt zu leben? Nein, das heißt es natürlich nicht. Die Welt ist aber auch nicht per se ungerecht. Unsere Vorstellung von Gerechtigkeit hat für die Natur schlicht und einfach keine Bedeutung. Es ist eine der großen Leistungen des schottischen Philosophen David Hume, dass er genau dies erkannte: Man kann nicht vom *Sein* auf das *Sollen* schließen. Nur weil etwas ist, wie es ist, muss das keineswegs *gut* sein – eine an sich banale Tatsache, die jedoch wie kaum eine andere die Gefühle des gesunden Menschenverstands verletzt. Denn der Hausverstand sagt uns: Wenn wir ein gutes Leben führen, haben wir eine Portion Glück verdient. Es ist nur allzu verständlich, wenn Menschen Erkenntnisse, die einer als so angenehm wahrgenommenen Prämisse entgegenstehen, von vornherein abwerten und sämtliche Einsichten ablehnen, die die Grenzen ihres gesunden Menschenverstands übersteigen. Jeder Mensch hat irgendwann den Punkt erreicht, an dem er auf weiteres Hinterfragen verzichtet. „Man könnte Ideologie oder Fundamentalismus genau so definieren: Als Versuch, den Prozess willkürlich abzubrechen und, allen weiteren Fragen zum Trotz, auf *einer* endgültigen Antwort zu beharren",[255] schreibt der Journalist und Autor Gert Scobel im Prolog seines Buches „Weisheit" treffend. Ideologie sei „insofern nur eine Form von Stillstand, ein Sperren gegen Werden und Veränderung von Meinungen, Verhaltensweisen oder Zuständen. Sie erwächst aus der Illusion, man packe das Leben falsch an, indem man immer weiterfrage. Doch genau an diesem Punkt, an dem Sie die Wahrheitssuche abbrechen, liegt vermutlich Ihre ganz persönliche Antwort." Natürlich ist es gar nicht möglich, „alle Informationen zu berücksichtigen, alle Fragen zu beantworten und einen Punkt außerhalb jedes Zweifels zu finden, der allein den Gesetzen der Logik und Empirie folgt"[256]. Denn jeder „Zweifel setzt bereits einen Punkt voraus, von dem aus überhaupt gezweifelt werden kann".

Allerdings lassen wir uns einiges entgehen, wenn wir die Suche nach Wahrheit allzu leichtfertig abbrechen und uns gegen alles sperren, was den Zweifel an unserem gesunden Menschenverstand nähren könnte: Die Chance, wie als Kind wieder einmal so richtig zu staunen, die Chance, einen anderen Blickwinkel einzunehmen und zu neuen Erkenntnissen zu kommen, und damit auch die Chance, der Lösung unlösbar geglaubter Probleme ein wenig näher zu rücken und die Welt ein Stück weit besser zu machen. Denn die altbekannten Rezepte halten nicht immer das, was sie versprechen.

DER ÖKONOMISCHE MENSCHENVERSTAND

Zuckerbrot und Peitsche oder: Warum Belohnungen und Strafen nicht immer halten, was sie versprechen

Schwitzen ist auch keine Lösung

Nein, es war sicherlich kein besonders aufregendes Leben, das der 1724 geborene Philosoph geführt hatte. Sein Tagesablauf war so starr, dass noch heute darüber geschmunzelt wird. Nachdem er Punkt 5 Uhr früh von seinem Diener geweckt wurde, bereitete er sich auf seine Vorlesungen vor, die manchmal schon um 7 Uhr begannen. Danach widmete er sich seiner eigentlichen philosophischen Arbeit, dem Niederschreiben seiner Gedanken. Doch um 1 Uhr nachmittags war Schluss damit: Es gab Mittagessen. Dass er es aus lauter Arbeitseifer vergessen hätte können, eine Mahlzeit einzunehmen oder gar schlafen zu gehen, wie man es aus den Erzählungen über die Entstehungsgeschichte von IT-Unternehmen wie Apple oder Microsoft kennt, wäre in seinem Fall undenkbar gewesen. Der Philosoph war ein kränklicher Mann – klein, kraftlos und mit einer eingefallenen Brust. Er litt unter schwachen Nerven, einer Allergie gegen frische Druckerschwärze, Herz- und Atemproblemen. Nur ein strenger Tagesrhythmus könne ihn bei Kräften halten, war er überzeugt. Die Tatsache, dass er trotz allem stolze 80 Jahre alt wurde, scheint ihm im Nachhinein recht zu geben. Zur Mittagsmahlzeit erschienen täglich mehrere Gäste, die bei ihm zum Speisen eingeladen waren. Der Kreis, der sich um den Philosophen zu versammeln pflegte, bestand aus Personen mit unterschiedlichen Berufen. Manchmal blieben sie bei ihm bis 4 oder 5 Uhr nachmittags, um freundschaftlich über Politik und andere Themen zu debattieren. Nur eines konnte der Gastgeber nicht ausstehen: Wenn er zu philosophischen Problemen befragt wurde. Denn die „Mahlzeit war für ihn Erholung – und nichts als Erholung".[257] Neben seiner Tischgesellschaft bestand diese Erholung aus Kabeljau, Erbsen, Wurst, Butter, Käse, Kaviar und selbstgemachtem Senf, den er sich zu jeder Speise bei Wasser und Wein schmecken ließ. Wenn das Essen vorbei war, zog er sich zurück, um zu lesen und sich zu sammeln. Pünktlich um 7 Uhr trat er schließlich seinen allabendlichen Spaziergang an. Begleitung versuchte er dabei so gut es ging zu vermeiden, weil er unter anderem befürchtete sonst möglicherweise seinen Gang beschleunigen zu müssen und so ins Schwitzen zu geraten. Wieder zu Hause wandte er sich erneut der Lektüre zu, bis er um Punkt 10 schlafen ging – Tag für Tag.

Sieht so der Tagesablauf von jemandem aus, der es geschafft hat, unser Weltbild wie kaum ein anderer zu verändern? Eindeutig ja. Denn der starre Tagesrhythmus, der alles andere als dem Bild eines typischen „Leistungsträgers" entspricht, gehörte zu niemand geringerem als Immanuel Kant. Philosophen sind sich weitgehend einig, dass die „abendländische Philosophie im Werke Immanuel Kants einen Höhe-

und Wendepunkt erreicht, der von vielen, auch von Gegnern der Kantschen Auffassung, als *der* Höhepunkt angesehen wird und jedenfalls darin einmalig ist, dass er ausschließlich von der Gedankenarbeit eines einzigen Mannes bewirkt wurde".[258] So wie Kopernikus entdeckte, dass sich nicht die Sonne um die Erde, sondern die Erde um die Sonne dreht, erkannte Kant, dass unser Verstand die Welt nicht abbildet (wie der gesunde Menschenverstand glaubt), sondern konstruiert. Kant steht daher für die kopernikanische Wende in der Philosophie – und ganz nebenbei für jenen Menschentypus des Gelehrten, der heute ausgedient zu haben scheint.

„Jung, dynamisch und flexibel" – das sind meist die Schlagworte, mit denen in Jobannoncen jene Personengruppe umrissen wird, die eine realistische Chance hat, eine Antwort auf ihr Bewerbungsschreiben zu erhalten. Während es sich Gott gemäß der christlichen Tradition leisten kann, sich seine Arbeit als Gott Vater, Gott Sohn und Heiliger Geist aufzuteilen, muss der zeitgenössische Erlöser in Zeiten der betriebswirtschaftlichen Outputmaximierung die Trinität „jung, dynamisch und flexibel" zur Gänze in sich selbst vereinen. Wer von den beiden das schwerere Kreuz zu tragen hat, steht auf einem anderen Blatt geschrieben.

Jung war freilich auch Immanuel Kant einmal. Doch seine drei Hauptschriften, „Kritik der reinen Vernunft", „Kritik der praktischen Vernunft" und „Kritik der Urteilskraft", veröffentlichte Kant erst in einem Alter, in dem Arbeitssuchende heute längst als unvermittelbar gelten: Mit Mitte 50, Mitte 60 und fast 70 Jahren. „Dynamisch und flexibel" war Kant bestenfalls in homöopathischen Dosen. Um sich zu ein bisschen Bewegung zu zwingen, verschaffte er sich künstlich Anlässe zum Aufstehen, indem er etwa absichtlich sein Taschentuch auf einen weit entfernten Stuhl legte. Seine damals rund 40.000 Einwohner zählende Heimatstadt Königsberg, das heutige Kaliningrad, verließ er so gut wie überhaupt nie. Die weiteste Reise führte ihn auf das rund 130 Kilometer entfernte Gut von General von Lossow, der ihn in den Herbstferien 1765 eingeladen hatte. Rasch sehnte sich Kant wieder nach Hause zurück. Wenn schon nicht „dynamisch und flexibel", vielleicht war er ja zumindest ein guter „Netzwerker"? Wenn man den Karriereteilen diverser Zeitungen Glauben schenken darf, ist „Netzwerken" ja ohnehin das A und O des beruflichen Erfolgs. Vielleicht wäre das ja Kants Kernkompetenz, mit der er auch unter heutigen Bedingungen reüssieren könnte?

Nun, Beziehungen pflegte er durchaus, jedoch nicht jene, die seine Karriere großartig vorwärtsbringen hätten können, denn „Kant war ein schlechter, saumseliger Briefschreiber, nachlässig selbst in der Korrespondenz mit den wichtigsten, berühmtesten Zeitgenossen, und daher gezwungen, den Briefwechsel stets mit ausgedehnten Entschuldigungen wieder aufzunehmen".[259] Immerhin – und das würde an heutigen Universitäten wohl besonders gut ankommen – pflegte er enge Kontakte mit der Wirtschaft, wie beispielsweise mit dem englischen Kaufmann Joseph Green. Allerdings keineswegs in der umtriebigen, von Projekten, Geschäftsplänen und Businessstrategien verzweckten Form, wie es heute gerne gesehen wird. Der Journalist und Autor Uwe Schultz beschreibt in seiner Kant-Monografie die Zusammenkünfte des Philosophen mit den Vertretern der Wirtschaft so:

Im Gartenhaus Greens trafen sich nach dem Essen die Freunde, wobei es sich oft ereignete, dass Kant bei seiner Ankunft Green schlafend vorfand. Der Philosoph setzte sich dann in einen anderen Lehnstuhl neben ihn und folgte ihm in den Schlaf. Ein weiterer Freund, Wilhelm Ludwig Ruffmann, Bankdirektor in Königsberg, betrat als Nächster das Gartenhaus und zögerte nicht, sich ebenfalls dem Schlaf anzu-

vertrauen. Zu einer bestimmten Zeit erschien end-
lich Robert Motherby, der Schwager und spätere
Geschäftsnachfolger Greens, und weckte die schla-
fende Gesellschaft, die dann bis zum Abend, etwa
bis sieben Uhr, in angeregtem Gespräch zusammen-
blieb.[260]

Ohne Frage hat Immanuel Kant in seinem Leben ganz
Außerordentliches geleistet. Noch heute wird kaum ein
Philosoph so häufig zitiert wie er. Doch hätte jemand wie
Kant, gnadenlos unflexibel und wenig bereit sich mit den
wichtigsten Fachkollegen auszutauschen, auf einer heutigen
Universität überhaupt noch eine Chance?

Einer, der das bezweifelt, ist der Wiener Philosoph
Konrad Paul Liessmann. „Läßt man Kants akademischen
Werdegang kurz Revue passieren, muß man zu dem Befund
kommen, daß er im gegenwärtigen Wissenschaftsbetrieb
keine Chance gehabt hätte. Im Gegenteil, er verkör-
pert geradezu alles das, was dem Eifer der universitären
Qualitätsmanager ein Dorn im Auge ist",[261] so Liessmann.
Kant war demonstrativ unflexibel und ihm fehlte jede in-
ternationale Erfahrung, betont Liessmann, eine Lebensstelle
an der Universität wäre „angesichts des Ideals der befris-
teten Professuren sowohl unerwünscht als auch nur mehr
schwer möglich". Mit seinen zehn Jahren des Schweigens, in
denen er nichts Wesentliches publiziert hatte und mit denen
er just nach Erhalt seiner Professur begann, bestätigte Kant
„die schlimmsten Vorurteile, die man gegenüber beamteten
Wissenschaftlern zu hegen pflegt".[262] Heute würde er vermutlich Auflagen bekommen, mehr zu publizieren, ein zeit-
geistiges Forschungsprojekt einzureichen und Drittmittel zu
lukrieren. Dabei gehören die Jahre seines Schweigens „zu
den produktivsten Phasen der Wissenschaftsgeschichte überhaupt", so Liessmann: „In seinem Kopf wuchs die *Kritik der*

reinen Vernunft." Doch es kam noch schlimmer: Als Kant schließlich die „Kritik der reinen Vernunft" veröffentlichte, stieß das Werk bei seinen Kollegen auf Unverständnis – es war zu schwer zu lesen und verstieß „gegen so manche ideologische Grundüberzeugung seiner Zeit". Damit erlitt „Kant den nächsten Tiefschlag, der ihm unter gegenwärtigen Bedingungen den Rest gegeben hätte", schreibt Konrad Paul Liessmann in seinem 2006 erschienenen Buch „Theorie der Unbildung".

Mit diesem Buch hatte der Wiener Philosoph eine Menge Aufmerksamkeit erregt. Noch Jahre bevor mit der Finanzkrise 2008 irreführende Ratings und die teilweise fatalen Auswirkungen von Managerboni in den Blickpunkt der Öffentlichkeit rückten, übte Liessmann fundamentale Kritik an der „Industrialisierung des Wissens", die nur noch den Regeln unmittelbarer ökonomischer Verwertbarkeit gehorche und unter Qualität bloß das unhinterfragte Nachjagen vorderer Listenplätze auf irgendwelchen Rankings verstehe. Liessmann kritisierte schon damals, dass sich Bildungspolitik bloß noch darin erschöpfe, auf Ranglisten zu schielen. Als Beispiel für Letztgenanntes nennt er die Schulleistungsuntersuchungen der OECD, die berühmten PISA-Tests, die seit dem Jahr 2000 alle drei Jahre durchgeführt werden und deren Auswertungen stets für ein wochenlanges mediales Trommelfeuer sorgen. Bedenklich sei „der verborgene normative Anspruch, der sich hinter solchen Tests verbirgt. Was sich nach den ersten Testreihen unter der Hand abzeichnete",[263] so Liessmann 2006, „ist nun beim dritten Test schon zum offiziösen Programm geworden: Die Schulen hatten sich besser auf PISA vorzubereiten, die Lehrer sollten ihre Schüler für die zu erwartenden Aufgaben trainieren, ungeachtet dessen, ob das mit den geltenden Lehrplänen vereinbar ist oder nicht." Die eigentliche Aufgabe von Schulen, Bildung zu vermitteln, wird mit dem

Ranking durch den Ehrgeiz in den Schatten gestellt, Kinder gut im Ausfüllen von PISA-Tests zu machen. Nun bedeutet das natürlich nicht, dass das, was PISA misst, in völligem Widerspruch zu Bildung steht. Der Punkt ist jedoch, dass das eigentliche Ziel aus den Augen verloren wird. Zugegebenermaßen ist Bildung ein vermintes Feld, das alle paar Jahre von Ideologien, zeitgeistigen Strömungen und wirtschaftlichen Interessen Neudefinitionen unterworfen wird. Doch selbst in Bereichen, wo es an den Erfolgskriterien kaum einen Zweifel geben kann, ist die Aussagekraft von Ranglisten oftmals trügerisch.

Zahlen, bitte!

„Im Falle einer Panne (Liegen bleiben infolge eines technischen Defektes) oder eines Unfalls – daheim oder unterwegs: Wir setzen alles Nötige in Bewegung, um Ihnen zu helfen. Wir kümmern uns um das Wohlergehen der Fahrzeuginsassen und um deren Mobilität."[264] Was nach dem Werbetext eines Automobilclubs klingt, stammt von der Website eines großen deutschen Autoherstellers. Das Angebot ist durchaus großzügig: Hat man eine Panne, wird man dank der „Mobilitätsgarantie" zur nächsten Vertragswerkstatt geschleppt. Leistungen, die „in ganz Westeuropa und in vielen osteuropäischen Ländern" gelten. Das Service erscheint so umfangreich, dass sich so mancher Fahrer fragt, ob es nicht klüger wäre, die Mitgliedschaft bei seinem Automobilclub zu kündigen. „Ich habe eine ADAC-Mitgliedschaft geschenkt bekommen, habe sie aber aufgrund der Mobi-Garantie nicht eingelöst",[265] berichtet ein User in einem Autoforum auf die Frage, ob die Mobilitätsgarantie ausreichenden Schutz bietet. Erwägungen wie diese finden sich im Internet zuhauf. Fragt sich nur: Warum macht ein Autokonzern einem

Automobilclub wie dem deutschen ADAC das Geschäft abspenstig?

Seit über drei Jahrzehnten veröffentlicht der ADAC alljährlich eine Pannenstatistik. Basis dieser Statistik sind alle Pannen, „die von ADAC-Mitgliedern über die ADAC-Notrufnummer gemeldet und von den ADAC-Straßenwachtfahrern erfasst werden".[266] Dass die Pannenstatistik stets auf großes Interesse stößt, ist nicht weiter verwunderlich. Auf einer stark befahrenen Autobahn rechts am Pannenstreifen halten zu müssen (sofern es überhaupt einen gibt) ist wohl der Albtraum eines jeden Autofahrers. Da kein Mensch eine Panne haben will, sind hier – im Gegensatz zur Bildung – die Kriterien also eindeutig: Je seltener ein Auto unvermittelt den Geist aufgibt, desto besser. Um nicht auf den hinteren Plätzen zu landen, müssten Autohersteller also eigentlich danach trachten, möglichst gute Autos zu bauen. Doch es gibt auch eine Alternative, denn von der ADAC-Statistik unberücksichtigt bleiben „Pannen, die die ADAC-Straßendienstpartner oder andere Pannendienste (andere Clubs, Mobilitätsdienste) bearbeiten". „Selbstverschuldete Pannen", so der ADAC auf seiner Homepage, werden ebenso nicht berücksichtigt – und scheinbar zufällig werden genau diese auch nicht von der besagten Mobilitätsgarantie abgedeckt: „Ausgeschlossen von den Leistungen sind Pannen, die durch eigenes Verschulden verursacht wurden."[267] Dass die Mobilitätsgarantie einen Einfluss auf die Pannenstatistik haben würde, bestreitet der ADAC, „denn mittlerweile bieten alle Automarken Mobilitätsgarantien an. Zudem haben neutrale Umfragen ergeben, dass ADAC-Mitglieder bei einer Panne allermeist ihren Club anrufen – und nicht die Hotline des Autoherstellers."[268]

Ob Mobilitätsgarantien die Statistik tatsächlich nicht (mehr) verzerren, wie der ADAC versichert, sei dahingestellt. Doch eines Verdachts kann man sich nur schwer erwehren: So wie die PISA-Tests dazu geführt haben, dass Lehrer ihren Schülern das Lösen von PISA-Tests lehren, hat das ADAC-Pannenranking dazu geführt, dass Autohersteller alles nur Erdenkliche versuchen ihre Kunden bei technischen Defekten vom ADAC fernzuhalten. Beides ist zwar nicht im Sinne der Erfinder, aber absolut logisch. Wenn Menschen bemerken, dass sie auf einen bestimmten Aspekt getestet werden, verändern sie ihr Verhalten. Bei psychologischen Laborexperimenten wird daher stets darauf geachtet, dass die Probanden nicht ahnen, worauf sie eigentlich getestet werden. Hätte man den Teilnehmern des Milgram-Experiments gesagt, dass man eben nur mal ausprobieren wolle, ob sie gute Nazis gewesen wären, würden die Resultate wahrscheinlich auch anders aussehen. Also sagte man ihnen, es handle sich um ein Lernexperiment. Diese notwendige Maßnahme steht natürlich in krassem Widerspruch zu den periodisch wiederkehrenden Rankings, die die Medienberichterstattung dominieren. Manchmal bewirken Ranglisten sogar eine genau gegenteilige Verhaltensänderung, als man damit erreichen wollte.

1993 zwang die US-amerikanische Börsenaufsicht Unternehmen zum ersten Mal Details über die Gehälter ihrer Topmanager zu veröffentlichen. „Dahinter steckte der Gedanke, dass, wenn die Gehälter einmal öffentlich gemacht waren, die Vorstände den Managern keine haarsträubend hohen Gehälter und Prämien mehr genehmigen würden",[269] schildert der Verhaltensökonom Dan Ariely. „Man hoffte, dadurch den steilen Anstieg der Managergehälter zu bremsen, was bisher weder der Aufsichtsbehörde noch dem Gesetzgeber, noch auf Druck der Aktionäre gelungen war." Während 1976 Manager in den USA durchschnittlich 36-mal mehr als Arbeiter verdienten, bekamen sie 1993 bereits 131-mal so viel. Doch die Folgen der Veröffentlichung der Managergehälter könnte sich als Schuss nach hinten erwiesen haben: „Sobald die Gehälter öffentlich gemacht wurden, brachten die Medien regelmäßig Artikel mit einer Rangordnung der Manager nach ihrem Gehalt. Anstatt die Vergünstigungen für Führungskräfte einzudämmen, führte die Publicity dazu, dass Amerikas Manager nun ihre Gehälter untereinander verglichen. Mit dem Ergebnis, dass die Managergehälter in die Höhe schossen."[270] Heute, so Dan Ariely 2008, verdiene ein Manager „im Durchschnitt etwa 369-mal mehr als ein Arbeiter".

Viele Menschen fragen sich angesichts solcher Entwicklungen, was da wohl in den Köpfen dieser Manager vorgehen mag. Eine mögliche Antwort darauf liefert eine Untersuchung von Neurowissenschaftlern der Universität Bonn. Die Wissenschaftler legten ihre Probanden in zwei nebeneinander stehende Hirnscanner und ließen sie die gleiche Aufgabe lösen.[271] Es galt das lustige Tippspiel „Schätze die Anzahl der Punkte!" zu spielen, die auf einem Bildschirm gezeigt wurden. Danach wurde ihnen mitgeteilt, ob sie mit ihrer Schätzung richtig lagen. War dies der Fall, erhielten sie je nachdem eine Belohnung in der Höhe von 30 bis zu 120 Euro. Zudem wurden sie darüber informiert, wie es ihrem jeweiligen Spielpartner ergangen war und welchen Geldbetrag er für seine Schätzleistung einheimsen konnte. Währenddessen wurde mittels Magnetresonanztomografie die Hirnaktivität der Versuchsteilnehmer unter die Lupe genommen. Besonderes Augenmerk schenkten sie dabei dem ventralen Striatum, einer Hirnregion, die aktiv wird, wenn wir eine positive Erfahrung machen. So zeigte sich etwa dann eine erhöhte Durchblutung, wenn ein Spieler richtig getippt hatte – lag er daneben, so nahm sie ab. Das war nicht weiter überraschend. Wirklich erstaunlich war hingegen die Tatsache, wie sehr die Aktivierung des ventralen Striatums vom Abschneiden des Spielpartners beeinträchtigt worden war. Während sie am höchsten lag, wenn der Proband richtig getippt und sein Mitspieler sich verschätzt hatte, tat sich im Belohnungszentrum vergleichsweise wenig, wenn beide die richtige Antwort gegeben hatten. Nur zur Erinnerung: Es ging um echtes Bargeld! Doch das war für die Versuchsteilnehmer offenbar gar nicht so entscheidend. Ihnen war wichtig über ihre Mitspieler zu triumphieren. Besonders deutlich wurde das in einer Variation des Experiments, in der die Bonner Neurowissenschaftler ihre Probanden für richtige Schätzungen mit unterschiedlich hohen Geldbeträgen belohnten. Dabei zeigten die Hirnscans, dass sich diejenigen Versuchsteilnehmer, die mehr Geld als ihre Mitspieler bekamen, naturgemäß diebisch freuten. Bei ihren benachteiligten Mitbewerbern nahm hingegen die Durchblutung des ventralen Striatums sogar ab. Obwohl sie richtig geschätzt und damit leichtes Geld verdient hatten, das sie außerhalb des Labors nach Belieben auf den Putz hauen konnten, hielt sich ihre Begeisterung stark in Grenzen.

Wir können daraus schließen, dass Gier und Egoismus Gagenexplosionen an den Spitzen von Unternehmen nicht besonders gut erklären. Es geht keineswegs nur darum, möglichst viel Kapital anzuhäufen. Vor allem geht es darum, mehr als die anderen zu haben. Dass bei der Debatte über Managergehälter in Europa immer wieder ins Treffen geführt wird, Manager in den USA würden ja noch viel mehr verdienen, zeugt von der großen Bedeutung des relativen Einkommens – relativ jedoch nicht zum allgemeinen Durchschnittseinkommen, sondern relativ zu den Konkurrenten aus den eigenen Reihen. Schließlich ist es auch einem Formel-1-Fahrer ziemlich egal, ob er beim Großen Preis von Monaco eine Pole-Position von 1:50,2 (anno 1950) oder von 1:13,8 (anno 2010) fährt und wo die Bestzeit in der GP2-Rennserie liegt, solange er nur vor allen anderen *seiner Klasse* liegt. Doch was im Sport seine gute Berechtigung hat (wer könnte schon mit freiem Auge erkennen, welches Auto sich nun wirklich am schnellsten durch die engen Gassen von Monte Carlo schlängelt?), erweist sich für die Komplexität, die gesellschaftliche Zusammenhänge mit sich bringen, nur allzu oft als untauglich und kontraproduktiv. Die Folgen: Frustration, überzogener Sportsgeist sowie die zum Teil skurrilen Manipulationen der Messwerte. Es sieht dabei nicht so aus, als ob sich dieser Trend in allzu naher Zukunft umkehren wird. Im Gegenteil: Mit der Computerisierung unseres Lebens bis in den Intimbereich sind Rankings und Zahlenfuchsereien längst Teil unseres Alltags.

Wenn Sie mir das nicht glauben, dann beantworten Sie mir bitte diese Frage: Wie viele Freunde haben Sie? Vermutlich wird Ihnen die Antwort nicht leicht fallen. Wer weiß schon so genau, wo die Grenzen zwischen einem echten Freund und einem guten Bekannten liegen? Viel leichter jedoch ist die Frage nach der Anzahl an Facebook-Freunden zu beantworten – mit der Folge, dass nun der Chef, der Hausarzt und der Typ, der im Bus immer so mit den Zähnen klappert, auf der gleichen Ebene mit dem besten Freund und der verflossenen Liebschaft rangieren. Die Maximierung der Anzahl der „Freunde" in sozialen Netzwerken wie Facebook ist in den vergangenen Jahren zum Volkssport avanciert. Auf die Qualität sozialer Beziehungen wirkt sich das nicht immer unbedingt positiv aus. Vor allem Intimbeziehungen leiden darunter, so das Ergebnis einer kanadischen Studie, da Facebook zur Entstehung von Eifersucht führen kann.[272]

Auch im Journalismus hat der Maximierungsdrang, den Zahlen in uns auslösen, seine Spuren hinterlassen. Marktforschungen, bei denen gemessen wird, welche Teile einer Zeitung Leser wie lange betrachten, gibt es zwar schon lange. Doch mit der Verlagerung ins Internet werden Klickraten und Verweildauer zur omnipräsenten Richtschnur, die für jeden einzelnen Artikel jederzeit abrufbar ist. Bei der US-amerikanischen Onlinezeitung

„The Huffington Post" führte das zur Entwicklung einer Software, die bei Artikeln je zwei verschiedene Überschriften austestet. Jene Schlagzeile, die innerhalb der ersten fünf Minuten mehr Klicks einfährt, wird schließlich übernommen. Forderungen, wonach die Aufgabe von Journalisten nicht das Heischen nach Aufmerksamkeit, sondern die möglichst adäquate Wiedergabe relevanter Neuigkeiten sein sollte, wirken angesichts solcher Entwicklungen geradezu rührend naiv.

Zahlen verändern uns und unterwerfen uns fortwährend ihrem scheinbar unwiderlegbaren Urteil. In einer Zeit, in der Rechner zum Alltagswerkzeug gehören, ist es geradezu unmöglich, nicht selbst zu einem berechnenden Subjekt zu werden. Obwohl ich also etwa weiß, dass das nichts über die Qualität dieses Buches aussagt, komme ich doch nicht umhin gelegentlich auf die Anzahl der geschriebenen Wörter zu schielen – mein Textverarbeitungsprogramm drückt sie mir schließlich ständig aufs Auge. In der Zeit Immanuel Kants hingegen wussten die Menschen in der Regel nicht einmal, wie viele Wörter ihre Texte enthielten. Damit konnten sie sich auf den Inhalt konzentrieren und liefen weit weniger Gefahr, von irgendwelchen Zahlen korrumpiert zu werden. Genau das ist es nämlich, was in Zahlen gegossene Bewertungen mit uns machen: Sie korrumpieren uns. Vermutlich wäre auch Kant, würde er zur heutigen Zeit leben, trotz aller Eigenheiten nicht bloß ein gänzlich verlorener Wirrkopf, der keinen Fuß auf akademischen Boden bekommen könnte. Allerdings ist es nicht unwahrscheinlich, dass seine Prioritäten unter zeitgenössischen Bedingungen darauf hinauslaufen würden, Drittmittel zu erwerben, Nützlichkeitskontakte zu knüpfen und in möglichst vielen renommierten Journalen unterzukommen. Ob sein philosophisches Schaffen unter diesen Voraussetzungen eine vergleichbare Tragweite erlangen könnte, ist fraglich.

Möglich ist, dass er bloß noch solche Projekte in Angriff nehmen würde, deren Erfolg von Anfang an feststeht. Zwar ist es gut denkbar, dass sich ein Mensch mit dem Potenzial zum Haubenkoch auch an der Pommes-frites-Fritteuse bei McDonald's gut schlägt – doch würde er unter diesen Bedingungen jemals auch nur auf die Idee kommen (geschweige denn die Chance erhalten), ein Spitzengericht zu kreieren?

Dieser Vergleich ist weniger weit hergeholt, als man vielleicht denken möchte. „Es ist nicht der Arbeiter, der zum Wissenden, sondern der Wissende, der zum Arbeiter wird",[273] kritisiert Konrad Paul Liessmann das gängige Schlagwort des „Wissensarbeiters". „Wäre es anders, würde man Unternehmen in Universitäten und nicht Universitäten in Unternehmen verwandeln." Eine Kritik, mit der er keineswegs alleine dasteht.[274] Ein interessanter Aspekt daran ist, dass nicht einmal Zwang notwendig sein muss, um aus einer Koryphäe einen Arbeiter zu machen. Denn auch wenn es dem gesunden Menschenverstand vollkommen widerspricht: Belohnungen können demotivieren.

Demotivation für Fortgeschrittene

Anreizüberflutung

Es war für die Collegestudenten eine eher unorthodoxe Aufgabe, die sie da zu erledigen hatten: Statt zu lernen oder eine Klausur zu schreiben, mussten sie – jeder einzeln für sich – ein Puzzle zusammenstellen.[275] Das Laborexperiment des Psychologieprofessors Edward Deci bestand aus insgesamt drei Sitzungen, jede davon wurde zur Halbzeit von einer kleinen Pause unterbrochen. Mit dem Hinweis an die Studenten, dass sie ja inzwischen eines der herumliegenden Magazine lesen oder einfach nur an ihrem Puzzle weitertüfteln könnten, verließ der Experimentator für acht Minuten den Raum. In der zweiten der drei Puzzlesessions wurde es erstmals spannend: Ein Leistungslohn wurde eingeführt. Für jedes Teil, das die Studenten richtig in das Puzzle einfügten, bekamen sie einen Dollar. Eine fürstliche Entlohnung, wie man schwer verleugnen kann, zumal dieses Experiment Anfang der 1970er-Jahre stattfand. Wenig überraschend verfehlte die Vergütung ihre Wirkung zunächst nicht: Als sich der Experimentator zur Halbzeit in seine achtminütige Pause verabschiedete, wandten die Versuchsteilnehmer deutlich mehr Zeit mit dem Lösen des Puzzles auf als eine Kontrollgruppe, die für die Aufgabe nicht bezahlt wurde. In der dritten Sitzung hatte der Geldsegen für die Experimentalgruppe jedoch ein jähes Ende: Sie wurden informiert, dass der Leistungslohn ausgelaufen sei. Nun mussten sie also wieder unentgeltlich puzzeln, ganz so wie in der ersten Runde. Edward Deci wollte wissen, wie sich die zweite (die bezahlte) Sitzung auf die Motivation der Probanden ausgewirkt hatte, das Puzzle zu lösen. Würden sie sich während der acht Minuten langen Pause, in der die Studenten freie Wahl hatten, ebenso viel mit dem Puzzle beschäftigen wie während der ersten Session? Das Ergebnis war eindeutig: Die Versuchsteilnehmer verbrachten in der Pause der dritten Runde viel weniger Zeit mit dem Puzzle als in der ersten Runde. Der Rückgang war dabei deutlich stärker als bei der Kontrollgruppe, die in allen drei Sitzungen keine Belohnung bekommen hatte. Was war geschehen?

Bevor wir diese Frage beantworten, sollten wir uns vielleicht erst einmal fragen, warum wir überhaupt irgendetwas tun. Ganz prinzipiell gibt es dafür nämlich zwei gute Gründe: entweder, weil wir es gerne tun und uns die Tätigkeit an sich befriedigt, die sogenannte „intrinsische Motivation", oder weil wir uns davon etwas erwarten, wie etwa Geld oder Anerkennung, auch „extrinsische Motivation" genannt. Freilich sind die beiden Unterscheidungen nicht immer ganz eindeutig. So hat etwa auch ein Hobbygärtner *extrinsische* Motive, wenn er Tomaten setzt, Unkraut jätet und ein Biotop anlegt, zum Beispiel um günstige Biotomaten essen zu können oder seine Nachbarn zu beeindrucken. Wäre er aber nicht *intrinsisch* motiviert, würde er gänzlich die Finger davon lassen – geschweige denn sich überhaupt einen Garten anschaffen. Schließlich wird man in aller Regel weder zum Anlegen von Tulpenbeeten gezwungen, noch für das Gießen seines eigenen Oleanders bezahlt. Geht es nach dem gesunden Menschenverstand, müssten *intrinsische* und *extrinsische* Motivation voneinander unabhängig sein: Wenn jemand seine Sache sehr gerne macht und man ihn dann auch noch für seinen Output ordentlich bezahlt, sollte er in Folge supermotiviert sein.

Decis Puzzleexperiment lässt jedoch einen anderen Schluss zu: Wenn Menschen für Tätigkeiten hohe Belohnungen in Aussicht gestellt werden, wird intrinsische Motivation nicht durch *extrinsische Motivation ergänzt*, sondern *verdrängt*. Solange die Studenten für das Lösen ihrer Puzzles nicht bezahlt wurden, war es das, was es für die meisten Menschen ist: ein mehr oder minder interessanter Zeitvertreib. Normalerweise widmen sich Menschen ganz freiwillig dieser Beschäftigung; sie gehen in einen Laden und bezahlen sogar dafür, um zu Hause die Puzzleteile zusammenlegen zu dürfen. Nachdem den Versuchsteilnehmern jedoch eine handfeste externe Rechtfertigung zur Seite gestellt worden war – Geld! –, machten sie es nicht mehr aus Liebe, sondern nur noch des Geldes wegen. Aus dem einstigen Zeitvertreib war Lohnarbeit geworden. Als es in der dritten Runde kein Geld mehr dafür gab, gab es plötzlich auch keinen Grund mehr, diese Arbeit auch noch in der Pause zu verrichten. Die Freude am Puzzeln war passé.

Bereits 20 Jahre zuvor hatte Leon Festinger, der Vater der Theorie der kognitiven Dissonanz, eine ähnliche Entdeckung gemacht. Festinger und sein Kollege J. Merrill Carlsmith ließen Studenten eine äußerst stumpfsinnige Aufgabe erledigen (die lange nicht so lustig war wie Puzzeln) und baten sie daraufhin anderen Studenten vorzumachen, dass die Arbeit unterhaltsam und interessant gewesen sei.[276] Für diese blanke Lüge wurde die eine Hälfte der Teilnehmer mit 20 Dollar entlohnt, während die andere dafür bloß einen Dollar bekam. Als die Probanden etwas später befragt wurden, zeigte sich ein erstaunliches Ergebnis: Diejenigen, die 20 Dollar für ihre Lüge erhalten hatten, waren wenig überraschend nach wie vor der Meinung, dass die Aufgabe in Wahrheit langweilig gewesen wäre. Bei denjenigen allerdings, die nur einen Dollar erhalten hatten, machte sich ein erstaunlicher Meinungsumschwung bemerkbar. Im Nachhinein waren sogar sie selbst überzeugt, dass die Arbeit wirklich spannend gewesen wäre und sie diese daher vielleicht sogar noch einmal machen würden. Das macht durchaus Sinn: Die Studenten der 20-Dollar-Gruppe hatten einen guten Grund, ihre Kommilitonen anzuschwindeln – immerhin bekamen sie dafür ganz schön viel Geld. Anders verhielt sich die Angelegenheit jedoch bei denjenigen, die fast nichts bekommen hatten. Ein einziger Dollar ist schließlich eine ziemlich lausige Entschuldigung, Kommilitonen schamlos ins Gesicht zu lügen. Und was macht man, wenn man mit solch einer *kognitiven Dissonanz* konfrontiert ist und keine externe Rechtfertigung zur Hand hat? Man sucht sich eine interne Rechtfertigung! „Also, sooo dämlich war die Aufgabe gar nicht. Eigentlich war sie ja gar nicht so uninteressant ...“

Unter dieser Maßgabe ist es durchaus möglich,

dass Immanuel Kant seine großen Hauptwerke niemals geschrieben hätte. Denn gerade bei selbstbestimmten Persönlichkeiten, die ihre Arbeit als Mittel zu Selbstverwirklichung begreifen, sinkt die *intrinsische Motivation* durch einen Leistungslohn ganz besonders drastisch, da die Auffassung ihres Berufs dadurch prinzipiell infrage gestellt wird. So sieht es zumindest der Schweizer Wirtschaftswissenschaftler Bruno S. Frey. „Tatsächlich", so Frey, „erscheint gerade bei Künstlerinnen und Wissenschaftlern ein Leistungslohn kontraproduktiv; zumindest wird dadurch die Kreativität geschwächt oder gar zerstört. Diese Folgerung wird durch Lebensbeschreibungen grosser Künstler und Wissenschaftlerinnen gestützt."[277]

Es kann also von ziemlichem Nachteil sein, wenn *intrinsische* durch *extrinsische Motivation* abgelöst wird. Denn die positiven Effekte intrinsischer Motivation sind nicht zu unterschätzen: *Intrinsische Motivation* sorgt für ein gutes Arbeitsklima, fördert den Teamgeist und ist Voraussetzung für Kreativität. „In der sozialpsychologischen Forschung wurde viel empirische Evidenz gesammelt, die eine intrinsische Motivation als grundlegend für kreative Leistungen ansieht",[278] erläutert Bruno S. Frey. Doch obwohl die Menge der Studien äußerst üppig ist,[279] die die negativen Auswirkungen von leistungsbezogenen Belohnungen belegen, ist der Korrumpierungseffekt – auch „Überbelohnungsthese" genannt – nicht ganz unumstritten.[280]

Vermutlich liegt die Wahrheit irgendwo in der Mitte. So konnte vor Kurzem eine Untersuchung zeigen, dass es durchaus sinnvoll sein kann, wenn Eltern ihre Kinder mit kleinen Belohnungen (in der Studie waren es Sticker) bestechen, damit sie ihr Gemüse aufessen.[281] Tatsächlich aßen belohnte Kinder nach drei Monaten mehr von der unliebsamen Kost als solche, die nichts oder bloß Lob erhalten hatten. Notwendige Voraussetzung dafür ist jedoch, dass es sich dabei um Gemüse handelt, das die Kleinen *wirklich nicht* ausstehen können. Werden Kinder hingegen für das Essen von Gemüse belohnt, das sie zumindest ein bisschen mögen, geht der Schuss nach hinten los. Erstaunlich daran ist, in welch frühen Altersstufen der Überbelohnungseffekt bereits eintritt. Wie Felix Warneken und Michael Tomasello festgestellt haben, zeigen bereits 20 Monate alte Kleinkinder altruistisches Verhalten. Wurden die Kinder dafür jedoch belohnt, verhielten sie sich daraufhin nicht mehr, sondern deutlich weniger altruistisch.[282] Die Forscher schließen daraus, dass Kleinkinder *intrinsisch* motiviert sind anderen zu helfen. Das wirft auch ein neues Licht auf die alte Debatte, ob der Mensch nun primär egoistisch oder doch vor allem ein soziales Wesen ist: Zu einem nicht zu unterschätzenden Teil ist der Mensch so, wie die Bedingungen, die er vorfindet, es von ihm erwarten.

Das zeigte sich auch in einer Schweizer Gemeinde, als ihr für die Aufnahme eines nuklearen Endlagers finanzielle Kompensationen angeboten wurden. Die Auswirkungen, die die Aussicht auf zusätzliche finanzielle Einnahmen hatten, waren erstaunlich: Von zunächst 50,8 Prozent sank die Zustimmung für das nukleare Endlager auf bloß noch 24,6 Prozent.[283] Mit dem finanziellen Angebot wurde den Bürgerinnen und Bürgern offenbar erst so richtig bewusst, was sie ihrer Heimatgemeinde da eigentlich antun. Von der gesamtgesellschaftlichen Verantwortung („Da wir uns nun einmal für Atomkraft entschieden haben, ist es nur gerecht, wenn wir in die Pflicht genommen werden") wurden sie mit dem „unmoralischen Angebot" quasi amtlich befreit. Was unter dem Gesichtspunkt der „Bürgerpflicht" noch in Ordnung erschien, erwies sich unter dem Aspekt des Handels als schlicht inakzeptabel. Eine Lehre, die uns angesichts der Tendenz von Politik und Wirtschaft, Menschen wie rationale Eigennutzmaximierer zu behandeln, zu denken geben sollte. Denn wenn soziale Normen durch ökonomische Systeme verdrängt werden, dann ist der Mensch eben wirklich nicht mehr verantwortungsvoll, sozial und phasenweise sogar altruistisch, sondern tatsächlich bloß noch ökonomisch.

Wie man Mitarbeiter zum Betrug anstiftet

Als Philip am Beginn seines Studiums stand, wollte er sich nebenbei etwas Geld dazuverdienen. Nachdem er im Internet ein paar Jobbörsen durchstöbert hatte, wurde er schließlich bei einem Meinungsforschungsinstitut vorstellig. „In der Annonce stand ‚freie Zeiteinteilung'. Man konnte also kommen und gehen, wann man wollte. Das hat mich am meisten dazu bewogen, dort zu arbeiten – wegen des Studiums", erinnert er sich heute zurück. „Letztlich war es aber dann doch nicht so, weil man ja die Leute nur am Abend erreichen konnte, wenn sie von der Arbeit heimgekommen sind." Es war der typische Studentenjob, den Philip ergattert hatte: Durchschnittsbürger zu Hause anrufen, um sie nach ihren Markenvorlieben, Einkommensverhältnissen oder Parteipräferenzen zu befragen. Doch ziemlich rasch entpuppte sich sein Job als weit weniger angenehm, als er erhofft hatte.

„Die ersten drei Tage bekam ich sechs Euro in der Stunde. Danach wurde ich aber nur mehr für die ausgefüllten Formulare bezahlt, je nach Länge des Fragebogens", erklärt Philip. Das hatte natürlich Folgen. „Es war dann so, dass ich einfach nur schnell die Fragen gestellt habe und den Leuten kaum Zeit zum Überlegen gab, weil ich ja pro fertiges Formular bezahlt worden bin. Wenn einer ein bisschen länger Zeit zum Überlegen gebraucht hat, habe ich zu ihm gesagt: ‚Sagen Sie einfach irgendwas!'" Was man anfangs noch mit etwas gutem Willen als straffen Interviewstil auslegen hätte können, entwickelte sich bald zur handfesten Schlamperei, die den Sinn der Arbeit ad absurdum führte. „Manchmal gab es auch Mindestanforderungen", erinnert sich Philip zurück, während er sich nachdenklich am Hinterkopf kratzt. Im Zuge einer Umfrage für ein Fruchtjoghurt musste er Personen ermitteln, die mindestens ein Kind hatten. „Das war eine schreckliche Arbeit! Ich musste selbst die Personen finden, die alle Anforderungen erfüllen. Wenn man dann 20-mal anruft und nie einer dabei war, der ins Profil passt, dann ist man beim 21. Anruf schon ein bisschen kulanter", bekennt der Kurzzeitinterviewer mit einem schmalen Grinsen auf den Lippen. „Wer würde da nicht auch bei ‚Kind' das Kreuzchen machen, wenn endlich bei einem Befragten von Alter bis Ausbildung alles passt?" Dass er jenen Teil des Fragebogens, der die Kinder der Interviewten betraf, nach eigenem Gutdünken ausfüllte, sah Philip auch als Stück ausgleichende Gerechtigkeit: „Ich wollte mir quasi das Geld zurückzuholen, das mir bei den 20 vorhergehenden Anrufen entgangen ist."

Ganz nüchtern betrachtet war das natürlich Betrug. Und doch war es menschlich verständlich, denn Geld bekam Philip ja nur dann, wenn er zufällig eine Telefonnummer erwischt hatte, die zu jemandem führte, der den entsprechenden Vorgaben entsprach. Als ein vergebliches Telefonat dem anderen folgte, wurde er eben schwach. Dabei klang das Schema, nach dem er bezahlt wurde, auf den ersten Blick ziemlich fair: Er wurde für seinen Erfolg bezahlt. Ist das schließlich nicht genau das, was dem gesunden Menschenverstand als Ideal vorschwebt? Ist es nicht gerecht, wenn diejenigen mehr zurückbekommen, die auch mehr leisten? Vermutlich würden die meisten von uns diese Frage mit mehr oder weniger großen Einschränkungen bejahen. Leistung muss sich lohnen – nur so kann eine Gesellschaft funktionieren, sagt der Hausverstand.

In der Realität ist das jedoch alles andere als einfach. Denn was oberflächlich betrachtet nach leistungsorientierter Vergütung aussieht, kann sich auf den zweiten Blick rasch als pure Lotterie entpuppen. So geschehen im Falle Philips: Seine Aufgabe bestand darin, Menschen anzurufen und zu interviewen. Doch bezahlt wurde er dafür nicht. Bezahlt wurde er dafür, Glück zu haben. Fleiß hatte hingegen nur mittelbaren Einfluss auf seinen Erfolg. Freilich: In einer absolut *gerechten* Welt, in der das Glück stets auf der Seite der Tüchtigen ist, wäre das Anreizsystem des Markt- und Meinungsforschungsinstituts durchaus sinnvoll gewesen. In unserer Welt erweist es sich jedoch als untauglich: Zwar erhöhte sich mit der Zahl der Anrufe für Philip auch die Wahrscheinlichkeit, jemanden ans Telefon zu bekommen, der den Anforderungen entsprach; die Zahl der vergeblichen Anrufe erhöhte sich damit jedoch genauso. Je fleißiger Philip war, desto mehr frustrierende Erlebnisse musste er einstecken, für die er keinen Cent sah.

Wenn ein Unternehmen seine Mitarbeiter nicht für ihre Arbeit, sondern für ihr Glück bezahlt, dann verfügt es bestimmt über einen besonders ausgefeilten Kontrollmechanismus, der Tricksereien verhindert und schonungslos aufdeckt – sollte man zumindest meinen. „Es wurden Stichproben gemacht, ob du auch wirklich dort angerufen hast", erzählt Philip. Doch viel mehr als sicherzustellen, dass die Interviews überhaupt stattgefunden hatten, konnten diese Kontrollen nicht. Welcher Befragte würde schon freiwillig ein halbstündiges Interview wiederholen, das er eben erst am Vortag hinter sich gebracht hatte? Angesichts der falschen Vergütung und der zahnlosen Kontrolle hätte das Meinungsforschungsinstitut seinen Auftraggebern von vornherein reine Fantasiezahlen präsentieren können – das hätte immerhin Zeit, Geld und Nerven gespart. Schließlich waren die Daten so oder so unbrauchbar.

SCHON WIEDER EIN MITARBEITER
MIT BURNOUT-SYNDROM! ICH
VERSTEHE DAS NICHT...

Philip jedenfalls hatte von seinem ersten Studentenjob
bald die Nase voll: „Bei einer Umfrage über Bananenmarken
habe ich dann aufgehört, weil ich total demotiviert war."
Statt als Anreiz zu dienen, erwies sich der Leistungslohn
ziemlich rasch als Kündigungsgrund, „weil ich die Bezahlung
nicht für angemessen gehalten habe". Sein Studium finan-
zierte er sich schließlich mit Sommerjobs bei der Müllabfuhr
sowie mit diversen Praktika, wo er allerorts dank seines
Engagements und seiner Umgänglichkeit schnell zu einem
beliebten Kollegen wurde.

Natürlich ließe sich argumentieren, dass der Grund für
Philips enttäuschendes Gastspiel als Interviewer nicht in der
leistungsbezogenen Bezahlung an sich zu suchen sei, sondern in den falschen Anreizen, die ihm gesetzt wurden. Nur:
Was wäre die Alternative? Plan B wäre gewesen, Philip nicht
für jedes ausgefüllte Formular, sondern für jedes getätigte
Telefonat zu bezahlen. Damit hätte er zwar keinen Anreiz
gehabt, Formulare falsch auszufüllen, dafür aber die Anzahl
der Telefonate zu maximieren, das hieße: grob und unfreund-

lich sein, um die Interviews möglichst kurzzuhalten und unverzüglich eine neue Nummer wählen zu können. Auch das wäre wohl nicht im Sinne eines Meinungsforschungsinstituts gewesen.

Wo immer auch derartige Leistungsanreize gesetzt werden, besteht die Versuchung, die Messwerte zu manipulieren – so wie die Autohersteller eigene Pseudo-Automobilclubs gründeten, um nicht in der Pannenstatistik aufzuscheinen, oder Internetmagazine ihre Artikel gerne in langgezogene Bilderstrecken aufteilen, um viele Klicks zu generieren und damit Werbekunden zu beeindrucken. Die Motivation, die eigentliche Arbeit zu erledigen, sinkt dabei gegen null.

Leistungsbezogene Löhne lohnen sich daher vor allem bei scheußlichen, sehr einfachen Tätigkeiten, die sich exakt messen lassen – und nicht bei Managern. Denn was sich bereits bei Philips Studentenjob als kontraproduktiv erwies, kann in höheren Positionen naturgemäß noch viel fatalere Folgen haben – vor allem dann, wenn Boni an kurzfristige Erfolge gebunden sind, die sich leicht manipulieren lassen.

Wie eine Studie von Ulrike Malmendier und Geoffrey Tate offenbart, scheint sogar alleine öffentliche Anerkennung die Leistung von Managern negativ zu beeinträchtigen.[284] In den vergangenen Jahrzehnten ist vor allem in den USA ein regelrechter Kult um scheinbar erfolgreiche Vorstandsvorsitzende entstanden; in den Medien werden sie gefeiert wie Superstars. Zentrales Element dieser Maschinerie sind prestigeträchtige Preise und Rankings wie der „Entrepreneur of the Year" von *Ernst & Young*, die „25 Most Influential Global Executives" von *Time/CNN* oder die „CEOs of the Year" von *Financial World Manager*. Malmendier und Tate hatten im Rahmen ihrer Untersuchung die Auswirkungen solcher Preise auf die Leistungen der prämierten Konzernbosse überprüft. Das Ergebnis legt nahe, dass Aktionäre die Unternehmen von „Superstar-CEOs" eher meiden als vergöttern sollten: Erhält ein Vorstandschef einen Preis, erbringt er daraufhin eine unterdurchschnittliche Performance – sowohl im Vergleich zu seinen eigenen vorangegangenen Leistungen als auch im Vergleich zu jenen der Konkurrenz. Auch kommt es danach zu vermehrtem Einsatz von kreativer Buchführung, um den Erwartungen von Anlegern und Medien zu entsprechen. Fünf Jahre nach Erhalt des letzten Preises weist das Unternehmen sogar mit überdurchschnittlich hoher Wahrscheinlichkeit ein negatives Ergebnis aus. Im krassen Gegensatz dazu stehen die Auswirkungen für den CEO selbst: Er erhält höhere Vergütungen, lässt sich von den Medien feiern und verbringt mehr Zeit außerhalb des Unternehmens, weil er einen Sitz in einem Aufsichtsgremium angenommen hat oder sich dazu berufen fühlt, ein Buch über das Geheimnis seines Erfolges zu schreiben. Malmendier und Tate kommen daher zum Ergebnis, dass derlei prestigeträchtige Preise vor allem bei Unternehmen mit schwacher Corporate Governance missliebige Folgen für die Aktionäre haben: „Der erhöhte Status verzerrt das Verhalten der CEOs und verringert die nachfolgende Unternehmensperformance."

Natürlich sind Preise für US-amerikanische „Superstar-CEOs" nicht gerade der bedeutendste Einflussfaktor für unsere Gesellschaft. Im Gegensatz dazu gibt es ein Belohnungs- und Bewertungsinstrument, das aus unserem Alltag nicht wegzudenken ist: Geld. Mit Geld bewerten wir nicht nur den Zustand eines Gebrauchtwagens und die Leistung eines Kellners, sondern auch das Image von Kartoffelchipsmarken und die Bedeutung von Geburtstagen (zum Fünfziger muss ein teureres Geschenk auf den Tisch als zum 49. Geburtstag). Heute gibt es kaum (mehr) etwas, das nicht mit Geld bewertet wird. Umso wichtiger die Frage, was Geld mit uns eigentlich macht.

Warum man sich Onkel Dagobert als
unglückliche Ente vorstellen muss

Wie wir im dritten Kapitel „Die zwei Seiten des Würfels"
gesehen haben, weckt bereits die bloße Beschäftigung mit
bestimmten Ideen implizite Gedächtnisinhalte. Dieser
Priming- oder Bahnungseffekt kann erstaunliche Folgen
haben: Wer mit Höflichkeit gebahnt wird, wartet danach
länger, bis er jemanden unterbricht, wer sich mit Fast-Food-
Logos beschäftigt, ist daraufhin schneller ungeduldig und
wer in Berührung mit einem warmen Getränk kommt, erachtet sein Gegenüber als liebevoller und warmherziger.
Doch was passiert, wenn man Menschen mit Geld bahnt?
Kathleen D. Vohs, Nicole L. Mead und Miranda R.
Goode sind dieser Frage nachgegangen.[285] Im Rahmen einer
Studie zeigten sie anhand von neun Experimenten, dass Geld
nicht einfach nur mehr oder minder adäquat den Marktwert
misst – alleine der Gedanke an Geld hinterlässt tiefe Spuren
in unseren Köpfen und verändert dementsprechend unser
Verhalten. Geld macht uns ungesellig, weniger hilfsbereit,
geizig und distanziert. So zeigten sich deutlich weniger
Probanden dazu bereit, einer Studentin zu helfen, wenn sie
zuvor Sätze bilden mussten, die mit Geld zu tun hatten. Auch
waren sie danach weniger bereit für einen gemeinschaftli-
chen Zweck zu spenden. In einem der Experimente saßen
die Versuchsteilnehmer in einem Raum mit einem großen
Poster an der Wand und füllten Fragebögen aus. Waren auf
dem Poster Geldscheine abgebildet, zeigten die Probanden
laut Auswertung ihrer Fragebögen eine stärkere Vorliebe für
Freizeitaktivitäten, denen man alleine nachgehen kann, als
wenn auf dem Poster Blumen oder eine Landschaft zu sehen
war. Zudem waren mit Geld *gebahnte* Probanden nicht nur
weniger hilfsbereit, sondern auch weniger dazu geneigt, andere um Hilfe zu bitten. Die Beschäftigung mit Geld macht

uns also nicht bloß zu Egoisten (wie man es eventuell erwarten könnte). Sie macht uns zu Eigenbrötlern.

Natürlich hat dieses Selbstbehauptungskonzept, das Geld in uns weckt, auch seine Vorteile: Laut einer 2009 publizierten Studie mit insgesamt sechs Laborexperimenten dämpft Geld nicht nur den Schmerz von sozialer Ausgrenzung, sondern sogar physischen Schmerz.[286] Umgekehrt erhöhen Schmerzen und soziale Zurückweisung auch den Wunsch nach Geld. Warum? Weil Geld offensichtlich mit einem Gefühl der Stärke, der Autonomie und des Selbstvertrauens einhergeht. Geld scheint uns zu suggerieren, dass wir uns nur um uns selbst kümmern sollen; wer braucht schon andere Menschen? Was für den Einzelnen manchmal recht verlockend sein mag, könnte sich für die gesamte Gesellschaft jedoch noch als ernstes Problem erweisen. Wenn Wissenschaftler wie Michael Tomasello recht behalten und die einzigartige Geschichte der menschlichen Zivilisation tatsächlich vor allem ein Produkt der Kooperation ist, dürfte uns die zunehmende Fixierung auf Geld keine besonders rosige Zukunft bescheren. Kaum ein Thema, das nicht aus pekuniärer Kosten-Nutzen-Sicht debattiert wird (angefangen von unserer Gesundheit bis hin zur Erwärmung unseres Planeten), kaum ein Kunstwerk, dessen Bedeutung nicht hauptsächlich über den Marktwert bemessen wird, kaum ein Nachrichtensender, der die Bedeutung weltpolitischer Ereignisse nicht mit deren Auswirkungen auf die Börsen zu erklären versucht – unter Dauereinblendung der Aktienkurse, versteht sich. Wäre es möglich, dass die Menschheit, wie wir sie heute kennen, eines Tages daran scheitert?

Nun ja, vielleicht sollten wir nicht gleich den Teufel an die Wand malen. Trotzdem deuten die Ergebnisse darauf hin, dass wir uns in eine falsche Richtung bewegen, wenn wir meinen, Leistung müsse sich um jeden Preis *extrinsisch* lohnen. Die Probleme beginnen bereits damit, dass Leistung in den meisten Fällen schwer messbar ist. Falsche Anreize können rasch zu ungewollten Konsequenzen führen, die von der Manipulation der gemessenen Leistungsparameter bis hin zur Demotivation reichen. Bereits der Gedanke an das Belohnungs- und Bewertungsinstrument Nummer 1 in unserer Gesellschaft, Geld, kann uns weniger kooperativ machen – und damit unsere Leistung senken. So ist es nicht weiter verwunderlich, dass auch so gut wie keine positiven Effekte von Leistungsentgelten für Firmenchefs messbar sind. „Unsere Ergebnisse deuten darauf hin, dass ein variables Einkommen von CEOs nur sehr wenig dazu beiträgt, die Performance eines Unternehmens zu erhöhen",[287] fassen Katja Rost und Margit Osterloh von der Universität Zürich die Studienlage in einer Metaanalyse zusammen, „das Gehalt von CEOs und die Unternehmensleistung stehen in keiner Verbindung." Insgesamt haben Leistungsentgelte eher kontraproduktive Effekte – „speziell für CEOs".

Das ist die wirtschaftliche Seite. Viel wichtiger aber ist: Das Streben nach Geld macht keineswegs so glücklich, wie viele denken. Als Edward Deci und seine Kollegen 147 ehemalige Studenten zwölf Monate nach ihrem Studienabschluss nach ihren Zielen befragten und inwieweit sie diese erreichen konnten, zeigte sich ein bemerkenswertes Bild: Diejenigen, die Wohlstand oder Ansehen angestrebt hatten und auch erreichten, waren sogar eher unglücklicher als noch im Jahr zuvor, verspürten öfter negative Gefühle wie Wut und hatten mehr mit gesundheitlichen Wehwehchen wie Kopfschmerzen zu kämpfen.[288] Tatsächlich glücklicher waren hingegen jene Frischakademiker, die mehr Wert auf immaterielle Ziele wie enge Freundschaften, persönliches Wachstum oder Gesundheit legten. Der gesunde Menschenverstand mag an dieser Stelle einwenden, dass die auf ihre Karriere fixierten Absolventen schlicht und einfach deswegen unglücklicher waren, weil sie mehr arbeiteten – später einmal, wenn sie sich respektablen Wohlstand verschafft haben, können sie diesen umso mehr genießen. Doch genau das dürfte ein weiterer Trugschluss sein: Werden Menschen mit Reichtum *gebahnt*, können sie sich tatsächlich weniger an einem Stück Schokolade erfreuen, so das Ergebnis einer Untersuchung.[289] Dies unterstützt „den weit verbreiteten, zuvor jedoch unüberprüften Glauben, dass der Zugang zu den besten Dingen im Leben den Menschen tatsächlich die Fähigkeit rauben kann, die kleinen Freuden des Lebens zu genießen", fassen die Autoren ihre Studie mit dem ironischen Titel „Money giveth, money taketh away" zusammen.

Das heißt freilich nicht, dass Geld in überhaupt keinem positiven Zusammenhang mit Glück stehen würde. Im Gegenteil, gerade für Menschen mit niedrigem Einkommen bedeutet ein Mehr an Geld sehr wohl ein deutliches Mehr an Glück. Allerdings gilt das nur bis zu einem gewissen Punkt – ist dieser erreicht, führt darüber hinausgehender Reichtum zwar dazu, dass man sein Leben besser einschätzt (wenn man bewusst darüber nachdenkt), doch das alltäglich erfahrene Wohlempfinden wird dadurch ebenso wenig gesteigert wie durch ein zusätzliches Paar Socken, wenn man ohnehin den ganzen Schrank voll davon hat.[290] Zusammenfassend lässt sich sagen: Geld ist nicht nur nicht alles, sondern manchmal sogar weniger. Nur ganz ohne Geld ist eben alles nichts.

So viel zum Zuckerbrot. Nun wenden wir uns der Peitsche zu.

Drakons Irrtum

Über das Gegenteil von gut gemeint

Der Papierform wird das kalifornische Malibu nur schwer gerecht: Mit seiner rund 260 m² umspannenden Fläche ist es theoretisch deutlich größer als Hannover. Doch das meiste davon ist nur Wasser; die Stadtgrenzen reichen tief in den Pazifischen Ozean. De facto bringt es das 13.000-Seelen-Städtchen nur auf rund 50 m². Trotzdem ist Malibu weit über die kalifornischen Landesgrenzen bekannt, und das nicht nur wegen seiner prächtigen Sandstrände. Viele Stars und Größen der Unterhaltungsindustrie haben sich in dem exklusiven Örtchen ihre Villen gebaut, um den einzigartigen Blick auf den Pazifik genießen zu können. Eine dieser Villen gehört Barbra Streisand.

Barbra Streisands Villa kann sich wirklich sehen lassen. Nach herkömmlichen Maßstäben sieht sie von außen eher aus wie eine exklusive Reihenhaussiedlung mit Meeresblick, ausgestattet mit hohen Fenstern, prächtigen Terrassen und einem länglichen, im weitesten Sinne bananenförmigen Swimmingpool. Direkt davor führt ein steiler Küstenhang geradewegs in den Sandstrand, der die Wellen des Ozeans beinahe zur Gänze in sich aufnimmt. Ein wahrlich stolzes Anwesen, um das viele Menschen Barbra Streisand wohl beneiden würden. Doch dazu geeignet, besondere Aufmerksamkeit auf sich zu ziehen, ist es nicht. Schließlich wohnt Charlie Sheen genauso in Malibu wie „The Nanny" Fran Drescher. Es ist eben dieses typisch kalifornische Ambiente der Reichen und Schönen, in dem Inspector Columbo seine Mordfälle zu lösen pflegte. Trotzdem gelang es nur Barbra Streisand, ihrer Villa zu wahrer Berühmtheit zu verhelfen – obwohl das das exakte Gegenteil dessen war, was sie eigentlich beabsichtigt hatte.

Anlass dafür war das Foto eines Computerprogrammierers

238

namens Kenneth Adelman, der Luftaufnahmen für sein *California Coastal Records Project* gemacht hatte. Ziel des Projekts war es, Veränderungen an der kalifornischen Küste zu dokumentieren, um auf Umweltprobleme wie illegal errichtete Deiche, blockierte Zugänge zu öffentlichen Stränden und die Küstenerosion aufmerksam zu machen. Denn die „Menschen werden nichts beschützen, das sie nicht lieben",[291] erklärte der Umweltschutzaktivist seine Motivation einmal gegenüber Journalisten. Also stellte er seine Bilder ins Internet. An die 67.000 Fotos sind heute online, die, mit Ausnahme einer Militärbasis, den gesamten kalifornischen Küstenstreifen von Oregon bis hin zur mexikanischen Grenze abdecken. Doch größere Bekanntheit erlangte nur das Foto mit der Villa von Barbra Streisand. Wirklich spannende Details kann man darauf zwar nicht erkennen, doch gewährt es immerhin einen groben Überblick, wie man als US-amerikanische Entertainmentgröße so zu wohnen pflegt.

Barbra Streisand war davon gar nicht begeistert. Sie hatte sich von Adelmans Foto in ihrer Privatsphäre verletzt gesehen, verlangte dessen Entfernung aus dem Web und forderte darüber hinaus eine Entschädigung von nicht weniger als mindestens 10 Millionen US-Dollar. Die Klage wurde noch im gleichen Jahr (2003) abgewiesen, doch ohne Folgen blieb sie nicht. Nachdem die Medien begonnen hatten über den kuriosen Fall zu berichten, wurde der Stein des Anstoßes über Nacht zum Hit im Internet: Mehr als 420.000 Menschen stürmten im Monat darauf die Website des *California Coastal Records Projects*. Niemand hätte sich um das Foto gekümmert, kaum jemand hätte auch nur erkannt, dass es sich bei dem Gebäude um die Villa von Barbra Streisand handelt, wenn sie nicht auf solch eine aberwitzige Entschädigungssumme geklagt hätte.

Mittlerweile gilt die Causa geradezu als Erweckungserlebnis der noch jungen Kulturgeschichte des Internet; jedes Mal, wenn ein Konzern, ein Politiker oder eine Person des öffentlichen Interesses eine unliebsame Information aus dem Netz verbannen möchte und daraufhin ebendieser Information besonders viel Aufmerksamkeit zuteilwird, verweisen Blogger und Internetaktivisten auf den „Barbra-Streisand-Effekt".

So amüsant die Geschichte hinter dem Phänomen auch ist, das die Nerds und Geeks da für sich entdeckt haben: Weder beschränkt es sich ausschließlich auf das Internet, noch ist es neu. Schon der gute alte William Shakespeare skizzierte eine Geschichte mit durchaus ähnlichen Zügen, die allerdings nicht in Malibu, sondern im klimatisch ebenfalls nicht unterprivilegierten Verona spielt. Die Rede ist natürlich von Romeo und Julia, dem wahrscheinlich berühmtesten Liebespärchen der Weltliteratur. Obwohl sie verfeindeten Familien entstammen, ist die Zuneigung der beiden so stark, dass sie lieber den Tod vorziehen, anstatt sich mit dem Gedanken anzufreunden, getrennte Wege zu gehen. Für den gesunden Menschenverstand besteht kaum ein Zweifel: Romeo und Julia lieben einander so sehr, dass sie nicht einmal die uralte Familienfehde entzweien kann. Welch romantische Vorstellung! Doch was wäre, wenn es sich genau umgekehrt verhielte? Wäre es nicht auch möglich, dass Romeo und Julia einander gerade deswegen so sehr lieben, eben *weil* es für ihre Familien tabu ist? Schließlich wurde das Foto von Barbra Streisands Villa auch nicht zu einem Internethit, *obwohl* die Entertainerin gegen dessen Veröffentlichung klagte, sondern gerade *weil* sie es tat. Tatsächlich spricht viel dafür: So zeigte eine Untersuchung mit 140 Teenagern, dass diese tatsächlich stärkere Liebesgefühle für ihre Partner hegten, wenn ihre Eltern gegen die Beziehung vorgingen.[292] Ließen die Einmischungsversuche der Eltern nach, kühlten auch die Gefühle wieder ab. In der Psychologie spricht man daher auch vom „Romeo-und-Julia"-Effekt.

Wie es scheint, dürfte es zwischen dem „Barbra-Streisand-

Effekt" und dem „Romeo-und-Julia-Effekt" Parallelen geben: Beide Phänomene erscheinen kontraintuitiv, also entgegen den Annahmen des gesunden Menschenverstands. Und in beiden Fällen wird ein „Problem" verursacht oder zumindest verstärkt, das durch Einschreiten – sei es von Barbra Streisand, sei es von der Familie – eigentlich verhindert oder gelöst hätte werden sollen.

Wie wir im zweiten Kapitel gesehen haben, hassen wir kaum etwas mehr, als Verluste hinnehmen zu müssen. Verluste schmerzen viel, wirklich sehr viel mehr, als Gewinne uns in gleicher Höhe erfreuen. Aus dem vierten Kapitel wissen wir, dass wir etwas als umso wertvoller erachten, je knapper es ist – so schmecken etwa Schokokekse besonders gut, wenn es nur wenige davon gibt. Es überrascht daher nicht sonderlich, dass die Kombination aus Verlustaversion und Knappheit eine explosive Mischung ergibt. Droht nämlich Freiheit verlustig und somit knapp zu werden, folgt eine Reaktion, die stark an Trotz erinnert, aber doch nicht ganz das Gleiche ist. Psychologen sprechen in diesem Fall von Reaktanz, einer Abwehrreaktion gegen äußeren Druck und den Verlust der persönlichen Freiheit. Das äußert sich dann etwa darin, dass mit einer Zensur belegte Inhalte nicht nur interessanter, sondern auch wahrer erscheinen,[293] übertriebene Warnungen vor den Gefahren des Alkohols zu einem gesteigerten Trinkverhalten führen[294] oder Jugendliche trotz aller Mahnungen zur Zigarette greifen.[295] Man könnte es auch den Reiz des Verbotenen nennen.

Daraus lässt sich ein wertvoller Tipp für den Alltag ableiten: Wenn Sie jemanden davon abhalten möchten, eine Einstellung zu überdenken oder ein bestimmtes Verhalten abzuschütteln, dann sollten Sie möglichst forsch, intolerant und unnachgiebig auftreten. Möchten Sie etwa lose Angehörige einer religiösen Minderheit zu radikalen Eiferern machen, dann müssen sie unbedingt deren Glauben als dumm und gefährlich verunglimpfen sowie sich dafür einsetzen, dass diese Personen in ihrer Religionsausübung beschnitten werden. In der Praxis wird dies tatsächlich häufig gemacht – interessanterweise jedoch gerade von jenen, die genau das Gegenteil erreichen wollen. Dabei bemerkte bereits Michel de Montaigne: „Gewöhnlich sieht man, wenn man Widerspruch erfährt, nicht darauf, ob er berechtigt ist, sondern wie man ihn irgendwie niederschlagen kann."[296] Dass es auch andersrum gehen kann, zeigt eine kleine Anekdote, die der Wiener Philosoph Robert Pfaller einer Taxifahrt in der oberösterreichischen Hauptstadt Linz verdankt. Während der Taxifahrt kam es zu einem kleinen Zwischenfall: Eine Radfahrerin bog verbotenerweise in eine Einbahnstraße ein. Nachdem der Taxifahrer die Radfahrerin ein wenig schroff auf die Gefährlichkeit ihres Manövers hingewiesen hatte, ging die Fahrt wieder weiter, so der Philosoph:

Danach begann der Fahrer mir zu erzählen, dass die Radfahrer im Allgemeinen eine Gefahr seien und dass im Ernstfall immer der Autofahrer schuld sei. Dabei könne man die Radfahrer, die auch meist so schlecht beleuchtet seien, oft kaum sehen – und noch viel weniger, wenn sie dunkler Hautfarbe wären. Die Sache wurde also zunehmend absurder und beladener mit finsteren Leidenschaften, und umso weniger Lust hatte ich, da ich ohnehin müde war, zu widersprechen. Da verfiel ich auf eine andere Art der Entgegnung. Ich sagte ungefähr: Es ist für mich als Wiener ohnehin erstaunlich, wie rücksichtsvoll die Linzer Autofahrer sind. In Wien wird man als Radfahrer noch viel verständnisloser behandelt.[297]

Was denken Sie, wie der Taxifahrer reagiert hat? Hatte er Grund, sich angegriffen zu fühlen? Musste er nun auf Biegen und Brechen seine Taxifahrerehre verteidigen? Nein, eben nicht! Dementsprechend fiel auch seine Reaktion aus:

Daraufhin hellte sich die Miene des Taxifahrers völlig überraschend auf, und er erzählte mir, dass er überhaupt erst, seit er Motorrad fahre, wisse, wie schwer die Zweiradfahrer es haben mit ihren längeren Bremswegen und so weiter.[298]

Statt eine sinnlose Streiterei über Toleranz im Straßenverkehr heraufzubeschwören, war es Robert Pfaller – „völlig unbeabsichtigt", wie er selbst zugibt – gelungen, dem Taxifahrer ein neues Selbstbild zu schenken: jenes des umsichtigen, empathischen Profi-Fahrzeuglenkers, der seinen „finsteren Reaktionsbildungen" nicht „mit der geringsten Nostalgie" hinterherblickte.

Leider bilden Anekdoten wie diese eher die löbliche Ausnahme. Der Glaube unseres gesunden Menschenverstands, seine tiefsten Überzeugungen möglichst forsch und unnachgiebig vertreten zu müssen, scheint eine mit geradezu unendlich viel Kraft ausgestattete Triebfeder der menschlichen Geschichte zu sein, die uns immer wieder neue Kriege und Konflikte beschert. Ein baldiges Ende ist dabei nicht abzusehen.

Worüber Wutbürger sich ärgern – und worüber nicht

In Deutschland wurde 2010 von der Gesellschaft für deutsche Sprache in Wiesbaden „Wutbürger" zum „Wort des Jahres" gewählt; ein Neologismus, der von zahlreichen Zeitungen und Fernsehsendern verwendet wurde, „um einer Empörung in der Bevölkerung darüber Ausdruck zu geben, dass politische Entscheidungen über ihren Kopf hinweg getroffen werden".[299] Das Wort dokumentiere „ein großes Bedürfnis der Bürgerinnen und Bürger, über ihre Wahlentscheidung hinaus ein Mitspracherecht bei gesellschaftlich und politisch relevanten Projekten zu haben".

Vieles erscheint unklar an dem Begriff, angefangen von der Frage, wer denn nun genau ein „Wutbürger" ist, bis hin zu seiner Motivation und Weltanschauung – ganz zu schweigen davon, ob es denn nun ein Zeichen von demokratischer Reife oder eher ein Ausdruck von Selbstgerechtigkeit ist, ein „Wutbürger" zu sein. Zudem ist bei den Vokabeln, die durch die Feuilletons geistern, immer eine gewisse Skepsis angebracht, entspringen sie doch zumeist nur selektiven Beobachtungen und generalisierten Anekdoten, wie sie der gesunde Menschenverstand liebt. Doch der Begriff des „Wutbürgers" hat viel Staub aufgewirbelt und scheint die Menschen in zwei unvereinbare Lager zu spalten, die aber angeblich nicht der Logik althergebrachter Parteigrenzen folgen sollen. Der *Spiegel*-Journalist Dirk Kurbjuweit, der mit seinem Essay „Der Wutbürger" den Begriff im deutschen Sprachraum erst richtig populär gemacht hat, sieht im Wutbürger einen ängstlichen, konservativen und durch und durch egozentrischen Charakter, der nur an sein persönliches Wohlbefinden denkt und jede Verantwortung für „das Allgemeine und das Morgen" ablehnt: „Fast jedes neue Kraftwerk, fast jede Hochspannungsleitung, fast jedes Windrad, fast jede Straße ist umstritten, weil sie nicht in Lebensgefühle passen oder Lebenslagen verändern."[300] Der Wutbürger denke nur an sich, „nicht an die Zukunft seiner Stadt". Andere wiederum, wie etwa der Sozialpsychologe Harald Welzer, erachten es als „denunziatorisch", den Menschen „keine ernsthaften Motive für ihren Protest" zu unterstellen. Schließlich sei es gerechtigt, sich keine

„Entscheidungen aufoktroyieren zu lassen, die man als Teil des politischen Gemeinwesen nicht zu tragen bereit ist".[301] Im Kern gehe es dabei nämlich um Kritik an „undemokratischen und unsozialen Entscheidungen". Ist der Wutbürger nun ein ausschließlich auf den persönlichen Eigennutz bedachter Querulant? Oder stellt er die gerechtfertigte Reaktion auf Eliten dar, die ihrerseits bloß noch auf ihren Eigennutz bedacht sind? Nun, diese Entscheidung kann ich Ihnen natürlich nicht abnehmen (zumal ja ohnehin nichts gegen die gleichzeitige Gültigkeit beider Standpunkte spricht). Ganz neu ist die Debatte allerdings nicht, wie ein Blick in Montaignes Essais verrät:

Aristoteles sagt: „Manchmal ist der Zorn eine gute Waffe für die Tugend und für die Tapferkeit." Das ist sehr gut möglich. Die Gegner dieser Ansicht antworten darauf freilich ganz witzig: Das ist eine recht eigenartige Waffe; die anderen Waffen schwingen wir, diese aber setzt uns in Bewegung; wir lenken sie nicht, sie lenkt uns; sie hat uns in der Hand, nicht wir sie.[302]

Beide Argumente haben etwas für sich; eine pauschale Antwort auf die Frage, welche Position vernünftiger ist, dürfte es daher wohl kaum geben. Was wir uns aber ansehen können, sind die Bedingungen, unter denen wir wütend werden, wenn jemand über unseren Kopf hinweg Entscheidungen trifft. Wie erwähnt tritt Reaktanz dann auf, wenn wir durch äußeren Druck unsere Freiheit gefährdet sehen. Allerdings – und das ist das wirklich Erstaunliche – sagt das überhaupt nichts darüber aus, wie es um unsere Freiheit tatsächlich bestellt ist.

Mitte der 1960er-Jahre machte Jack W. Brehm, aus dessen Feder die Theorie der *Reaktanz* stammt, ein unscheinbares Experiment, dessen Ergebnis dennoch ziemlich bemerkenswert ist. Brehm ließ dabei seine Probanden Schallplatten anhören und bat sie um eine Bewertung.[303] Einer Gruppe von Versuchspersonen wurde zudem versprochen, dass sie sich am Ende des Versuchs eine Platte aussuchen konnte, während der anderen Gruppe gesagt wurde, dass sie als Belohnung eine Platte geschenkt bekäme. Die zweite Gruppe konnte jedoch die Platte nicht auswählen, sie wurde ihnen lediglich zugeteilt. Zum Leidwesen der Probanden erwiesen sich beide Versprechungen als Finte: Als sie am zweiten Tag des Experiments ihre Platte aussuchen bzw. einfach bekommen hätten sollen, wurde ihnen mitgeteilt, dass nur noch zwei Platten verfügbar seien. Danach ließ man die Versuchspersonen noch einmal Platten bewerten. Würde sich die Unverfügbarkeit gewisser Alben auf ihre Beurteilung niederschlagen?

Wie erwartet war dies tatsächlich der Fall. Reaktanz trat jedoch nur bei denjenigen auf, denen versprochen worden war, sich eine Platte aussuchen zu können, was sich darin äußerte, dass sie nun den vergriffenen Platten deutlich bessere Noten gaben. Reaktanz tritt also nicht da auf, wo es um die Freiheit tatsächlich schlimm bestellt ist, sondern da, wo sie ohnehin erwartet wird. Ein großes Maß an Freiheit heißt nicht automatisch weniger Reaktanz, gleichzeitig bedeutet wenig Freiheit auch nicht automatisch Auflehnung. Im Gegenteil: Jene Versuchsteilnehmer, denen versprochen worden war eine Platte bloß zugeteilt zu bekommen, stuften die nicht mehr verfügbaren Platten bei der neuerlichen Bewertung sogar herab. Da sie auf ihr Schicksal ohnehin keinen weiteren Einfluss nehmen konnten, mussten sie sich dieses eben schönreden. In der Psychologie hat dieses Phänomen als „Saure-Trauben-Effekt" Einzug gefunden, benannt nach der Fabel des antiken Dichters Äsop, in der der Fuchs über für ihn unerreichbare Trauben meint, dass sie ohnehin noch nicht reif genug wären.

So ist es auch weiter gar nicht überraschend, dass revolutionäre Strömungen aus studentischen Milieus ausgerechnet bei den Geknechteten, die ja eigentlich befreit werden sollen, auf oftmals erstaunlich wenig Gegenliebe stoßen. Wer sich sein ganzes Leben lang bemüht unerreichbar scheinende Ziele zu „sauren Trauben" umzudeuten, kann eben Widerspruch nur schlecht gebrauchen. Das musste auch Gene Roddenberry erfahren, der legendäre Schöpfer der Star-Trek-Saga. Roddenberry war ein progressiver Geist, dem Werte wie Gleichberechtigung und Toleranz sehr wichtig waren. So galt es in den 1960er-Jahren als geradezu revolutionär, dass mit „Lieutenant Uhura" eine Afrikanerin gleichberechtigt mit den anderen Besatzungsmitgliedern auf der Brücke des Raumschiffs Enterprise dienen durfte. Wie fortschrittlich diese Konfiguration damals war, verdeutlicht eine kleine Anekdote, wonach Lieutenant-Uhura-Darstellerin Nichelle Nichols eigentlich aus der Serie aussteigen wollte – was sie auch getan hätte, wenn sie nicht zufällig Martin Luther King getroffen hätte, der sie von der Symbolkraft ihrer Rolle überzeugen konnte.[304] Doch Roddenberry ging in seinem Ursprungskonzept noch einen Schritt weiter: Als erster Offizier hätte nicht der spitzohrige Vulkanier Mr. Spock dienen sollen, sondern eine Frau, die „Number One" genannt wurde und die sich darüber hinaus auch noch entgegen allen Klischees durch ihr logisches Denken auszeichnete. Nachdem 1964 ein Pilotfilm mit Jeffrey Hunter als „Captain Christopher Pike" und Majel Barrett als „Number One" produziert worden war, wurde der Streifen einem Testpublikum vorgeführt. Das Feedback war niederschmetternd: Die Vorstellung, eine Frau könnte in ferner Zukunft erster Offizier eines Raumschiffs sein, kam gar nicht gut an. Die Reaktionen „reichten von Missgunst bis hin zur Ungläubigkeit".[305] Doch anders, als man es erwarten würde, waren es weniger die männlichen als vielmehr die weiblichen Testzuschauer, die sich dagegen sträubten. Sie sahen die Figur der „Number One" nicht als Ausdruck eines optimistischen Blicks in die Zukunft, sondern als Anmaßung: Wer glaubt sie, dass sie ist?

Mit dem Trend zur Individualisierung, der in den vergangenen Jahrzehnten stattgefunden hat, könnte es jedoch sein, dass Reaktanz zu einem zunehmend größer werdenden Thema wird. Dazu passen auch die Befunde interkultureller Vergleichsstudien. Während im Westen die Freiheit des Individuums hochgehalten wird, wird in den kollektivistischen Kulturen (Ost-)Asiens der Zugehörigkeit zur Gesellschaft ein wesentlich höherer Stellenwert eingeräumt. Das zeigt sich etwa darin, dass Japaner in bestimmten Entscheidungssituationen kein Bedürfnis zu haben scheinen, kognitive Dissonanzen zu reduzieren.[306] Da sie sich nicht so sehr als selbstbestimmte Individuen begreifen, müssen sie auch nicht mühevoll ihre Entscheidungen mit ihrem Selbstbild vereinen. Zu einer Dissonanzreduktion kommt es bei ihnen erst, wenn sie mit Gedanken an die öffentliche Meinung konfrontiert werden.[307] Hier ist es also weniger wichtig, mit seinen eigenen Aussagen und Entscheidungen konsistent zu sein, als vielmehr mit jenen der Gruppe – was zahlreichen Anekdoten zufolge bei westlichen Managern immer wieder für gehörige Verwirrung sorgt, wenn ihre japanischen Geschäftspartner „Ja" sagen, obwohl sie eigentlich „Nein" meinen.

Wie groß dieser Mentalitätsunterschied tatsächlich ist, veranschaulicht eine Studie von Sheena S. Iyengar und Mark R. Lepper von der Stanford University.[308] Angloamerikanische Kinder legten bei verschiedenen Aufgaben (wie etwa beim Lösen von Anagrammen) ein Verhalten an den Tag, wie man es im Westen für ganz selbstverständlich hält: Hatten sie stellenweise die freie Wahl und ließ man sie beispielsweise im Rahmen eines Computerspiels einen Spielernamen selbst aussuchen, lag ihre intrinsische Motivation höher, als wenn ein anderer die Entscheidung für sie traf. Bei amerikanischen Kindern mit asiatischem Hintergrund verhielt es sich jedoch genau umgekehrt: Sowohl ihre intrinsische Motivation als auch ihre Leistung war dann am höchsten, wenn ihnen Entscheidungen (vermeintlich) von ihren Klassenkameraden oder von ihrer Mutter abgenommen wurden!

Die Studie von Iyengar und Lepper verdeutlicht einmal mehr, wie fragwürdig es ist, mit dem gesunden Menschenverstand zu argumentieren. Es gibt nicht nur einen gesunden Menschenverstand, es gibt viele. Was in der einen Kultur als autoritäre Beschneidung der persönlichen Freiheit angesehen wird, kann für Angehörige anderer Kulturen erfüllend sein und zu Höchstleistungen anspornen.

Verantwortung vs. Eigenverantwortung

Wie wir gesehen haben, können Verbote (zumindest im Westen) das Verbotene besonders attraktiv machen. Für unseren Hausverstand ist in diesen Fällen klar, dass hier wohl nur noch drakonische Strafen helfen, denn: „Wer nicht hören will, muss fühlen!" Doch bevor wir in den nächsten Blumenladen eilen, um dem Hausverstand zu seiner allumfassenden Weisheit zu gratulieren, sollten wir uns einen Laborversuch an der Harvard University aus Jahr 1965 kurz etwas näher ansehen.

Bei der Untersuchung wurden Fünfjährige gebeten, die Attraktivität verschiedener Spielzeuge einzuschätzen.[309] Nachdem die Experimentatoren somit in Erfahrung gebracht hatten, welches Spielzeug wirklich interessant war, verboten sie den Kindern doch glatt damit zu spielen. Natürlich war das ein bisschen fies, hatte aber einen guten Grund: Denn während die Testleiter einer Gruppe von Kindern bloß erklärten bei Zuwiderhandlung gegen das Verbot ein *bisschen* verärgert zu sein, drohten sie der anderen Gruppe damit, nicht nur *ziemlich* verärgert zu sein, sondern auch schlecht über sie zu denken, alle Spielsachen für immer mit nach Hause zu nehmen und nie wieder zurückzukommen. Im zweiten Fall hätte ein Ignorieren des Verbots somit handfeste Konsequenzen nach sich gezogen. Danach ließ man die Kinder alleine im Raum mit dem Spielzeug – sowohl mit dem erlaubten als auch mit dem verbotenen. Dabei erwiesen sich die Kinder in beiden Fällen als äußerst brav: Kein einziges spielte mit dem attraktiven, aber verbotenen Spielzeug. Als man die Kinder etwas später neuerlich bat die Attraktivität der Spielzeuge einzustufen, stellte sich jedoch ein interessanter Unterschied heraus: Jene Kinder, die nur mit einer milden „Strafe" konfrontiert worden waren, beurteilten das verbotene Spielzeug nun als weniger attraktiv. Da sie keine äußere Rechtfertigung hatten, das Verbot einzuhalten, mussten sie sich eben innerlich überzeugen, dass das Spielzeug tatsächlich nicht so toll sei. Die andere Gruppe, der eine vergleichsweise harte Strafe angedroht worden war, befand das Spielzeug hingegen weiterhin als äußerst anziehend. Manche der Kinder stuften es nun sogar als noch attraktiver ein als zuvor. Da sie externe Gründe hatten, damit nicht zu spielen, brauchten sie sich selbst erst gar nicht einzureden, dass es „ohnehin langweilig" sei.

Wie eine erweiterte Variante dieses Experiments zwei Jahre später zeigen konnte, wirkt sich das auch auf das Verhalten der Kinder aus.[310] Kinder, denen nur eine milde Strafe angedroht worden war, spielten auch Wochen später nicht mit dem verbotenen Spielzeug – obwohl sie sich gar nicht unter Beobachtung des Besitzers wähnten. Von jenen Kindern, denen eine harte Strafe angedroht worden war, machte sich in der gleichen Situation jedoch eine überwältigende Mehrheit nichts mehr aus dem einstigen Spielverbot. Die Androhung der harten Strafe erwies sich damit als eindeutig kontraproduktiv. Das bedeutet natürlich nicht, dass Strafen per se schlecht wären. So kann Kooperation ohne Sanktionsmöglichkeiten innerhalb einer Gemeinschaft kaum aufrechterhalten werden.

[Übrigens nicht, weil alle Menschen reine Egoisten wären, sondern eher aus einer Art Gerechtigkeitssinn – denn vereinzelte Egoisten gibt es schließlich überall. Wenn diese von den Leistungen anderer profitieren, ohne selbst etwas zu investieren, kommt bei anderen rasch die Frage auf: Warum soll ich etwas beitragen, wenn es der andere auch nicht tut? In Folge kümmern sich immer weniger um das Gemeinwohl – letztlich zum Schaden aller. Das wirksamste Gegenmittel: Sanktionsmöglichkeiten in Kombination mit einem drohenden Reputationsverlust (Rockenbach, B. Milinski, M. [2006]: The efficient interaction of indirect reciprocity and costly punishment, in: Nature 444. 718–723).]

Und natürlich kann uns auch simples Reiz-Reaktions-Lernen pädagogisch wertvolle Lektionen erteilen. Wie wertvoll diese Lektionen sind, zeigt das tragische Schicksal von Menschen mit angeborener Schmerzunempfindlichkeit: Weder spüren sie die Hitze eines Bügeleisens noch die eitrige Entzündung einer Fleischwunde – dementsprechend gering ist auch ihre Lebenserwartung.[311] Was sich also im ersten Moment geradezu paradiesisch anhören mag, entpuppt sich rasch als Todesfalle. Problematisch werden Bestrafungen jedoch dort, wo sie soziale Normen verdrängen. Eines der bekanntesten Beispiele entstammt einer Untersuchung, die in einem israelischen Hort durchgeführt wurde.

Die Kindertagesstätte in Haifa hatte ein Problem: Weil es immer wieder vorkam, dass Eltern ihre Kinder zu spät abholten, waren die Mitarbeiter oft gezwungen Überstunden zu schieben.[312] So etwas ist nicht nur für die Mitarbeiter unangenehm (die ja schließlich auch irgendwann einmal nach Hause gehen wollten), sondern kostet der Kommune natürlich auch Geld. Was macht man nun in solchen Fällen? Die Antwort des gesunden Menschenverstands kennen wir bereits: „Wer nicht hören will, muss fühlen!" – Also kann es nur gut und richtig sein, bei säumigen Eltern Bußgelder einzuheben. Jeder Vater und jede Mutter wird es sich nun gut überlegen, ob er oder sie die Hortmitarbeiter warten lassen will. Dieser Gedankengang würde sich wahrscheinlich gut in die Realität umsetzen lassen, wenn wir Menschen tatsächlich rationale Eigennutzmaximierer wären. Doch nachdem die Kindertagesstätte die Strafzahlungen eingeführt hatte, passierte das glatte Gegenteil dessen, was man sich davon erhofft hatte: Statt die Eltern dazu zu bringen, ihre Kinder pünktlich abzuholen, erzielten die Strafzahlungen sogar das glatte Gegenteil der gewünschten Wirkung – die Eltern wurden immer unpünktlicher! Mit ein wenig Einfühlungsvermögen ist auch leicht zu verstehen, wieso: Vor der Einführung der Bußgelder hatten die Eltern ein schlechtes Gewissen, wenn sie zu spät kamen; vermutlich war es ihnen sogar ziemlich unangenehm. Damit war mit der Einführung der Strafzahlungen Schluss: Aus einem „Freundschaftsdienst" liebenswürdiger Hortmitarbeiter, der nur in allergrößter Not in Anspruch genommen wurde, war ein primitiver Handel geworden, der ruhigen Gewissens einfach abbezahlt werden konnte.

Doch das ist nicht das Einzige, das uns an dieser Untersuchung zu denken geben sollte. Nachdem die Kindertagesstätte die Bußgelder wieder abgeschafft hatte, kehrten die Eltern nämlich keineswegs wieder zu ihrem ursprünglichen Verhalten zurück. Im Gegenteil, die Unpünktlichkeit nahm sogar noch einmal leicht zu. Die

Strafgelder hatten aus einst sozial denkenden Eltern rationale Eigennutzmaximierer gemacht – da half es auch nichts, dass der Stein des Anstoßes längst beseitigt worden war. Wenn soziale Normen einmal von Marktnormen verdrängt wurden, scheint man sich keine großen Hoffnungen mehr machen zu müssen, dass sich bei den Betroffenen das Verantwortungsgefühl wieder meldet. Es ist weg. Zugegeben, wahrscheinlich sind Bußgelder in einstelliger Höhe nicht gerade das, was man unter drakonischen Strafen versteht. Die „Erziehungsmethoden" in Bootcamps fallen jedoch ganz gewiss darunter.

Konzepte für die Scheinwelt

Anfang der 1990er-Jahre dachte man in den USA, ein probates Mittel gefunden zu haben, mit dem man schwer erziehbare Jugendliche wieder auf den rechten Weg bringen könne. Gewalttätig, drogensüchtig und absolut unfähig sich in die Gesellschaft zu integrieren – da helfen ja wohl nur noch Drill, Disziplin und Strafen, Strafen, Strafen. Das war die Idee hinter den paramilitärischen Erziehungslagern, die zu dieser Zeit allerorts in die Höhe schossen. In „Bootcamps" sollen Jugendliche mithilfe strengster Regeln, fortwährender Erniedrigungen und so gut wie keiner Freizeit Gehorsam und Disziplin lernen; wer nicht spurt, wird bis an die körperlichen Belastungsgrenzen (und darüber hinaus) bestraft. Nach jeglichem Ermessen des gesunden Menschenverstands müssten straffällig gewordene Teenager danach eigentlich alles nur Erdenkliche versuchen, um solche Strapazen nicht noch einmal durchmachen zu müssen. Und in gewisser Weise tun sie das auch.

„Ganz allgemein hatten Bootcamps positive Effekte auf die Einstellungen und Auffassungen, das Verhalten sowie die Fertigkeiten der Insassen während ihrer Gefangenschaft",[313] so das Ergebnis einer Untersuchung des US-Justizministeriums aus dem Jahr 2003. Allerdings: „Mit wenigen Ausnahmen führten diese positiven Veränderungen nicht zu einer verringerten Rückfallkriminalität." Die Jugendlichen hatten gelernt, wie man in Bootcamps Strafen entgeht, nicht aber, wie man ein normales Leben führt. Dazu gesellte sich jedoch noch ein ganz anderes Problem: Ähnlich wie in Philip Zimbardos Stanford-Prison-Experiment kam es auch in zahlreichen Bootcamps zu einer Welle von Missbrauchsfällen – alleine im Jahr 2005 waren 1.619 Bootcamp-Mitarbeiter in Misshandlungen involviert.[314] Auch Todesfälle sind keine Seltenheit. Als im Juli 2002 ein 14-jähriger Texaner während eines Marschs in brütender Wüstenhitze beklagte, er habe Durst und könne nicht mehr weitergehen, wurde er von den Bootcamp-Mitarbeitern einfach für eine Stunde in der Sonne alleingelassen, weil sie meinten, er würde seine Beschwerden nur vorspielen. Als endlich Hilfe eintraf, war er bereits eine Stunde tot. Ähnlich erging es auch einer 15-jährigen Kalifornierin. Sie lag ganze 18 Stunden tot auf der Straße, nachdem sie an Dehydrierung verstorben war. In einem anderen Fall wurde ein widerspenstiger 15-Jähriger, der an einer Hirnverletzung litt, von einem Mitarbeiter eine Dreiviertelstunde lang Kopf voran in den schmutzigen Boden gedrückt. Der Junge starb dabei an einer Durchtrennung der Halsschlagader. Das einzig Positive daran: Auch in den USA ist der Stern dieser Lager längst im Sinken, die Zahl der staatlich geführten Bootcamps ist in den vergangenen Jahren wieder massiv zurückgegangen.

Bootcamps mögen eine US-amerikanische Besonderheit sein, für die Forderung nach härteren Strafen gilt das jedoch keineswegs. Kaum ein aufsehenerregender Raubüberfall, kaum ein abscheuliches Beispiel von Jugendgewalt, das keine Rufe nach härteren Strafen nach sich zieht. Sucht man im Internet „härtere Strafen", erhält man Hunderttausende Treffer. „Mildere Strafen" bringen hingegen gerade einmal wenige Tausend Ergebnisse – die allerdings in den seltensten Fällen mit einer politischen Forderung verknüpft sind, sondern meistens zu Berichten über Revisionen bei diversen Gerichtsverfahren führen.

Dieser Trend zeigte sich auch bei der Metaphernstudie über die Kriminalitätsbekämpfung in der fiktiven Stadt Addison, die wir in Kapitel 3 kennengelernt haben: Als die Studienteilnehmer Vorschläge zur Verringerung der Kriminalität machen sollten, tendierten sie unabhängig von der gewählten Metapher eher zum Konzept der Härte als zu sozialen Reformen. Der gesunde Menschenverstand scheint sich seiner Sache also ziemlich sicher zu sein, dass man das Verbrechen durch härtere Strafen zurückdrängen könne. Doch die Belege für die Wirksamkeit von harten Strafen sind eher dürftig.

1969 wurde in Deutschland das Strafgesetz modernisiert. Überkommene Sexualtatbestände wurden gestrichen, das Zuchthaus abgeschafft und der Freiheitsentzug vereinheitlicht. Seit der großen Strafrechtsreform gelten in der deutschen Strafrechtspolitik Haftstrafen nur noch als letztes Mittel; im Gegenzug stieg der Anteil von Geldstrafen und zur Bewährung ausgesetzten Haftstrafen stark an. Wurden 1950 noch 39 Prozent aller Verurteilten zu Haftstrafen ohne Bewährung verdonnert, waren es 2006 bloß 8,3 Prozent – eine Statistik, die auf unseren Hausverstand geradezu beängstigend wirken muss, kann sie für ihn doch nichts anderes bedeuten, als dass die Kriminalität in dieser Zeit geradezu explodiert sein müsste. Das Deutsche Institut für Wirtschaftsforschung ist in einer Untersuchung den Auswirkungen der Strafrechtsreform nachgegangen und kam zu einem bemerkenswerten Ergebnis: Tatsächlich zeigte sich eine Korrelation zwischen der *Kriminalität* und *Intensität der Strafverfolgung* im jeweiligen Bundesland (ob beides auch wirklich ursächlich zusammenhängt, ist eine andere Frage). Allerdings ließ sich so gut wie kein Zusammenhang zwischen *Kriminalität* und *Strafausmaß* nachweisen.[315] Von einer Explosion der Deliktzahlen konnte keine Rede sein.

Anderes Beispiel: 18-jährige Teenager fallen in Florida unter das Erwachsenenstrafrecht, das heißt, dass sie bei strafrechtlich relevanten Vergehen viel härtere Strafen zu erwarten haben als noch mit 17. Die Wahrscheinlichkeit, für ein Delikt hinter schwedischen Gardinen zu landen, schnellt somit mit dem 18. Geburtstag schlagartig in die Höhe. Geht es nach dem gesunden Menschenverstand, müsste damit bei 18-Jährigen auch die Kriminalität deutlich zurückgehen. Doch das ist nicht der Fall, so das Ergebnis einer Studie: Die härteren Strafen, die mit dem Erreichen des 18. Geburtstags verbunden sind, führen zu keinem statistisch signifikanten Rückgang der Straffälligkeit.[316] Das heißt nicht, dass die härteren Strafen des Erwachsenenstrafrechts gar keinen Effekt hätten oder zumindest haben könnten – allerdings ist er so gering, dass er sich nicht einmal nachweisen lässt.

Zwar gibt es durchaus Statistiken, die einen Zusammenhang zwischen Strafausmaß und Kriminalität nahezulegen scheinen. Angesichts der Komplexität der Materie gibt es allerdings immer auch unzählige alternative Erklärungen, die für allfällige Zusammenhänge verantwortlich sein könnten, wie ein Vergleich zwischen den USA und Schottland zeigt.

Nach dem Zweiten Weltkrieg stieg in allen entwickelten Ländern mit Ausnahme Japans die Kriminalität enorm an. Ein Trend, der erst Mitte der 1990er-Jahre gestoppt werden konnte – so auch in den USA. Offenbar zeigten die drakonischen Strafen wie das „three strike law" und die Wiedereinführung der Todesstrafe nun ihre abschreckende Wirkung, wie man meinen könnte. Allerdings, so David J. Smith, Professor für Kriminologie an der Universität von Edinburgh: „In der Zeit, als sich die Vereinigten Staaten schnell und entschlossen Richtung Straflust und höhere Inhaftierungsraten bewegten, rückte Schottland entschieden in die entgegengesetzte Richtung. In beiden Ländern flachte der Anstieg der Kriminalität ab."[317] Heißt das nun, dass die Forderung nach harten Strafen per se dumm ist? Nein, das heißt es nicht, sondern bloß dass Strafverschärfungen in aller Regel keine besonders geeigneten Mittel zur Verbrechensbekämpfung sind; andere Faktoren spielen bei der Entwicklung der Kriminalität eine wesentlich bedeutsamere Rolle. Die Frage, ob die sozialen Probleme und hohen Kosten, die mit einer drakonischen Strafgesetzgebung verbunden sind, in Kauf zu nehmen sind, lässt sich jedoch nicht statistisch beantworten. Das ist eine Frage der Werte und des persönlichen Gerechtigkeitsempfindens – so lautet wenigstens die Theorie.

In der Praxis sieht das jedoch leider ein wenig anders aus. Denn wie sich zeigt, ist unsere Wahrnehmung von Kriminalität einer erheblichen Verzerrung unterworfen: der Medienberichterstattung. Das Kriminologische Forschungsinstitut Niedersachsen ist in einer Studie der Frage nachgegangen, wie die deutsche Bevölkerung die Kriminalitätsentwicklung beurteilt und welche Rolle die Medien dabei spielen. Das Ergebnis könnte man durchaus als alarmierend bezeichnen:

So lässt sich zeigen, dass zum einen nur eine kleine Minderheit der Befragten unserer Studie die korrekte Einschätzung liefert, dass die Kriminalität insgesamt zurückgegangen ist, während die überwiegende Mehrheit einen zum Teil gravierenden Anstieg vermutet. Zum zweiten ist festzustellen, dass diese in der Bevölkerung verbreitete Vorstellung über die Entwicklung der gesellschaftlichen Kriminalitätsbelastung einen bedeutsamen

Einfluss auf das Bedürfnis nach härteren Strafen hat.
Darüber hinaus kann gezeigt werden, dass sowohl
die Fehleinschätzung der Befragten hinsichtlich der
Kriminalitätsentwicklung als auch die damit zusam-
menhängende Befürwortung härterer Strafen sehr
deutlich mit dem Muster der Mediennutzung zusam-
menhängen. Auch unter Kontrolle soziodemographi-
scher Merkmale wird der robuste Befund geliefert,
dass die Nutzung privater Nachrichtensendungen das
geschätzte Ausmaß eines vermeintlichen Anstiegs der
Kriminalität fördert, während eine häufigere Nutzung
seriöser Nachrichtenorgane dieser Fehleinschätzung
eher entgegenwirkt.[318]

Geht es nach dem gesunden Menschenverstand, müsste ein Rückgang der Kriminalität mit einem erhöhten
Sicherheitsgefühl einhergehen. Doch in einer Gesellschaft, die
im Schnitt an die 10 Stunden[319] pro Tag mit Medienkonsum
verbringt, scheint es ziemlich unerheblich zu sein, ob die
Verbrechensrate steigt oder sinkt. Hier hilft weder eine
Strafverschärfung noch ein Sozialprogramm, sondern
höchstens eine Medienreform.

DER KRITISCHE MENSCHENVERSTAND

Alles Unsinn! Oder: Einwände gegen die Einwände des gesunden Menschenverstands

In den vergangenen fünf Kapiteln sind wir nun ordentlich auf den Schwächen des gesunden Menschenverstands herumgeritten. Ein zentraler Vorwurf lautet: Der Hausverstand denkt in zu einfachen, linearen Strukturen – attraktive Menschen sind vertrauenswürdige Menschen, knappe Güter sind wertvolle Güter, mehr heißt besser, wer Gutes tut, dem wiederfährt Gutes, et cetera und umgekehrt. Doch wie wir vor allem anhand zahlreicher Laborstudien gesehen haben, bei denen teilweise absurd erscheinende Einflussfaktoren als Ursache für falsche Schlüsse ausfindig gemacht werden konnten, funktioniert vieles im Leben eben nicht so, wie es sich der gesunde Menschenverstand gerne vorstellt. Die Welt wimmelt nur so von Paradoxien und kontraintuitiven Phänomenen, die der Hausverstand aufgrund seines Bedürfnisses nach einfachen geschlossenen Ordnungssystemen nicht wahrhaben will.

Trotzdem wäre es unfair und ziemlich einseitig, den Angegriffenen nicht ebenfalls zu Wort kommen zu lassen. Ich habe daher meinen gesunden Menschenverstand um eine

Stellungnahme gebeten. Dabei herausgekommen ist eine kurze Rezension der bisherigen Kapitel, die meiner Meinung nach ziemlich unsachlich und untergriffig ausgefallen ist – doch lesen Sie selbst:

Rezension: Irren mit Hausverstand
Seit Anbeginn ihrer Existenz begleite ich nun die Menschheit und habe ihr dabei das Überleben gesichert. Nun soll ich auf einmal nicht mehr gut genug für sie sein. Das behauptet zumindest der Autor des Buches „Irren mit Hausverstand", in dem er mit nahezu missionarischem Eifer seine blinde Studiengläubigkeit unter die Menschen bringen will. Denn diese seien seiner Meinung nach allesamt erbärmlich und dumm, weil sie sich auf ihren gesunden Menschenverstand verlassen; von äußeren Umständen getriebene Lemminge ohne Charakter, die weder über einen freien Willen verfügen, noch so etwas wie Verantwortung kennen. Fragt sich bloß: Wenn die Menschen mit mir so schlecht beraten sind, warum gibt es sie dann überhaupt noch?
Schon möglich, dass es ein paar überbezahlten Uniprofessoren auf Steuerkosten gelungen ist, mich bei so weltbewegenden Dingen wie Schokokeksen oder Spielzeugrobotern aufs Glatteis zu führen. Aber wie sieht es denn mit den wirklich wichtigen Dingen aus? Wer hat denn die Menschen durch Hungersnöte und Eiszeiten, durch Epidemien und Trockenperioden geführt? Ich war es! Dieses akademische Geschwurbel, von dem der Autor ohnehin nur die Hälfte gelesen und ein Viertel verstanden hat, mag ja für weltfremde Nerds in Elfenbeintürmen interessant sein, in der Praxis jedoch sind Entscheidungen gefragt!

All das wäre ja noch kein Beinbruch, wenn dieses Buch nicht nur so von hanebüchenen Thesen strotzen würde. So richtig wird der Vogel in Kapitel 5 abgeschossen, in dem der Autor behauptet, Belohnungen würden demotivieren und Strafen seien wirkungslos. Nach dieser verqueren Logik müssten wir nur noch für jedes Delikt eine kräftige Belohnung aussetzen – nach kurzer Zeit hätten Kriminelle schlicht keine Lust mehr, einbrechen zu gehen, Drogen zu nehmen oder den Nebenbuhler zu erwürgen. Das kommt also dabei raus, wenn man nicht auf seinen gesunden Menschenverstand hört!

Wir sollten die Fehler der Geschichte nicht wiederholen. Wer war es denn, der im Mittelalter die Menschen glauben ließ, die Welt wäre eine Scheibe? Die Wissenschaft! Doch wissenschaftliche „Erkenntnisse" ändern sich dauernd. Mein Rat hingegen mag zwar nicht perfekt sein, dafür ist er aber verlässlich.

Mit bester Empfehlung,

Ihr gesunder Menschenverstand alias Hausverstand

Ziemlich polemisch, wie ich finde. Aber eines muss ich dem gesunden Menschenverstand schon lassen: Ich mag die besseren Argumente haben, aber er hat eindeutig die besseren Gags. Da ich – wie Sie sicherlich verstehen werden – die Vorwürfe nicht so stehen lassen möchte, will ich etwas näher auf sie eingehen.

Ihr gesunder Menschenverstand
alias Hausverstand

Vorwurf I: Menschen sind dumm

Spielen für den guten Zweck

Sollte bei der Lektüre dieses Buches der Eindruck entstanden sein, ich würde Menschen für eventuell ganz liebenswerte, aber doch recht dümmliche Kreaturen halten, dann will ich diesen Irrtum spätestens an dieser Stelle ausdrücklich aus der Welt schaffen. Wir Menschen sind vielleicht nicht besonders gut darin, die wahren Ursachen unserer Einstellungen und Handlungen zu erkennen. Wir mögen irrationale Entscheidungen treffen und diese mit schlechten Ausreden verteidigen, um unser Seelenwohl zu wahren. Doch dumm sind wir deswegen keineswegs. Das glatte Gegenteil ist wahr! Ich behaupte sogar, dass auch Durchschnittsmenschen das Zeug dazu haben, einen Beitrag zum wissenschaftlichen Fortschritt in so harten Disziplinen wie Biochemie leisten zu können – ganz gleich aus welcher sozialen Schicht sie kommen oder wie gebildet sie sind. Warum ich das glaube? Weil Wissenschaftler der University of Washington genau das bereits ausprobiert haben. Die Sache, um die es dabei geht, ist alles andere als leichte Kost.

Proteine (auch Eiweiße genannt) gehören zu den Grundbausteinen des Lebens, die sich in allen Zellen wiederfinden. Das dürfte so weit noch bekannt sein. Nun wird es jedoch bereits kompliziert: In den Ribosomen, der „Proteinproduktionsmaschinerie" der Zelle, ist ein Protein im Grunde erst einmal eine Aminosäurenkette. Dann dreht, biegt und faltet es sich rasch zu jener verschlungenen (und außerdem energiesparenden) Form, die darüber entscheidet, welche Funktion es in einem Organismus einnimmt. Die Frage aber ist, wie sich anhand der DNA-Sequenz des Proteins herausfinden lässt, welche Struktur es einnehmen wird. Das mag zwar wenig spannend klingen, ist aber durchaus von großem Wert: Von allen Molekülen, die bisher in lebenden Organismen gefunden wurden, sind Proteine die wichtigsten. Ihre Aufgaben reichen von der Spaltung von Nahrung bis hin zur Signalübertragung im Hirn. Die Strukturen von Proteinen zu verstehen ist also kein Spleen überambitionierter Biochemiker, sondern ist von großer Bedeutung, um neue Therapien entwickeln zu können. Allerdings stoßen hier selbst Hochleistungscomputer an ihre Grenzen – ganz einfach deswegen, weil es so viele verschiedene Faltmöglichkeiten gibt.

Das hört sich nicht gerade danach an, als könnten Laien viel zu dem Thema beitragen. Doch der Biochemiker David Baker wagte mit seinen Kollegen das bislang Undenkbare. Getrieben wurde er dabei von einem simplen Gedanken: Über den ganzen Globus verteilt gibt es Millionen von Menschen, die ungeheuer viel Zeit und Energie in Computerspiele stecken. Wenn nur ein Bruchteil dazu gebracht werden könnte, seinen Ehrgeiz nicht in das Lösen künstlich geschaffener Missionen zu investieren, sondern in das Falten von Proteinen, könnte sich das bereits lohnen. Warum also nicht aus der realen Problemstellung ein Computerspiel machen? Gemeinsam mit seinem Kollegen Zoran Popovi programmierte David Baker „Foldit", eine Art 3D-Puzzle mit dem Ziel, ein Protein zu falten, das möglichst wenig Energie verbraucht. Die Spieler können das Protein drehen und wenden, sich hinein- und hinauszoomen, an Verästelungen schrauben und die Form verändern. Wie gut sich die Spieler dabei schlagen, verraten ihnen diverse visuelle Hinweise sowie natürlich die Punkteanzahl. Vorkenntnisse sind nicht notwendig. Und tatsächlich: Zigtausende User luden sich das Spiel aus dem Internet herunter, um an virtuellen Proteinen zu basteln. Doch was hat es gebracht? Eine beeindruckende Antwort darauf liefert eine Untersuchung, die die Forscher rund um David Baker 2010 in *Nature* publizierten. Ihr Ergebnis: In drei von zehn Fällen erreichten die besten Foldit-Spieler und die gegenwärtig besten Computersimulationen etwa gleich gute Ergebnisse nahe an der tatsächlichen Form des zu faltenden Proteins (das die Forscher in diesem Fall bereits kannten).[320] In fünf Fällen waren die besten Ergebnisse der Foldit-Spieler sogar erheblich besser. Bloß in zwei von zehn Fällen waren die Spieler den Computerergebnissen unterlegen. Übrigens hatte keiner der fünf bestplatzierten Spieler Chemiekenntnisse, die über das Schulwissen hinausgingen. Trotzdem haben Foldit-Spieler mittlerweile sogar einen Beitrag im Kampf gegen Aids geleistet.[321]

Foldit zeigt, welch außerordentliche Ergebnisse der Mensch mit seiner Intuition und seiner Problemlösungsfähigkeit erzielen kann, wenn ihm Probleme richtig präsentiert werden. Doch genau hier liegt der Haken: In unserer Gesellschaft haben erstaunlich wenige Menschen ein Interesse daran, Ihnen vermeintliche oder tatsächliche Probleme und Sachverhalte so zu präsentieren, dass wir zu einer guten Entscheidung kommen. Nicht weil wir allesamt durchtrieben und böse sind, sondern weil wir schlicht und einfach nicht dafür bezahlt werden. Immer härterer Wettbewerb und Instrumente wie Provisionen und Leistungslöhne verschärfen das Problem noch weiter. Ganze Branchen haben sich nichts anderem verschrieben, als Ihren gesunden Menschenverstand hereinzulegen!

In der modernen Konsumgesellschaft, in der die Logik des Marktes bis in die intimsten Lebensbereiche vordringt, sollten wir uns daher zweimal überlegen, ob der gesunde Menschenverstand wirklich zu unseren Gunsten arbeitet. Die Werbe- und PR-Industrie kennt unseren gesunden Menschenverstand nur allzu gut, daher wären wir nicht schlecht beraten, wenn wir seine Schwächen erst recht kennen würden. Leider ist es mehr als fraglich, ob Medienkonsum dabei mehr nützt als schadet. Aufgrund des ökonomischen Drucks kommen selbst Journalisten, die für Qualitätsmedien arbeiten, immer seltener zum Faktencheck. Statt gesicherte Informationen so weit es geht wertfrei zu übermitteln, geben sie so unreflektiert das einseitige *Framing* von PR-Agenturen, Interessensvertretern und Lobbys weiter. Im zweiten Kapitel haben wir gesehen, dass es dafür keiner Verschwörung, ja nicht einmal schlechter Absichten oder eines Drucks vonseiten des Herausgebers bedarf. Es reicht bereits der schiere Zeitmangel. Und wie der Psychologe Daniel Gilbert gezeigt hat, fällt es uns außerordentlich schwer, *nicht* zu glauben. Das gilt für Journalisten natürlich genauso wie für deren Rezipienten. Besonders kritisch wird es naturgemäß beim Meinungsjournalismus, bei journalistischen Kommentaren und Glossen. Während Wissenschaftler oft monatelang an einem einzigen Artikel arbeiten, der sich einer ganz genau spezifizierten These widmet, müssen Journalisten meist innerhalb weniger Stunden „wissen", wie ein Ereignis zu deuten ist.

Eine der häufigsten Fallen, in die sie dabei tappen, ist die Neigung des gesunden Menschenverstands zur *dispositionalen Attribution*. Wir überschätzen die Bedeutung von Charaktereigenschaften und Wesenszügen und unterschätzen strukturelle Ursachen und äußere Umstände. Dass es sich dabei oftmals um Trugschlüsse handelt, zeigt sich meist dann, wenn es zu einem Rollentausch kommt. Das ist beispielsweise der Fall, wenn sich Journalisten dazu entschließen, in die Politik zu wechseln. Oft bleibt es bei kurzen, wenig rühmlichen Ausflügen. Als Kritisierender sieht eben alles ein bisschen einfacher aus als als Kritisierter.

Einen weiteren Fehler, der unserem gesunden Menschenverstand immer wieder unterläuft, nennt der Autor und ehemalige Finanzmathematiker Nassim Nicholas Taleb „narrative Verzerrung": „Die narrative Verzerrung ist Ausdruck unserer eingeschränkten Fähigkeit, Reihen von Fakten zu betrachten, ohne eine Erklärung in sie hineinzuweben oder, was dasselbe bedeutet, gewaltsam eine logische Verknüpfung, einen *Beziehungspfeil*, zwischen ihnen herzustellen."[322] Warum? „Erklärungen binden Fakten zusammen. Sie sorgen dafür, dass wir uns viel leichter an sie erinnern können, dass sie *mehr Sinn ergeben*. Diese Neigung kann uns aber in die Irre führen, wenn sie unseren *Eindruck*, dass wir verstehen, verstärkt." Nassim Nicholas Talebs abstrakte Ausführung mag kompliziert klingen, wird aber schnell deutlich, wenn wir uns die folgenden Sätze ansehen:

Die erste Nacht in ihrer neuen Wohnung verlief für Sarah alles andere als angenehm. Immer wieder drangen aus ihrem Badezimmer heftige Klopfgeräusche, die sie nicht einschlafen ließen. Doch jedes Mal, wenn sie nachsehen ging, konnte sie nichts Ungewöhnliches entdecken. Am nächsten Tag erfuhr sie von ihrer Nachbarin, dass sich ihr Vormieter im Badezimmer erhängt hatte.

Auch wenn Sie nicht an übersinnliche Phänomene glauben, wird Ihnen beim Lesen vermutlich sofort der Gedanke gekommen sein, dass es der Geist des verstorbenen Vormieters gewesen sei, der in Sarahs Badezimmer sein Unwesen getrieben hat. Tatsächlich erinnert Sarahs Erlebnis an einen schlechten Horrorfilm. Allerdings: Nirgendwo steht, dass die Klopfgeräusche mit dem Suizid des Vormieters in Verbindung ständen! Es handelt sich lediglich um ein simples Beispiel, wie der gesunde Menschenverstand aus beliebigen Informationen Kausalitätsketten konstruiert, ohne dass es einen logischen Grund dafür gibt. Leider ist das jedoch nicht bei allen Geschichten so offensichtlich.

Wenn Sie Ihre Zeitung aufmerksam lesen, werden Sie bemerken, wie anfällig vermeintlich objektiver Journalismus für die *narrative Verzerrung* ist. Boulevardjournalisten und Qualitätsjournalisten sind einander dabei oft ähnlicher, als ihnen möglicherweise bewusst ist. Der Unterschied: Die einen täuschen Stumpfsinnigkeit vor, die anderen Allwissenheit. Beiden ist jedoch gemeinsam, dass sie für nahezu jedes nur erdenkliche Ereignis die Ursache bereits kennen wollen, ehe es überhaupt passiert ist. Nassim Nicholas Taleb führt ein Beispiel an, das dieses journalistische Phänomen schön auf den Punkt bringt:

An einem Tag im Dezember 2003, als Saddam Hussein gefasst worden war, verbreitete Bloomberg News um 13.01 Uhr die folgende Schlagzeile: US-STAATSANLEIHEN STEIGEN; ERGREIFUNG VON HUSSEIN WIRD DEN TERRORISMUS VIELLEICHT NICHT EINDÄMMEN.
Wenn der Markt sich bewegt, fühlen die Nachrichtenmedien sich immer verpflichtet, den „Grund" dafür zu nennen. Eine halbe Stunde später war eine neue Schlagzeile nötig. Die US-Staatsanleihen waren im Preis gefallen (sie fluktuieren den ganzen Tag über, das war also nichts Besonderes), und Bloomberg News hatte dafür einen neuen Grund: die Ergreifung von Saddam (demselben Saddam). Um 13.31 Uhr kam das nächste Bulletin heraus: US-STAATSANLEIHEN FALLEN; ERGREIFUNG VON HUSSEIN STEIGERT ATTRAKTIVITÄT RISKANTER ANLAGEN.

Die gleiche Ergreifung (die Ursache) wurde also als Erklärung für ein Ereignis und sein genaues Gegenteil benutzt.[323]

Tagtäglich flimmern Börsennachrichten über die Fernsehbildschirme, bei denen von „nervösen" oder „verunsicherten Märkten" die Rede ist, die „Signale" senden oder erwarten würden, als wären Finanzmärkte eine Art schamanische Gottheit, die man mit Opfergaben besänftigen müsse. In Wahrheit sind die vermuteten Zusammenhänge zwischen Ursache und Wirkung Spekulation. „Die Zeitungen bemühen sich zwar, an einwandfreie Fakten zu kommen",[324] glaubt Nassim Nicholas Taleb, „verweben sie aber so zu einer Erzählung, dass sie den Eindruck von Kausalität (und Wissen) vermitteln. Die Fakten werden überprüft, der Intellekt leider nicht!" Und das ist noch eine ziemlich optimistische Einschätzung.

Warum diese Strenge mit den Medien, fragen Sie? Ganz einfach: weil wir unglaublich viel Zeit mit Medienkonsum verbringen. Das meiste, was wir über die Welt jenseits unseres persönlichen Wirkungsbereichs zu wissen glauben, haben wir aus den Medien, angefangen vom Wirtschaftswachstum bis hin zur Kriminalitätsentwicklung. Wir sind also davon abhängig, dass diese Themen uns einigermaßen adäquat präsentiert werden. Doch die Problematik von „adäquater Präsentation" beginnt bereits bei der Verhältnismäßigkeit der Thematisierung. Ganz besonders zeigt sich das bei Talkshows, bei denen fast jeder Gast eines von zwei Lagern repräsentiert. Das Verhältnis beträgt dabei immer 50 zu 50. Was auf den ersten Blick als fair und ausgewogen erscheint, erweist sich beim näheren Hinsehen jedoch als höchst verzerrend: Bei einer Talkshow zum Thema Wirtschaftspolitik vertritt die eine Seite möglicherweise bloß die Interessen von 10 Prozent, während die andere Seite 90 Prozent vertritt.

Trotzdem sind beide Lager durch gleich viele Talkshowgäste vertreten. Bei einer anderen Talkshow wird über eine angebliche Heiltherapie diskutiert, die erwiesenermaßen nicht wirkt. Trotzdem sind sowohl Befürworter wie Gegner gleich stark auf dem Podium vertreten. Ganz unabhängig von der rhetorischen Leistung der einzelnen Gäste entsteht somit in Talkshows ganz automatisch eine vermeintlich goldene Mitte, die weder eine gesellschaftliche Mitte repräsentiert, noch in irgendeiner Weise der Aufklärung dient. In den USA dürfte übrigens diese irreführende Ausgewogenheit in der Berichterstattung zwischen Wissenschaftlern und

WAS SAGE ICH?

A) DAS MUSS EIN IRRTUM SEIN - ICH LEBE SEIT ACHT JAHREN VEGAN!
B) DAS IST EIN MISSVERSTÄNDNIS - ICH WAR ES, DER SIE ANGERUFEN HAT!
C) ERREGUNG ÖFFENTLICHEN ÄRGERNISSES? ABER ICH BIN DOCH GAR NICHT NACKT, ICH TRAGE EINEN HUT!
D) MÜSSEN WIR WIRKLICH AUF DIESE DOOFE KOSTÜMPARTY? DIESES BÄRENKOSTÜM JUCKT FÜRCHTERLICH!

LÖSUNG: ANTWORT A, B UND C SIND ZWAR WITZIGER - ABER HABEN SIE SCHON MAL EINEN SPRECHENDEN BÄREN GESEHEN?

Lobbyisten zu der weit verbreiteten Skepsis am anthropogenen Klimawandel beigetragen haben.[325]

„Wenn die Liberalen sagen, die Erde sei rund, und die Konservativen, sie sei eine Scheibe", brachte einmal der Ökonom und Nobelpreisträger Paul Krugman das Problem auf den Punkt, „lauten die Schlagzeilen am nächsten Tag: ‚Form der Erde umstritten'."[326]

Wie richtige Entscheidungen wirklich entstehen

Francis Galtons Ochsenschätzwettbewerb, der Publikumsjoker bei „Wer wird Millionär?" oder das Proteinfaltungsspiel Foldit zeigen, dass wir Menschen im Kollektiv nicht nur nicht dumm, sondern sogar zu erstaunlichen Leistungen fähig sind. Doch damit die Menschheit ihr Potenzial wirklich ausschöpfen kann, braucht es ganz spezifische Bedingungen. Dazu gehört einerseits natürlich, dass die Fakten, denen unsere Entscheidungen zugrunde liegen, auch tatsächlich wahr sind. Wenn wir beim Ochsenschätzwettbewerb keinen realen Ochsen zu Gesicht bekommen, sondern ein Foto, das mit Photoshop retuschiert wurde, wenn beim Publikumsjoker die richtige Antwort gar nicht angeführt wird oder wenn bei Foldit Proteinfaltungsmöglichkeiten angeboten werden, die es in Wirklichkeit gar nicht gibt, dann sind wir ziemlich chancenlos.

Zudem ist es auch unerlässlich, dass die Entscheidungen *unabhängig* getroffen werden. Wir müssen uns vor Augen halten, dass die Weisheit der vielen kein psychologischer Effekt ist, sondern ein statistisches Phänomen. Warum lagen die Besucher der Landwirtschaftsmesse in der englischen Hafenstadt Plymouth, die an dem Ochsenschätzwettbewerb teilgenommen hatten, mit ihren Schätzungen im Durchschnitt so nahe am wahren Gewicht des Ochsens? Ganz einfach: weil sie ihre Stimmen *einzeln* abgaben. Sie kannten die Schätzungen der anderen Teilnehmer nicht, sondern mussten sich ganz auf ihren persönlichen Eindruck verlassen. Das führte zwar zu teilweise großen Abweichungen; in Summe glichen sich diese Abweichungen jedoch nahezu perfekt aus. Leider ist das jedoch alles andere als typisch für die Art und Weise, wie Gruppenentscheidungen getroffen werden. In der Praxis diskutieren wir miteinander, versuchen andere von unseren Meinungen zu überzeugen oder schließen uns der Gruppenmeinung an – mal aus sozialem Druck, mal weil wir vermuten, dass andere einfach mehr wissen als wir selbst, mal aus reiner Faulheit. Allerdings führt der Gruppenkonsens, der dabei entsteht, keineswegs zur Schwarmintelligenz, sondern vielmehr zur kollektiven Verblendung.

Wie Forscher der ETH Zürich vor Kurzem zeigten, ist Gruppendruck dafür nicht einmal notwendig. Es reicht bereits, einfach die Meinungen der anderen zu kennen.[327] Die Wissenschaftler stellten im Rahmen ihres Experiments diverse Schätzfragen: Wie hoch ist die Bevölkerungsdichte der Schweiz pro Quadratkilometer? Wie lange ist die Grenze zwischen der Schweiz und Italien? Um wie viele Einwohner wuchs Zürich während des Jahres 2006? Damit war das Experiment jedoch noch nicht vorbei. Nachdem die Studenten ihre Schätzungen abgegeben hatten, wurden sie erneut mit den insgesamt sechs Fragen konfrontiert. Manchen wurde dabei der Mittelwert der abgegebenen Tipps vorgelegt, anderen sogar die exakten Schätzwerte der anderen Teilnehmer. Nun sollten sie neuerlich ihre Schätzung abgeben – der Vorgang wurde mehrmals wiederholt. Wie sich bei fast allen Fragen zeigte, lag der Durchschnitt der zu Beginn abgegebenen Tipps am besten. Je mehr Informationen die Probanden über die Schätzungen ihrer Kollegen bekamen, desto schlechter wurde die Gruppenleistung. Der Grund: Das Wissen über die Meinungen der anderen reduzierte die Vielfalt und brachte die Probanden dazu, sich um einen falschen Mittelwert zu versammeln. „Es ist bemerkenswert, wie wenig sozialer Einfluss notwendig ist, um ein Herdenverhalten zu produzieren", so die Forscher von der ETH Zürich. Wie jüngst eine Untersuchung ergab, muss sozialer Einfluss allerdings nicht immer mit Schwarmverblödung einhergehen – nämlich dann nicht, wenn die Meinung eines echten Experten ins Spiel kommt.[328] Erfahren Probanden die Höhe jener Schätzung, die der Wahrheit am nächsten kommt, ist der Durchschnitt der Schätzungen beinahe ebenso genau wie der Mittelwert unabhängiger Teilnehmer. Das mag tröstend klingen, stellt uns in der Praxis jedoch unverzüglich vor eine mindestens ebenso große Herausforderung: zu erkennen, wer denn nun ein echter Experte ist.

Vorwurf II: Die Sache mit der Studiengläubigkeit

Alarmzeichen in der Tiefgarage

Im Sommer 2010 wurde das schöne Tirol von einer schwerwiegenden Anschuldigung erschüttert. Rund vier Monate zuvor war der ehemalige Tiroler Landeshauptmann Alois Partl seinen eigenen Angaben zufolge nach einem schweren Sturz sechs Stunden lang bewusstlos im Treppenaufgang einer Tiefgarage gelegen, ohne dass es ein Passant für wert befunden hätte, Erste Hilfe zu leisten und einen Krankenwagen zu rufen. Nun, wieder genesen, klagte der Expolitiker an: „Es müssen ja sicher Dutzende, wenn nicht Hunderte Menschen in den sechs Stunden, die ich dort gelegen bin, vorbeigegangen sein" und „möglicherweise auch über mich drübergestiegen".[329] Wie es sein könne, dass so viele Leute einfach an ihm vorübergingen? Er könne sich das nur so vorstellen, so Partl sinngemäß, dass manche wohl gedacht hätten, es wäre bereits Hilfe verständigt worden, während andere den Zeitaufwand gescheut hätten. „Ich kann nur die Aufforderung und die herzliche Bitte an alle Menschen richten", appellierte der damals 81-Jährige, „das nicht zu tun, sondern zu helfen". Wenig überraschend sorgten die „Horrorstunden"[330] des Alt-Landeshauptmanns – jedenfalls in den Medien – für eine „Welle der Empörung",[331] schließlich handelte es sich um eine relativ stark frequentierte Parkgarage mit rund 1.500 Aus- und Einfahrten pro Tag. „Zivilcourage, ein Fremdwort?",[332] titelte die *Tiroler Tageszeitung*, die den skandalös klingenden Fall öffentlich gemacht hatte. Tags darauf zitierte die Zeitung einen Caritasdirektor, der sich über den Vorfall „erschüttert und betroffen" zeigte: „In einem Land, in dem Hilfsbereitschaft einen hohen Stellenwert hat, ist das ein Alarmzeichen." [333]

Die erschreckende Teilnahmslosigkeit am Schicksal eines alten Mannes, der blutend und bewusstlos am kalten Boden einer Tiefgarage liegt, war für die *Tiroler Tageszeitung* eine große Geschichte. Schließlich gehört es schon beinahe zum alljährlich wiederkehrenden Ritual gewisser TV-Magazine, Statisten vor versteckter Kamera auf stark frequentierten Einkaufsstraßen einen Ohnmachtsanfall simulieren zu lassen, um aus den unterlassenen Hilfeleistungen der Passanten sogleich einen Strauß an Schlüssen zu ziehen, was dies nun alles über die Gesellschaft aussagen würde. Dass in diesem Fall das Opfer auch noch von regionaler Prominenz war, schien der beste Beweis zu sein, wie schlecht es bereits um Tugenden wie Hilfsbereitschaft und Zivilcourage bestellt sei. Der Haken ist nur: Mit ein wenig sozialpsychologischem Wissen hätte man ahnen können, wie unwahrscheinlich es war, dass „Dutzende, wenn nicht Hunderte Menschen" einfach schulterzuckend an einem Verletzten vorübergingen, der angeblich stundenlang bewusstlos in einer Tiefgarage lag.

Warum helfen Menschen nicht, wenn sie sehen, dass sich jemand in akuter Notlage befindet? Und warum tun es manche doch? Diese Fragen sind keineswegs ein geheimnisvolles Rätsel, über das man lediglich spekulieren kann. Nach Jahren der Forschung sind wesentliche Variablen durchaus bekannt, von denen es abhängt, ob jemandem geholfen wird oder nicht. Wie man solchen Variablen auf die Spur kommt? Ganz einfach: mit einem Experiment – und das muss in diesem Fall nicht einmal besonders kompliziert aufgebaut sein.

Meinung ist gut, Kontrolle ist besser

Es ist bereits weit über 40 Jahre her, als die Sozialpsychologen Bibb Latané und John Darley 1968 einen Collegestudenten einen epileptischen Anfall simulieren ließen. Allerdings – und das ist der wesentliche Unterschied zu den Showexperimenten, die man im Fernsehen zu sehen bekommt – unter kontrollierten Bedingungen. Genau dieser Unterschied macht den Erfolg aus: Wenn ein Kamerateam einen Schauspieler auf einer belebten Einkaufsstraße einen Ohnmachtsanfall simulieren lässt, kann man auf diese Art vielleicht zwar zeigen, dass viele Menschen scheinbar unbekümmert vorbeimarschieren. Das Problem daran ist jedoch, dass solche Pseudoexperimente keinerlei Erklärung bieten. Liegt es daran, dass es die Passanten so eilig haben? Oder an ihrem Egoismus? An der Abstumpfung durch gewaltverherrlichende Computerspiele oder am postmodernen Werterelativismus?

Mit einem Experiment Marke „Fernsehpraktikant" werden wir das nie erfahren, auch nicht durch nachträgliche Passantenbefragungen. Wie wir im Laufe dieses Buchs gesehen haben, sind wir uns schließlich selbst oft der Ursachen unserer Handlungen nicht bewusst. Außerdem ist in diesem Fall besonders fraglich, wie ehrlich die Antworten ausfallen würden. Daher ist es notwendig, systematisch vorzugehen: Jeder Durchlauf des Experiments muss mit jeder Versuchsperson genau gleich ablaufen. Wurden genügend Durchgänge durchgeführt und der Faktor Zufall somit einigermaßen gut ausgeschlossen, kann man eine Variable abändern, in diesem Fall zum Beispiel die Anzahl an Personen, die den Vorfall beobachten. Bewirkt diese Abänderung der Variable eine Verhaltensänderung, dann haben wir eine echte, wahre, tatsächliche Ursache isoliert, denn alle anderen Variablen – die Art des Notfalls, die physische Attraktivität des Notleidenden etc. – blieben schließlich gleich. Latané und Darley fanden auf diese Weise heraus, dass die Anzahl der anwesenden Personen einen äußerst bedeutsamen Einfluss auf die Hilfeleistung hat.[334] Gab es fünf Zuschauer, eilten bloß 31 Prozent der Probanden dem Collegestudenten mit dem epileptischen Anfall zu Hilfe. Gab es bloß einen Zuschauer, waren es jedoch 85 Prozent! Das Ergebnis konnte im Rahmen zahlreicher Untersuchungen wiederholt werden und trägt heute den wunderschönen Namen „Bystander-" oder auch „Zuschauereffekt"[335].

Im Nachhinein erscheint das Ergebnis nur allzu selbstverständlich: Wer will schon in der Masse auffallen – so richtig auffallen? „Soll ich wirklich? Was sollen nur die anderen denken? Vielleicht hat das ja einen guten Grund, warum sonst auch niemand ..." Bedenken wie diese fallen natürlich weg, wenn wir nicht von Fremden umgeben sind. Wenn wir nach einer Shoppingtour in die dunkle Parkgarage zurückkehren, erhöht sich damit nicht nur die Wahrscheinlichkeit, dass wir ungeniert mit dem bloßen Finger das Stück Salat zwischen den Zähnen hervorkratzen, das uns schon seit dem Mittagessen nervt, sondern eben auch, dass wir einem Ohnmächtigen zu Hilfe eilen.

All das kann nur eines bedeuten: Die Schilderung

des Tiroler Altlandeshauptmanns Alois Partl, wonach „Dutzende, wenn nicht Hunderte Menschen" an ihm vorübergegangen wären, war von Anfang an mehr als zweifelhaft. Und tatsächlich: Gemäß den Recherchen des Politaktivisten Markus Wilhelm war es 21 Uhr, als der Expolitiker von einem Umtrunk in Folge einer Feier in die Parkgarage zurückkehrte und dort stürzte. Glücklicherweise wurde er nach 10 „bis höchstens 15 Minuten" entdeckt und Hilfe verständigt.[336] Um sich gegen Anschuldigungen zu wehren, er habe bewusst die Unwahrheit gesagt, unterzog sich Partl daraufhin einer neurologischen Untersuchung mit dem Ergebnis, dass seine Gedächtnislücke auf eine Amnesie zurückzuführen sei.[337] Was können wir nun aus dieser kleinen Geschichte lernen? Nun, ganz sicherlich nicht daraus lernen können wir, dass die vermeintlichen „Horrorstunden" des Alois Partl ein „Alarmzeichen" gewesen seien, das mangelnde Zivilcourage, zunehmenden Egoismus und eine Entsolidarisierung der Gesellschaft belegen würde. Allerdings trifft das auf das Gegenteil auch zu: Nur weil dem ehemaligen Politiker ziemlich rasch Hilfe geleistet wurde, heißt das genauso wenig, dass es in der Gesellschaft keine Tendenzen zu mehr Egoismus und weniger Solidarität gibt. Die kleine Geschichte ist nichts anderes als ein Beispiel für die Neigung unseres Hausverstands, aus beliebigen Ereignissen Geschichten zu formen.

Was können wir nun tun, um dem zu entgehen? Nun, zum einen können wir uns natürlich jede Mühe ersparen und uns einfach auf unseren gesunden Menschenverstand verlassen. Allerdings brauchen wir uns dann auch nicht zu wundern, wenn uns außer anderen Leichtgläubigen niemand so recht ernst nehmen mag. Zum anderen können wir aber auch unseren gesunden Menschenverstand einer Probe unterziehen.

Nehmen wir zwei Linien her. Beide Linien haben an ihren Enden jeweils zwei Striche. Bei der ersten Linie zeigen die Striche nach innen, bei der zweiten nach außen. Welche dieser beiden Linien ist länger – die erste oder die zweite?

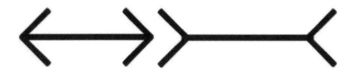

Um diese Frage zu beantworten, können wir unterschiedlich vorgehen. So steht es uns natürlich frei, uns einfach auf unseren subjektiven Eindruck zu verlassen: Die rechte Linie ist länger, das sagt doch der gesunde Menschenverstand! Sollten wir dabei auf einen Kritiker treffen, können wir ihm immer noch Abgehobenheit und schlechte Motive unterstellen, ihn der freimaurerischen Verschwörung bezichtigen und über ihn anonyme Hasskommentare im Internet verbreiten. Mit ein bisschen Glück werden sich Gleichgesinnte, Boulevardmedien und Populisten auf unsere Seite schlagen und den Glauben unseres gesunden Menschenverstands weiter bekräftigen.

Es gäbe jedoch auch noch einen anderen Weg: Wir könnten versuchen Methoden zu finden, mit deren Hilfe sich die Frage objektiv beantworten lässt, welche Linie denn nun länger sei. Eine Möglichkeit wäre, die Länge der Linien einfach mit einem Lineal zu messen. Wir könnten die Linien aber auch ausschneiden und übereinanderlegen. Wie sich dabei zeigt, sind beide Linien gleich lang.

Ich vermute, Sie werden das Ergebnis von Anfang an gekannt haben, handelt es sich doch dabei um eine der bekanntesten (und simpelsten) optischen Täuschungen überhaupt.

Trotzdem beschreibt der Lösungsweg im Grunde genau das, was Wissenschaftler auch tun: Sie verlassen sich nicht einfach auf ihren persönlichen Eindruck, sie zählen, messen, rechnen und prüfen nach. Dieser Tatsache scheint sich der gesunde Menschenverstand offensichtlich nicht bewusst zu sein, sonst würde er mir nicht „Studiengläubigkeit" vorwerfen. Empirische Untersuchungen sind das glatte Gegenteil von Glauben, sie sind die Überprüfung des Glaubens!

Natürlich sind auch Wissenschaftler nicht perfekt und auch das Peer-Review-Verfahren, in dessen Rahmen andere Wissenschaftler über die Veröffentlichung einer Studie in einer wissenschaftlichen Fachzeitschrift entscheiden, hat seine Schwächen. Studien werden eher veröffentlicht, wenn sie etwas beweisen (wie etwa die Wirkung einer Pille), als wenn sie nichts beweisen. Manchmal zeigt sich, dass sich ein Ergebnis nicht wiederholen lässt, nur für einen bestimmten Kulturkreis gilt oder vielleicht gar nicht das beweist, was man zunächst annahm. Es gibt also eine Menge ernsthafte Kritikpunkte. Das Problem liegt jedoch nie an übertriebener, sondern an zu geringer Wissenschaftlichkeit.

Ein häufiger Stolperstein ist die Verwechslung von Ursache und Wirkung. Stellen Sie sich vor, Sie wären ein

SAG MAL PAPA, WENN DU DEIN LEBEN NOCH EINMAL LEBEN KÖNNTEST - WÜRDEST DU WIEDER ALLES GENAUSO MACHEN?

NATÜRLICH NICHT! WENN ICH GEWUSST HÄTTE, DASS ICH EINMAL SO ALT WERDE, HÄTTE ICH VIEL MEHR GETRUNKEN UND GERAUCHT!

Alien auf der Durchreise, das einen Zwischenstopp auf der Erde einlegt. Zufällig landen Sie mit Ihrem UFO neben einer Turnhalle, wo gerade ein Profibasketballspiel ausgetragen wird. Nach kurzer Beobachtung fällt Ihnen auf, dass die Leute am Spielfeld durchschnittlich deutlich größer sind als jene auf den Zuschauerbänken. Es wäre durchaus nicht abwegig, wenn Sie daraus schließen, dass das Ballspiel mit den Körben Menschen größer macht. Als Erdenbewohner wissen Sie natürlich, dass es sich umgekehrt verhält: Große Menschen haben aus naheliegenden Gründen bessere Chancen, Profibasketballer zu werden.

Reines Beobachten reicht also nicht. Wie wir gesehen haben, ist es eher wahrscheinlich, dass ein Passant einem Epileptiker auf einer einsamen Landstraße zu Hilfe eilt als in

279

einer belebten Fußgängerzone in der Stadt. Das heißt jedoch nicht, dass Landbewohner zwingend hilfsbereiter wären als Stadtmenschen. Denn wie Bibb Latané und John Darley mit *zufällig* zusammengewürfelten Probanden gezeigt haben, ist das Phänomen durch die Situation selbst bedingt. Ohne dieses Wissen sind wir jedoch schnell dazu verleitet, Schlüsse zu ziehen, die sich zwar eventuell tiefsinnig anhören, aber schlichtweg aus der Luft gegriffen sind. Daher ist es wichtig, zwischen Korrelation und Kausalität zu unterscheiden. Denn bloß weil zwei Ereignisse oft miteinander auftreten, heißt das noch nicht, dass die Ereignisse auch wirklich in einer ursächlichen Beziehung zueinander stehen. Dafür braucht es Experimente. „Statistik und Sozialwissenschaft haben clevere Methoden entwickelt, um beim Sammeln und Analysieren korrelativer Daten mit größerer Wahrscheinlichkeit auf Kausalzusammenhänge zu stoßen",[338] erläutern die Psychologen Christopher Chabris und Daniel Simons. „Aber der einzige Weg – lassen Sie uns wiederholen, *der einzige Weg* –, um die Ursächlichkeit eines Zusammenhangs definitiv nachzuweisen, ist das Experiment." Das gilt natürlich auch für die in diesem Buch zitierten Untersuchungen.

Vorwurf III: Menschen sind Lemminge

Mehr als die Summe der einzelnen Teile

In seiner Kritik wirft mir mein gesunder Menschenverstand vor, in diesem Buch würden Menschen lediglich als „Lemminge" betrachtet werden: ohne Charakter, ohne eigenen Willen und absolut austauschbar. Damit handelt es sich um jene Sorte Vorwurf, die so falsch ist, dass noch nicht einmal das Gegenteil richtig ist.

Oberflächlich betrachtet liegt das zunächst schon einmal daran, dass Lemminge ihrem Ruf keineswegs gerecht werden. Im Gegensatz zu dem weitverbreiteten Klischee, wonach die kleinen Nager wie in dem Disneyfilm „White Wilderness" aus dem Jahr 1958 oder dem Computerspiel „Lemmings" kollektiven Massenselbstmord begehen, ist es in Wahrheit sogar „extrem schwer, drei Lemminge auf einmal auf ein Bild zu bekommen".[339] Die massiven Populationsschwankungen, die es bei Lemmingen tatsächlich gibt, sind auf ihre Fressfeinde zurückzuführen – und nicht auf irgendeine Form von tödlicher Gefolgschaft.[340] Doch zurück zum Menschen.

Vielen Menschen ist der Gedanke unangenehm, so zu sein wie alle anderen. Surft man im Internet ein wenig durch diverse Onlinecommunities, stolpert man über unzählige Profile, in denen sich Menschen als „Querdenker" bezeichnen, die sich vom „Mainstream" nicht beeindrucken lassen wollen und großen Wert darauf legen, „outside the box" zu denken. Nach Menschen, die sich als „Mitläufer" bezeichnen, sucht man hingegen vergebens. Lemminge sind natürlich immer nur die anderen. Wie wir allerdings gesehen haben, ist Individualismus nicht überall so hoch im Kurs wie bei uns. Während wir im Westen peinlichst bemüht sind, Einstellungen, Worte und Taten unter einen Hut zu bringen, damit sie nur ja zu unserem Selbstbild passen, zeigen sich in den kollektivistischen Kulturen Ostasiens gegenteilige Tendenzen: Statt sich von anderen abzugrenzen und auf die Konsistenz mit dem eigenen Selbstbild zu achten, gilt es dort, die Zugehörigkeit zur eigenen Gruppe zu unterstreichen. Doch sind wir im Westen wirklich so individuell, wie wir alle glauben? Wie die Frage bereits erahnen lässt, werde ich im Folgenden argumentieren, warum ich nicht dieser Meinung bin. Darum lassen Sie mich eine ganz andere Frage stellen: Warum begeht jemand Suizid?

Würde mich jemand spontan befragen, käme meinem gesunden Menschenverstand wohl zuallererst „Verzweiflung" als Antwort in den Sinn. Verzweiflung aufgrund von schweren Depressionen, Verzweiflung wegen eines schweren Verlustes oder Verzweiflung aufgrund allgemein schwieriger Lebensumstände. Wenn man intensiv danach sucht, findet man vermutlich in der Biografie eines jeden Suizidenten Besonderheiten und Ereignisse, die ein „plausibler" Grund für einen Freitod zu sein scheinen, wie Liebeskummer, hohe Schulden oder Probleme am Arbeitsplatz. Es scheint für uns das Selbstverständlichste auf der Welt zu sein, dass die Ursache für eine solch einschneidende Tat in der Persönlichkeit und in den individuellen Lebensumständen einer Person zu suchen ist. Diese Vorgehensweise ist zwar nicht prinzipiell falsch, führt jedoch dazu, dass wir nur die halbe Wahrheit sehen.

Als der Soziologe David Phillips die US-amerikanische Suizidstatistik von 1947 bis 1968 auswertete, fiel ihm auf, dass sich nach jeder großen Suizidstory, die in der Presse ausgiebig behandelt worden war, im Schnitt 58 Leute mehr als sonst umbrachten.[341] Ein Phänomen, das sich leider immer wieder aufs Neue beobachten lässt. Als sich im Jahr 2009 der deutsche Fußballtorwart Robert Enke an einem Bahnübergang das Leben nahm, stürzten sich nahezu alle Medien auf das Thema. Bis „auf die FTD erschien heute kein einziges Publikumsmedium mit einem anderen Thema als Aufmacher",[342] kritisierte damals der Blogger Jens Berger. „Die Medien arbeiten seit einer Woche daran, die Zahl der Selbstmorde in Deutschland in die Höhe zu treiben",[343] pflichtete ihm der Medienjournalist Stefan Niggemeier ein paar Tage später bei. Die Befürchtungen dürften sich leider bewahrheitet haben.

Während die Zahl der „Schienensuizide" in Deutschland 2007 bei 720[344] und 2008 bei 714[345] lag, schoss sie 2009 auf 875[346] in die Höhe. Manchmal kann man eben doch etwas aus der Geschichte lernen. Doch die deutschen Medien taten oder – noch schlimmer – wollten es nicht. „Werther-Effekt" wird das Phänomen genannt, benannt nach Goethes Briefroman „Die Leiden des jungen Werthers", in dem der Protagonist seinem Leben aus Liebeskummer ein Ende setzt. Das 1774 erschienene Werk soll einst eine Welle an Suiziden mit sich gebracht haben.

Wie David Phillips statistische Auswertungen ergaben, scheinen die Auswirkungen des Werther-Effekts noch drastischer zu sein, als man erwarten würde. So entdeckte er, dass nach intensiven Medienberichten über Suizide auch die Zahl der Todesopfer im Straßenverkehr hochschnellte.[347] Je mehr über die Selbstmorde berichtet worden war, desto stärker war auch der Anstieg der Unfälle. Nach Suizidberichten über junge Personen verunglückten vermehrt junge Autofahrer; gingen dem Berichte über betagtere Suizidenten voran, waren mehr ältere Pkw-Lenker davon betroffen; Berichten über Suizide mit mehreren Todesopfern folgten auch Unfälle mit mehreren Toten. Da sich zudem zeigte, dass nach Suizidberichten Opfer von schweren Autounfällen viermal so schnell verstarben als normalerweise, kann man sich der Schlussfolgerung nur schwer verwehren, dass es sich dabei nicht um Unfälle, sondern um verschleierte Selbstmorde handelte. Um sich ihres Todes sicher sein zu können, setzten die Suizidenten offensichtlich alles daran, möglichst schwere Unfälle zu bauen.

Natürlich bringen sich einigermaßen zufriedene Menschen nicht einfach mal so um, weil sie einen Suizidbericht in der Zeitung gelesen haben. Doch für jemanden, der verzweifelt ist, an schweren Depressionen leidet oder mit schlimmen Lebensumständen zu kämpfen hat, könnten intensive Suizidberichte jener Initialfunke sein, der schließlich zur Umsetzung in die Tat führt. Darauf verweist auch die Ähnlichkeit zwischen den Nachahmungstätern und ihren Vorbildern. Diese gilt übrigens keineswegs nur bei Suiziden.

Als David Phillips Fernsehübertragungen von Boxkämpfen im Zeitraum von 1973 bis 1978 analysierte, stellte sich heraus, dass nach Boxkämpfen, bei denen ein Dunkelhäutiger verloren hatte, vermehrt junge schwarze Männer Opfer von Tötungsdelikten geworden waren, während die Zahl weißer Mord- und Totschlagsopfer nicht anstieg – und umgekehrt.[348] Die Übertragung der Schwergewichtsmeisterschaft zog also offenbar nicht nur einen Anstieg der Tötungsdelikte mit sich, sondern schien darüber hinaus auch noch für die Auswahl der Opfer verantwortlich zu sein. Man könnte nun einwenden, dass es sich hierbei um Extrembeispiele handelt. Labile Personen mögen ja leicht manipulierbar sein. Doch ein gesunder Mensch ist Herr in seinem eigenen Haus, kann sich seine eigene Meinung bilden und lässt sich von anderen nur dann beeinflussen, wenn diese nach Prüfung aller Argumente auch wirklich recht haben sollten. Das ist eine schöne Idealvorstellung. Mit der Realität hat sie leider wenig zu tun.

Gute Gründe zuzunehmen

Vor weit mehr als 60 Jahren begann in einem Vorort von Boston, Massachusetts, eine Untersuchung, die nach eben dieser Stadt „Herzstudie von Framingham" genannt wurde. Mithilfe dieser Langzeituntersuchung sollte Risikofaktoren für Herzkrankheiten auf den Grund gegangen werden. Viele Ergebnisse der Herzstudie gehören heute zum medizinischen Allgemeinwissen. Zwei Drittel aller Erwachsenen, die in Framingham lebten, meldeten sich damals freiwillig, um sich regelmäßig von einem Arzt untersuchen zu lassen. Akribisch wurden die Lebensgewohnheiten der Probanden festgehalten: Sie wurden abgewogen, nach ihrem Rauch- und Trinkverhalten befragt, nach ihrer Lebenszufriedenheit und etwaigen Depressionen. Der Umfang der Studie ist beträchtlich. Nachfolgeuntersuchungen umfassen sogar die Kinder und Enkelkinder der ursprünglichen Teilnehmergeneration.

Als die Aufmerksamkeit des Mediziners und Soziologen Nicholas Christakis und des Politikwissenschaftlers James Fowler auf die Framingham-Studie gelenkt wurde, beschäftigten sich die Wissenschaftler mit einem Problem, das auch in der öffentlichen Diskussion einen immer größeren Stellenwert einnimmt: Übergewicht. Oft wird in diesem Zusammenhang von einer „Epidemie" gesprochen. Doch handelt es sich dabei bloß um eine Metapher? Oder wäre es vielleicht sogar möglich, dass Übergewicht tatsächlich über soziale Beziehungen übertragbar ist?

„Rein zufällig entdeckten wir in der Framingham-Herzstudie genaueste handschriftliche Aufzeichnungen, die es den Mitarbeitern ermöglichen sollten, die Teilnehmer alle zwei oder vier Jahre zu kontaktieren",[349] so Christakis und Fowler. „Wir konnten unser Glück kaum fassen, denn diese Aufzeichnungen, die nie zuvor veröffentlicht worden waren, beinhalteten detaillierte Informationen über Freunde, Verwandte, Kollegen und Nachbarn jedes der Teilnehmer." Oftmals handelte es sich dabei ebenso um Probanden der Herzstudie. Somit hatten Christakis und Fowler nicht nur Langzeitdaten wie Gewicht, Alkoholkonsum oder Lebenszufriedenheit, sondern auch Informationen über die persönlichen Beziehungen, die die Teilnehmer untereinander unterhielten. Daraus entstand ein groß angelegtes Abbild der sozialen Struktur von Framingham, das sich über 32 Jahre erstreckte. Das Ergebnis brachte den beiden Wissenschaftlern weltweite Aufmerksamkeit ein. Wie sich zeigte, verkehrten dünne Menschen tatsächlich mehr mit anderen Leichtgewichten, während Dickere eher Kontakte zu anderen Dicken unterhielten.[350] Das war kein Zufall. Wurde etwa ein Freund einer Person schwer übergewichtig, dann verdreifachte sich die Wahrscheinlichkeit, dass die Person selbst auch zunahm. Und nicht nur das: Wenn der Freund eines Freundes krankhaft übergewichtig wurde, erhöhte sich die Wahrscheinlichkeit für die Person ebenfalls, an Übergewicht zu leiden. Die Wahrscheinlichkeit für Übergewicht erhöht sich sogar dann, wenn der Freund eines Freundes eines Freundes schwer übergewichtig wurde.

Bemerkenswert daran ist, dass nicht äußere Umstände für das Phänomen verantwortlich sind, sondern offenbar die Beziehungen selbst. Schließlich könnte man einwenden, dass es nicht verwunderlich wäre, wenn etwa zwei befreundete Arbeitskollegen übergewichtig sind – solange sie in ihrer Kantine täglich riesige Fleischportionen vorgesetzt bekommen. Ihr Übergewicht hätte dann jedoch nichts mit ihrer Freundschaft zu tun, sondern wäre auf das fette Kantinenessen zurückzuführen. Doch wie die Analyse von Christakis und Fowler ergab, spielte die Art der sozialen Beziehung eine entscheidende Rolle.

Am stärksten trat der Effekt dann auf, wenn sich zwei Teilnehmer der Herzstudie gegenseitig als Freunde angaben – und zwar deutlich stärker als bei Ehepartnern. Sah hingegen Person A Person B als Freund an, Person B Person A aber nicht, machte eine Gewichtszunahme von Person B zwar auch eine Gewichtszunahme von Person A wahrscheinlicher; wurde jedoch Person A dicker, blieb Person B davon unbeeinflusst. Wäre die Gewichtszunahme auf äußere Ursachen wie eine gemeinsam frequentierte Kantine zurückzuführen, müssten Person A und Person B unabhängig von ihrer Beziehung zueinander zunehmen. Das Phänomen trat sogar dann auf, wenn ein Freund längst weggezogen war und der Kontakt nur noch telefonisch gepflegt wurde.

In ihrem Buch „Connected!" schildern Nicholas Christakis und James Fowler, dass die Veröffentlichung ihrer Untersuchung Hunderte empörte E-Mails, Blogartikel und

Kommentare zur Folge hatte. Während manche meinten, dass die Erkenntnisse doch das Selbstverständlichste auf der Welt seien, zeigten sich andere über die Vorstellung entrüstet, „etwas so persönliches, individuelles und klinisches wie die Gewichtszunahme"[351] könne auch nur irgendetwas mit Ansteckung zu tun haben. „Diese Erkenntnis scheint dem gesunden Menschenverstand gleichzeitig zu ent- und zu widersprechen", resümieren die beiden Forscher trocken. Auch ihr eigener gesunder Menschenverstand wurde im Rahmen der Untersuchung für kurze Zeit herausgefordert. Als sie am Computer ihre Daten zu animierten Grafiken des sozialen Netzwerks von Framingham umwandelten, erwarteten sie der epidemischen Ausbreitung von Übergewicht buchstäblich zusehen zu können. „Wir stellten uns die Ausbreitung vor wie die konzentrischen Wellen, die ein Kieselstein verursacht, der in einen Teich geworfen wird."[352] Was sie aber zu Gesicht bekamen, war weitaus komplexer. Statt kreisförmig schien sich Übergewicht chaotisch auszubreiten; die Vorstellung eines einzelnen Zentrums erwies sich als Irrtum. Dann „erkannten wir, dass wir den falschen Vergleich gewählt hatten: Es wurde nicht ein Stein ins Wasser geworfen, sondern eine ganze Handvoll Kiesel."[353] Die eine Ursache, die eine Person, die mit ihrer Körperfülle alle anderen angesteckt hatte, gab es nicht.

Mut zur Vogelperspektive

All dies steht freilich in krassem Gegensatz zum narrativen Denken unseres gesunden Menschenverstands. Und es steht in krassem Gegensatz zu der Art, wie viele Journalisten berichten – allem voran im Boulevard. Als Faustregel gilt: Was nicht auf eine Person zuordenbar ist, findet in der

Öffentlichkeit nicht statt. Das gilt sogar für Tiere. Als einem bayrischen Bauern im Frühjahr 2011 eine Kuh namens Yvonne entkam, beschäftigte das Schicksal des Hausrinds nicht nur deutschsprachige Medien wie die *FAZ*[354], *Spiegel Online*[355] und *Sueddeutsche.de*[356], sondern unter anderem auch den britischen *Guardian*[357], The *Independent*[358], *CBC Radio Canada* und *Radio France International*. Selbst in Südafrika, Abu Dhabi und Indien wurde von dem entlaufenen Tier berichtet.[359] Als hingegen die ehemalige Boulevard-Journalistin Kerstin Dombrowski ihren Redaktionskollegen einmal vorschlug eine Geschichte über männliche Küken zu machen (die in großen landwirtschaftlichen Betrieben am Fließband aussortiert und getötet werden), wurde dies abgelehnt. „Das war alles kein Thema",[360] so Dombrowski in einem Radiointerview, „man brauchte das schon griffiger, ein Einzelschicksal." Wenn nicht einmal der leicht zu erklärende Umstand thematisiert werden kann, dass männliche Küken mangels Eierproduktion getötet werden, brauchen wir uns wenig Hoffnung machen, dass die spannenden Ergebnisse aus der Netzwerkforschung jemals breiter gesellschaftlicher Konsens werden. Zwar wird Erkenntnissen wie jenen der Netzwerkforschung in Zeitungen und Magazinen durchaus Platz eingeräumt, in aller Regel bleiben sie jedoch im Wissenschaftsteil „eingesperrt".

Margaret Thatcher wird der Satz zugeschrieben, dass es so etwas wie eine Gesellschaft nicht gebe, sondern nur Individuen. Folgt man den simplen Narrativen der Medienrealität, könnte man den Eindruck gewinnen, dass das tatsächlich zutrifft. Ein Konzern macht Rekordgewinne, weil der Vorstandsvorsitzende so charismatisch ist. Ein Krimineller begeht ein Verbrechen, weil er böse ist. Einer Partei laufen die Wähler davon, weil der Parteichef so wenig durchsetzungsfähig ist. Das sind die Geschichten, die wir tagtäglich in der Zeitung lesen. Diese Geschichten müssen nicht zwingend falsch sein, lassen jedoch wesentliche Perspektiven gänzlich außer Acht.

„Neuere Forschungen beschäftigen sich mit der Frage, welche Umstände es einflussreichen Menschen ermöglichen, ihren Einfluss auszuüben",[361] schildern Nicholas Christakis und James Fowler. Dabei habe sich gezeigt, dass Einfluss allein nicht ausreicht: „In ihrer Netzwerkumgebung muss es auch beeinflussbare Menschen geben, denn die Verbreitung von Neuerungen hängt stärker von deren Eigenschaften und Zahl ab als von den einflussreichen Menschen selbst."[362] Der gleiche Manager, der in einem Unternehmen für seine Durchsetzungsfähigkeit bekannt ist, kann somit in einem anderen Unternehmen genauso gut scheitern. Selbst Phänomene, von denen es niemand ahnen würde, scheinen von sozialen Netzwerken beeinflusst zu werden. Dazu gehören auch Rückenschmerzen. So haben deutsche Wissenschaftler festgestellt, dass vor dem Fall der Berliner Mauer weitaus weniger DDR-Bürger an Rückenschmerzen litten als BRD-Bürger.[363] Zehn Jahre nach der Wiedervereinigung waren Rückenschmerzen auch in Ostdeutschland zum Volksleiden geworden. Ihre Vermutung, bei der Ausbreitung von Rückenschmerzen könnte es sich um soziale Übertragung handeln, begründen die Forscher mit quasi-experimentellen Untersuchungen, die gezeigt haben, dass Einstellungen, Meinungen und Verhaltensweisen in Bezug auf Rückenschmerzen durch große Medienkampagnen positiv beeinflusst werden können; die Zahl der Arbeitsunfähigen wurde gesenkt. „Wenn die psychosoziale Entgiftung möglich scheint", fragen die Wissenschaftler, „warum dann nicht auch die Verseuchung?"

Beobachtungen wie diese sind kein Zufall. Der Mensch ist ein soziales Wesen. Daher ist es auch wenig verwunderlich, dass Glück[364] ebenso sozial ansteckend ist wie Einsamkeit[365], Schlaflosigkeit[366] oder Alkoholkonsum[367].

Doch sind wir deshalb die wahren „Lemminge", unfrei, willensschwach und opportunistisch?

Nein, sind wir nicht. Wir müssen ja nicht dick werden, wenn ein Freund von uns schwer übergewichtig wird. Auch beim Milgram-Experiment gab es Probanden, die nicht dazu bereit waren, ihrem Opfer einen tödlichen Stromstoß zu verpassen. Und auch in belebten Fußgängerzonen finden sich immer wieder Leute, die sich nicht scheuen in Not geratenen Menschen zu helfen. Spezifische situative Umstände *erzwingen* bestimmte Verhaltensweisen nicht, sie machen sie aber *wahrscheinlicher*. Für uns selbst scheinen die Umstände freilich weit weniger zwingend zu sein als für unsere Mitmenschen. Wir haben nämlich die Neigung, uns selbst für unbeeinflussbarer zu halten als andere Menschen.[368] „Andere mögen durch die Zurschaustellung von Gewalt im Fernsehen negativ beeinträchtig werden – ich allerdings bin dagegen immun", lautet eine oft geäußerte Vorstellung. Diese Illusion hat durchaus ihren Sinn: Sie gibt uns Zuversicht und befähigt uns verantwortungsvoll zu handeln. Wir fahren damit also nicht schlecht, wenn wir unsere Selbstbestimmtheit ein wenig überschätzen.

Wenn es um gesellschaftliche Analysen und politische Entscheidungen geht, wird das jedoch problematisch. Oftmals werden unsere Entscheidungen, Einstellungen und Verhaltensweisen von Einflüssen gelenkt, die unserem gesunden Menschenverstand nur sehr schwer zugänglich sind (oder hatten Sie immer schon den Freund eines Freundes Ihres besten Freundes in Verdacht, er könnte für das Scheitern Ihrer Neujahrsvorsätze verantwortlich sein?). Wenn wir diese Einflüsse auf der politischen Ebene nicht mitbedenken und gesellschaftliche Fragen ausschließlich aus der Perspektive des Individuums betrachten, führt das nicht zu mehr, sondern zu weniger Freiheit. Wir berauben uns damit der Freiheit, die Verhältnisse innerhalb unserer

Gesellschaft zum Besseren zu verändern – und diese ist für unser eigenes Wohlergehen wichtiger, als es zunächst den Anschein haben mag.

Einzusehen, vielleicht nicht ganz so unabhängig und einzigartig zu sein, wie man immer gedacht hat, ist jedoch kein Grund zur Verbitterung. Wie Michel de Montaigne auf elegantem Wege vorgezeigt hat, kann gerade diese Einsicht ein äußerst glaubwürdiger Beleg für die eigene Individualität darstellen: „Ich halte mich für einen gewöhnlichen Durchschnittsmenschen; ich bin es höchstens deshalb nicht, weil ich mich dafür halte."[369]

Vorwurf IV: „Verquere Logik"

Der letzte Punkt, auf den ich eingehen möchte, ist vielleicht der wichtigste. Gemäß meiner „verqueren Logik", so meint mein gesunder Menschenverstand in Anspielung auf Kapitel 5, „müssten wir nur noch für jedes Delikt eine kräftige Belohnung aussetzen – nach kurzer Zeit hätten Kriminelle schlicht keine Lust mehr, einbrechen zu gehen, Drogen zu nehmen oder den Nebenbuhler zu erwürgen". Das ist natürlich Unsinn. Was ich sage, ist: Strafandrohungen *können* kontraproduktiv sein, Belohnungen *können* demotivieren, zu viel Auswahl *kann* sich als glückshemmend erweisen, Verlustaversion *kann* zu noch größeren Verlusten führen usw. – unter ganz bestimmten Voraussetzungen. Es geht also um Möglichkeiten, Tendenzen und Wahrscheinlichkeiten, nicht um zwingende Naturgesetze, die unter keinerlei Umständen Abweichungen erlauben. Denn genau dagegen richtet sich meine Kritik: Allzu oft werden unter der Berufung auf den gesunden Menschenverstand Binsenweisheiten als ewiggültige Wahrheiten verkauft, die keinen Widerspruch dulden, obwohl sie nicht einmal wahr sind.

Wenn Sie auch nur einen einzigen Gedanken aus diesem Buch mitnehmen, dann bitte diesen: Wenn es um das Zusammenwirken von menschlichem Denken und Handeln geht, ist so gut wie nichts so einfach, wie es oberflächlich scheint. Das ist trivial, ich weiß. Doch die Verleugnung von Komplexität ist nun einmal der Kern, der so oft hinter dem gesunden Menschenverstand steckt. Beinahe scheint sich mit der Verwendung der Begriffe „Hausverstand" und „gesunder Menschenverstand" eine nie offen ausgesprochene Art der Zweiklassengesellschaft zu manifestieren: Auf der einen Seite gibt es die Verteidiger, die sich voll des Zornes darüber beklagen, dass heute viel zu wenig auf den gesunden Menschenverstand gehört werde. Auf der anderen Seite gibt es jene, für die der gesunde Menschenverstand auf der gleichen Ebene wie die berühmte Milchmädchenrechnung rangiert.

Das war nicht immer so. Es gab Zeiten, in denen Gelehrte und Philosophen dem gesunden Menschenverstand sogar Rosen streuten. „Der gesunde Menschenverstand ist die am besten verteilte Sache in der ganzen Welt, denn ein jeder fühlt sich damit angemessen ausgestattet",[370] meinte der im 17. Jahrhundert lebende Philosoph René Descartes. „So pflegen sich auch jene, die sonst in allen Dingen sehr schwierig zufrieden zu stellen sind, von diesem nicht mehr zu wünschen, als sie bereits haben." Diese Auffassung, mit der Descartes seinen berühmten „Discours de la méthode" beginnt, wird oft als Ironie missverstanden. Tatsächlich aber lässt der Philosoph gleich im Anschluss keinen Zweifel daran, dass er das keineswegs scherzhaft meint: Es sei „zumindest unwahrscheinlich, daß sie sich darin täuschen, sondern es bezeugt vielmehr, daß die Macht, richtig zu urteilen und Wahres von Falschem zu unterscheiden, eigentlich das ist, was man den gesunden Menschenverstand oder die Vernunft nennt". Das Argument ist natürlich albern.

Die Aussage jedoch, die er damit treffen wollte, ist durchaus nachvollziehbar: „Er meint damit nämlich nicht, dass Menschen manchmal unvernünftig denken und handeln, weil es ihnen an gesundem Menschenverstand fehlt",[371] erläutert der Philologe Carlos Spoerhase. „Vielmehr scheint es ihm, dass sie gelegentlich unvernünftig denken und handeln, weil sie ihren gesunden Menschenverstand nicht methodisch einsetzen." Ein regelrechter Fan des gesunden Menschenverstands war der im 18. Jahrhundert lebende Philosoph und Aufklärer Moses Mendelssohn. Es gäbe ausreichend Beispiele, war Mendelssohn überzeugt, die zeigen würden, dass „gesunder Menschenverstand und Vernunft im Grunde einerlei sei".[372] Der Unterschied liege bloß darin, dass die Vernunft eher vorsichtig, zaghaft und auch etwas furchtsam arbeite, während der gesunde Menschenverstand voller Wagemut eilig voranschreitet. Dass gerade diese Hast dem gesunden Menschenverstand oftmals zum Verhängnis wird, offenbart Mendelssohn an anderer Stelle selbst – wenn auch nicht ganz beabsichtigt:

Dinge, die sich in der Geschichte nur ein einziges Mal zutragen, und vielleicht nie, wenigstens unter denselben Umständen nie, wiederkommen dürften, können sich zusammenfügen, ohne von einander unmittelbar hervorgebracht, oder auch nur veranlaßt zu sein. Sobald sie aber öfter vorkommen, und allezeit in derselben Verbindung und Zusammenfügung; so vermutet der gesunde Menschenverstand schon ursächlichen Einfluß, und erwartet vom Ähnlichen Ähnliches.[373]

Moses Mendelssohn meinte das nicht abwertend, sondern durchaus lobend. Immerhin gab er selbst zu, dass der gesunde Menschenverstand durchaus auch auf Abwege geraten könne.

Auch der große Immanuel Kant war ein Verfechter des gesunden Menschenverstands. In seiner „Kritik der Urteilskraft" formulierte er sogar drei Maximen, die für den Erfolg des „gemeinen Menschenverstands" bürgen: „1. Selbstdenken; 2. An der Stelle jedes andern denken; 3. Jederzeit mit sich selbst einstimmig denken."[374] Kant skizzierte somit keinen passiven Verstand, der sich von seinen Affekten treiben lässt, sondern eine vorurteilsfreie und konsequente Vernunft, die in der Lage ist, einen allgemeinen Standpunkt einzunehmen. Diese „Denkungsart", wie Kant sie nannte, ist sicherlich wünschenswert. Allerdings entspricht sie nicht dem, was heute gemeinhin als „gesunder Menschenverstand" verstanden wird.

Häufig bekomme er zu hören, „ja, aber das ist ja jetzt nicht gerade so eine umwerfende Erkenntnis. Also das sagt ja auch der gesunde Hausverstand, dass Menschen sich so verhalten", erzählte etwa der angesehene Verhaltensökonom Ernst Fehr 2011 im Schweizer Fernsehen.[375] „Nun", so Fehr, „man muss vorsichtig sein mit dem gesunden Hausverstand, der wissenschaftliche Beweis ist sicher das Verlässlichere." Ebenso kritisch sieht das der Physiker Anton Zeilinger, der sich insbesondere mit Experimenten zur Quantenteleportation einen Namen gemacht hat: „Weil unsere Alltagsanschauung, besagter ‚gesunder Menschenverstand', mit den Aussagen der Quantenphysik so seine liebe Not hat, könnte es ja sein, dass vielleicht auch an unserem Menschenverstand etwas faul ist – vielleicht müssen wir an unserer Weltsicht etwas ändern."[376] Die Satireplattform *Stupidedia* wird noch etwas deutlicher. Sie definiert den gesunden Menschenverstand gar so: „Unter dem gesunden Menschenverstand (bes. österr. auch: Hausverstand) versteht man das In-sich-Gehen (und Handeln) nach mindestens 35 Bier."[377] Was ist da in den vergangenen Jahrhunderten passiert? Wieso ist der gesunde Menschenverstand heute so in Misskredit geraten, während ihm Kant noch Fähigkeiten wie Vorurteilsfreiheit und Empathie zugestand?

Vermutlich haben mehrere Entwicklungen dazu beigetragen. Indem es Forschern gelang, ihren gesunden Menschenverstand zu domestizieren und Methoden zu entwickeln, ihn systematisch einzusetzen, hat die Wissenschaft in den vergangenen Jahrhunderten Riesenfortschritte gemacht. Spätestens mit der modernen Physik wurde klar, dass wir in einer Welt leben, die sich der gesunde Menschenverstand in seinen kühnsten Träumen nicht vorstellen konnte. Kaum ein Ausspruch bringt das so schön auf den Punkt wie jener des dänischen Physikers Niels Bohr, als er bemerkte, wen die Quantentheorie beim ersten Hören nicht empöre, der habe sie nicht richtig verstanden.[378] Natürlich gibt es Menschen – und Apologeten des gesunden Menschenverstands finden sich besonders oft darunter –, die meinen, dass die Erforschung von Theorien wie jener der Quantenmechanik ohnehin bloß hinausgeworfenes Geld wäre. Die technischen Errungenschaften, die damit möglich wurden, verwenden jedoch alle ganz gerne. Der Punkt ist: Ein Großteil des Wissens, das die Menschheit angesammelt hat, ist intuitiv nicht erfassbar – auch wenn es der gesunde Menschenverstand nicht so empfinden mag.

Eine andere Ursache für den schlechten Ruf des gesunden Menschenverstands dürfte weitaus banaler sein. Immer dann, wenn wir kein Argument auf Lager haben, hilft eigentlich nur noch eines: Sich auf den gesunden Menschenverstand zu berufen. Sie fühlen sich schwach? Dann nichts wie zum Aderlass, das sagt doch der gesunde Menschenverstand! Ihr Kind hat schlechte Schulnoten? Wer nicht lernen will, muss fühlen – das sagt doch schon der gesunde Menschenverstand! Ihr Land macht Schulden, weil die Konjunktur eingebrochen ist? Dann muss es mehr sparen, das sagt doch der gesunde Menschenverstand! Seit Jahrhunderten wird der gesunde Menschenverstand herbeiimaginiert, wenn die Vernunft an ihre Grenzen stößt. Allerdings ist alleine die Idee dahinter schon höchst fragwürdig. Selbst wenn man den gesunden Menschenverstand als „korrektes Denken" definiert, macht es wenig Sinn, sich darauf zu berufen. Denn einfach zu behaupten, man hätte bereits korrekt gedacht (und implizit anzudeuten, dass alle anderen Menschen das genauso sehen würden), das kann schließlich jeder. Der Wahrheitsfindung kommt man damit aber kein Stück näher. Vielmehr handelt es sich um eine bequeme Methode, kritische Nachfragen im Keim zu ersticken.

Und noch etwas dürfte für das Image des gesunden Menschenverstands alles andere als förderlich gewesen sein: das „gesunde Volksempfinden", ein Begriff, den die Nationalsozialisten nicht nur propagandistisch nutzten, sondern mit dem sie der Rechtsprechung mehr Freiraum für politische Willkürakte verschafften.

Wie dem auch sei: Spätestens im 20. Jahrhundert scheint der gesunde Menschenverstand seine Sympathien bei Intellektuellen größtenteils verspielt zu haben. Kaum an anderer Stelle wird das so deutlich wie in den „Mythen des Alltags" von Roland Barthes. „Bekanntlich wird der Krieg gegen die Intelligenz stets im Namen des gesunden Menschenverstandes geführt",[379] beklagte der französische Philosoph in seinem in den 1950er-Jahren verfassten Werk. Es sei das Kleinbürgertum, meinte Barthes, das über den gesunden Menschenverstand als seinen Besitz wache,

gleichsam als stolzes physikalisches Anhängsel, als besonderes Wahrnehmungsorgan. Ein seltsames Organ übrigens, da es, um klar zu sehen, sich blenden und sich weigern muß, über den Anschein hinauszugehen, und da es die Vorgaben des „Wirklichen" für bare Münze nehmen und alles für nichtig erklären muß, was eine Erklärung zu liefern droht [...]. Es hat die Aufgabe, das, was man sieht, und das, was ist, einfach gleichzusetzen und eine Welt ohne Vermittlung, ohne Übergang und ohne Fortschritt zu gewährleisten. Der gesunde Menschenverstand ist gleichsam der Wachhund der kleinbürgerlichen Gleichungen: Er verstopft sämtliche dialektischen Ausgänge, definiert eine homogene Welt, in der man unter sich ist, geschützt vor den Verwirrungen und undichten Stellen der „Einbildung" (also: einer unberechenbaren Sicht der Dinge).[380]

Für Barthes hatte der gesunde Menschenverstand autoritären Charakter, weil er sich im Besitz letztgültiger Wahrheiten wähnt und jede Gehirntätigkeit verunglimpft, die darüber hinausgeht. Natürlich besitzt der gesunde Menschenverstand keine Exklusivrechte auf diese Form der Engstirnigkeit. Der Psychotherapeut, Philosoph und Autor Paul Watzlawick nennt in diesem Zusammenhang Religionen, philosophische Systeme, „die Genialität oder Hellsicht bestimmter Individuen, die supreme, axiomatische Bedeutung der Vernunft oder auch nur des in ganz bestimmter Weise definierten ‚gesunden Menschenverstandes' oder ‚gesunden Volksempfindens' als höchster Autorität, oder in unseren Tagen wieder einmal eine besonders radikale Zuschreibung von Unfehlbarkeit und Endgültigkeit an ein angeblich wissenschaftliches Weltbild".[381]

Dem stimme ich absolut zu. Nicht nur der Hausverstand lässt uns missliebige Fakten ausblenden und Andersdenkende verteufeln, sondern eben auch Ideologien, Religionen und Denkschulen welcher Art auch immer. Allerdings gebe ich zu bedenken, dass in unseren Breiten die großen Weltbilder zusehends bedeutungsloser zu werden scheinen. Einstige Volksparteien leiden ebenso an Mitgliederschwund wie Gewerkschaften oder Kirchen. Man kann das begrüßen oder erschreckend finden, auf alle Fälle jedoch kann man es schwer verleugnen. Den einst mächtigen Weltbildern kommen zusehends die Institutionen abhanden, die sie einst vermittelten. Der einzige Profiteur dieser Entwicklung ist jene Ideologie, die kein Vorwissen erfordert (bzw. sich sogar dagegen verwehrt): die des gesunden Menschenverstands, des kleinsten gemeinsamen Nenners im Supermarkt der Weltanschauungen. Sind die Angebote vielfältig, die Produktbeschreibungen unübersichtlich und schwer verständlich, nehmen wir eben gerne das Billigste. Konkret bedeutet das vor allem eines: Populismus. Ich glaube daher, dass das Verständnis des gesunden Menschenverstands ein wesentlicher Schlüssel ist, um gegenwärtige Entwicklungen unserer Gesellschaft zu verstehen. Dieses Buch soll ein Anstoß dafür sein.

SCHLUSS

Leben mit gesundem Menschenverstand

Wer alles weiß, hat nichts verstanden

In der Pilotsendung seiner Fernsehshow *The Colbert Report* präsentierte der US-Satiriker Stephen Colbert einen Neologismus, der nur wenige Monate später von der *American Dialect Society* zum Wort des Jahres 2005 gewählt wurde. „Truthiness"[382] hieß das neue Wort, das sich wohl ungefähr mit „Wahrheitigkeit" übersetzen lässt, jedoch im Deutschen stark an Witz verliert. Damit gemeint sind jene „Wahrheiten", die zwar nicht den „elitären" Ansprüchen von Fakten gerecht werden, die sich aber gut im Bauch anfühlen. Die Hauptstadt von Australien mag zwar Canberra heißen – aber mal ehrlich: Würde sich Sidney als australische Hauptstadt nicht viel *wahrheitiger* anfühlen?

Manchmal handelt es sich bei *Wahrheitigkeit* bloß um tradierte Missverständnisse, wie etwa um den Irrglauben, dass die Vorstellung von der Welt als Scheibe im Mittelalter die Lehrmeinung gewesen wäre.[383] Meistens sind es aber bewusste oder unbewusste Fehlschlüsse. Im Kern steht dabei schlampiges Denken, oft vorgetragen als scheinbar pointierte Polemik. Witz kommt eben nicht immer von

Wahrheit, sondern oft genug auch von *Wahrheitigkeit*. Die große Resonanz, die *Truthiness* erntete, weist darauf hin, dass Colbert mit seiner Wortschöpfung den Finger auf eine Wunde gelegt hatte. Denn *Truthiness* ist keineswegs nur eine Angelegenheit von Kindern und Narren, sondern scheint am besten Weg zu sein, zur obersten Richtschnur gesamtgesellschaftlicher Debatten zu werden. Als ein Erdbeben in Japan zum Reaktorunglück von Fukushima führte, verkündete Deutschlands Bundeskanzlerin Angela Merkel den Ausstieg aus der Atomenergie. Noch wenige Monate zuvor hatte ihre Regierung eine Laufzeitverlängerung für Kernkraftwerke durchgesetzt. „Ich habe eine neue Bewertung vorgenommen",[384] argumentierte Merkel im Deutschen Bundestag, „denn das Restrisiko der Kernenergie kann nur der akzeptieren, der überzeugt ist, dass es nach menschlichem Ermessen nicht eintritt. (...) Das Restrisiko der Kernenergie habe ich vor Fukushima akzeptiert, weil ich überzeugt war, dass es in einem Hochtechnologieland mit hohen Sicherheitsstandards nach menschlichem Ermessen nicht eintritt. Jetzt ist es eingetreten." Natürlich musste der promovierten Physikerin klar gewesen sein, dass es nun einmal in der Natur von Risiken liegt, eintreten zu können, auch wenn man sie lieber „Restrisiken" nennen mag. Und die haben sich durch das Unglück in Japan kein bisschen geändert. Die Begründung ihrer fundamentalen Kehrtwende – ein klassischer Fall von Truthiness.

Das Ergebnis mag man begrüßenswert finden oder nicht. Doch das Problem geht über Einzelentscheidungen hinaus. Wo von höchster Stelle Halbwahrheiten verbreitet werden, sollte es uns nicht verwundern, wenn auch Fakten Konkurrenz von Verschwörungstheoretikern, Scharlatanen und Populisten bekommen. Doch was ist ein Populist? Ein Populist ist jemand, dessen Forderungen populär klingen, aber nicht unbedingt populär sind, wenn man sie zu Ende denkt. Eine verlotterte Medienlandschaft ist dabei leider keine große Hilfe. Die österreichische Literaturnobelpreisträgerin Elfriede Jelinek schrieb einmal über die „Kronen Zeitung", die größte Zeitung Österreichs und – gemessen an der Einwohnerzahl – eine der erfolgreichsten Zeitungen der Welt:

> *Die Massen lesen die Kronenzeitung, das heißt, sie hören sich selber beim Denken zu, ohne zu ahnen, daß man ihnen nur gibt, was sie je, immer schon gedacht haben, im Gegenteil, sie freuen sich, daß es welche gibt, die sagen, was sie immer schon gesagt haben, nur besser, schneller, schwärzer, und damit wird der Prozeß des Denkens abgebrochen, noch ehe er beginnen kann.*[385]

Jelineks Beschreibung bezog sich zwar auf ein ganz spezifisches Medium, lässt sich aber durchaus auf andere Boulevardmedien, Populisten und Scharlatane übertragen: Sie lassen den Denkprozess enden, noch ehe er begonnen hat. Der Abbruch des Denkens wird dabei aber nicht als Abbruch, sondern als eine quasi-geniale Abkürzung empfunden, mit der sich dieses Buch ausgiebig beschäftigt hat: mit dem gesunden Menschenverstand.

Natürlich gibt es Fälle, wo der gesunde Menschenverstand tatsächlich seine Berechtigung hat. Beim Zusammenbau eines Ikeaschranks kann eine Portion gesunder Menschenverstand gewiss nicht schaden. Hier ist lineares, logisches Denken gefragt, das in aller Regel keine Rücksicht auf Paradoxien erfordert. Ist die Schraube zu kurz, hält der Knopf nicht. Auch bei pseudowissenschaftlichen Theorien, von denen sich etwa die Esoterik speist, wäre mehr Hausverstand durchaus wünschenswert – nämlich jene Art von Hausverstand, den das Kind in Hans Christian Andersens Märchen „Des

Kaisers neue Kleider" beweist, als es den nackten Regenten bloßstellt. Der gesunde Menschenverstand hat hier deshalb Erfolg, weil es in diesem Fall gar nicht notwendig ist, sich auf das entsprechende Gedankengebäude einzulassen. Da sich mit Astrologie ohnehin keine zukünftigen Ereignisse vorhersagen lassen,[386] brauchen wir auch nicht zu verstehen, was ein Aszendent ist. Der Abbruch des Denkens ist in diesem Fall somit tatsächlich eine Abkürzung zur Wahrheit und nicht zur *Wahrheitigkeit*. Leider trifft das jedoch nur dann zu, solange ein Schwindel oder ein Irrglaube nicht bereits selbst Teil des gesunden Menschenverstands geworden ist. Ich will allerdings nicht leugnen, dass es unmöglich ist, die Welt jeden Tag neu zu erfinden. Zudem hat der gesunde Menschenverstand auch Vorteile: Er ist ökonomisch, erspart uns Kraft, Zeit und Sorgen, gibt uns Zuversicht und ein Gefühl der Selbstwirksamkeit. Er macht uns damit das Leben in vielerlei Hinsicht einfacher. Eine Einfachheit, die allerdings auf Kosten der Wahrheit geht.

Müssen wir deswegen verzweifeln? Nein. Zwar können wir den gesunden Menschenverstand nicht ablegen, doch per se falsch liegt er ohnehin nicht. Hellhörig sollten wir jedoch dann werden, wenn sich jemand im Brustton der Überzeugung auf den gesunden Menschenverstand beruft und dabei keinen Widerspruch mehr gelten lässt. „Das sagt einem doch der gesunde Menschenverstand!", ist oft nicht besser als: „Das sagt mir mein Gefühl". Im Gegenteil, die Berufung auf ein persönliches Gefühl ist wenigstens ehrlich und stellt bereits einen ersten Schritt zur Trennung zwischen Faktizität und subjektiver Wahrnehmung dar. Der Verweis auf einen angeblich verallgemeinerbaren und darüber hinaus auch noch „gesunden" Menschenverstand hingegen gaukelt ein Scheinwissen vor, für dessen Unkenntnis sich andere schämen müssten. Leider wirken Menschen, die sich polternd auf den gesunden Menschenverstand berufen, oftmals besonders selbstbewusst und überzeugend, sodass wenige es wagen, einfach einmal nachzufragen. Doch genau das sollten wir tun. Wie die Psychologen Justin Kruger und David Dunning anhand von vier Experimenten festgestellt haben, sind es gerade inkompetente Menschen, die dazu neigen, ihr Können zu überschätzen.[387] Personen mit limitierten Fähigkeiten „ziehen nicht nur falsche Schlussfolgerungen und begehen bedauerliche Fehler", so Kruger und Dunning, „ihre Inkompetenz raubt ihnen auch die Fähigkeit, das zu begreifen." Bei den überdurchschnittlich kompetenten Probanden zeigte sich hingegen genau der gegenteilige Effekt: Diese neigten dazu, sich zu unterschätzen. Im Zweifel wäre es also klüger, lieber zu zweifeln als zu protzen bzw. lieber den Zweiflern zu glauben als den Angebern. Jemand, der der Wahrheit auf der Spur ist, ist der Erkenntnis bekanntlich näher als jemand, der die Wahrheit gepachtet hat.

Dies ist jedoch nicht zu verwechseln mit dem angeblichen „Zweifel", der von Esoterikern und Verschwörungstheoretikern geschürt wird: Diese geben zwar vor bloß „skeptisch" zu sein und „angebliche Wahrheiten infrage zu stellen", halten sich jedoch sklavisch an ihre vorgefassten Dogmen, indem sie jeden Gegenbeweis als Produkt von „Fälschungen" und „Verschwörungen" zurückweisen. Sie zweifeln also nicht, sondern beten bloß fragwürdige Glaubenssätze nach (oder vor; je nach Geschäftstüchtigkeit).

Das mag ein wenig altklug klingen und vielleicht werden Sie sich an dieser Stelle fragen, warum es denn so wichtig sein soll, der „Wahrheit auf der Spur" zu sein. Die meisten Menschen streben schließlich nicht nach Erleuchtung, sondern wollen einfach nur einigermaßen gut über die Runden kommen. Lassen Sie mich daher dieses Buch mit zwei Geschichten beenden, bei denen jeweils ein Problem im Mittelpunkt steht. Bei der ersten Begebenheit wurde der gesunde Menschenverstand zurate gezogen, bei der zweiten nicht. Entscheiden Sie selbst, welche Geschichte für ein gewitzteres und angenehmeres Leben steht.

Über den Umgang mit Blitzen, Feinden und anderen Plagen
Als bester Ritualkenner Amaretes wäre Ubaldo Kuno eigentlich die logische Wahl gewesen. Trotzdem fiel die Entscheidung, das Wakan-Wañu-Ritual anno 1991 zu leiten, auf jemand anderen. Die Folgen waren verheerend – so schien es jedenfalls.

Amarete, das bolivianische Bergdorf mit den zehn Geschlechtern, das wir im ersten Kapitel kennengelernt haben, ist reich an Festen. Oft erstrecken sie sich über mehrere Tage. Diese Feste sind jedoch nicht bloß formlose Zusammenkünfte, bei denen ein bisschen gefeiert und getrunken wird, sondern beinhalten eine Vielzahl an Ritualen, die nach genauen Regeln ablaufen. Eines davon ist das Wakan Wañu, das in der Regel eine Woche vor Neumond im Mai stattfindet. Beim Wakan Wañu geht es um die Nahrung, die Äcker und die Ernte. Vor allem aber ist es eine große Ehrerbietung an den Esqani, den wichtigsten aller heiligen Berge von Amarete. Diesem Berg wird eine große Macht zugeschrieben. Er schützt die Bewohner des Dorfes vor Unheil wie Hungersnöten, Krankheit, Unrecht und Gewalt. Damit das auch so bleibt, erbringen die Amareteñer dem Esqani zu Wakan Wañu Opfergaben, denn zu dieser Zeit, so heißt es, sei wohl sein Geburtstag. Wakan Wañu ist auch das indianische Neujahr. Doch 1991 war für Amarete kein gutes Jahr. So auch zu Wakan Wañu.

Als sich die Mitglieder des Dorfsyndikats zum Haus von Pascual Tapia begaben, um ihn zu bitten, das Wakan-Wañu-Ritual zu übernehmen, erlebten sie eine Enttäuschung. Pascual sei krank, erklärte ihnen sein Sohn, und müsse sich schonen. Pascual Tapia war zu dieser Zeit der erfahrenste Ritualist des Dorfes. Doch diesmal musste sich das Syndikat einen anderen suchen. Es war nicht das erste Mal in diesem Jahr. Für Ubaldo Kuno wäre es ein Leichtes gewesen, die Aufgabe zu übernehmen. Er wurde sogar zu Wakan Wañu geboren, ausgerechnet in jenem Hof, in der sich auch die wichtigste Opferstätte des Dorfes befindet. Der Sinn für die Ritualistik von Amarete war ihm also förmlich in die Wiege gelegt worden. Kaum ein Kollektivritual war ihm seither entgangen. Seine Fähigkeiten standen daher jenen des alten Pascual Tapia um nichts nach. Doch diesmal geschah das Unfassbare: Pascuals Sohn schickte das Syndikat nicht zu Ubaldo Kuno, sondern zu Gregorio Huaqatiti.

„Der compadre Gregorio ist ein bescheidener, leiser, herzlicher alter Mann – freilich ohne jede Autorität",[388] schildert die Anthropologin Ina Rösing. Gewiss habe er „viel Erfahrung mit Heilungen im Kontext der Familie, er macht Heilungen für die Menschen, die Tiere, die Hütten – aber er ist in bezug auf die großen Kollektivrituale des Dorfes einigermaßen – ja geradezu schmerzlich – unerfahren, wie ich und jeder andere diese Nacht erleben mußte."

Es kam, wie es kommen musste: Das Wakan-Wañu-Ritual geriet zur Farce. Als man bemerkte, wie überfordert Gregorio Huaqatiti war, wurde Ubaldo Kuno schließlich doch noch zurate gezogen. Aber da hatte das Unheil schon seinen Lauf genommen. So ließ Gregorio Wasser von allen sieben heiligen Quellen holen, um das Herz des Opfertieres zu kochen. Als ihn Ubaldo darauf aufmerksam machte, dass bloß das Wasser einer einzigen (natürlich ganz bestimmten) Quelle notwendig sei, wusch sich Gregorio auch noch im vergeblich geholten heiligen Quellwasser die Hände. Auch gestand er Opferstätten eine viel zu hohe Aufmerksamkeit zu, die zu Wakan Wañu nur eine kleine Rolle spielen sollten, sodass der heilige Berg Esqani nicht genug hervorgehoben wurde – und das am Fest zu seiner Ehrung. Außerdem wurde auf die Cocalesung vergessen. Gerade zu Wakan Wañu, dem Beginn des neuen Jahres, muss die Meinung des heiligen Cocablattes eingeholt werden, denn bei negativen Anzeichen bedarf es einer unverzüglichen Gegenmaßnahme, etwa durch Erhöhung der Meerschweinchen-Opfer. Und das sind nur drei Beispiele für die Vielzahl an Fehlern, die Ubaldo Kuno, Ina Rösing und alle anderen mitansehen mussten.

Am Tag nach dem Wakan Wañu zog ein heftiger Regen auf, begleitet von Blitz und Donner. Das verhieß nichts Gutes. Ein gutes Jahr beginnt normalerweise, so sagt man in Amarete, mit Nieselregen. Als wenige Tage später die Tochter von Victor Huaqui zwei Esel über eine Bergnase führte, begann es schrecklich zu hageln, bis schließlich ein Blitz einschlug, der das ganze Dorf erschütterte. Die Esel fielen mit ihrer gesamten Traglast um und starben, Victor Huaquis Tochter und das kleine Kind, das sie bei sich trug, haben überlebt.

Für den gesunden Menschenverstand der Amareteñer war klar: Der Blitz war eine Strafe für das missratene Wakan-Wañu-Ritual. Naturgemäß mussten einem solchen Zeichen Taten folgen. Und was rät uns der gesunde Menschenverstand, wenn eine Medizin nicht wirkt? „Mehr desselben",[389] wie es Paul Watzlawick in seiner berühmten „Anleitung zum Unglücklichsein" auf den Punkt bringt. Ina Rösing: „Es mußte am Ort des Blitzeinschlags ein großes Ritual der Versöhnung für den Blitz und für seinen Inhaber, den heiligen Berg Esqani, stattfinden, ein Ritual, welches so tiefgreifend das ganze Dorf betraf, daß es nur ein Kollektivritualist (...) vollziehen kann. Und dies geschah in aller Formalität."[390] Es ist die *Logik der Opferschuld*, nach der der gesunde Menschenverstand in Amarete tickt, „ein Defizit im Geben".[391] Ist ein Jahr gut, das Wetter gnädig und die Ernte ertragreich, wird das als Beweis für den

Erfolg der Rituale angesehen. Bricht Unheil über Amarete herein, sind die Dorfbewohner den Berggottheiten wohl einige Opfer schuldig geblieben. Heilige Berge strafen schließlich nicht grundlos.

Leider zeigte das Versöhnungsritual 1991 nicht den gewünschten Erfolg. Es kam sogar noch viel schlimmer. Eine Epidemie brach aus und tötete Kinder, Alte und Schwache. Täglich mussten Menschen beerdigt werden. Im nächsten Jahr, schworen die Amareteñer, müsse man beim Wakan-Wañu-Ritual besonders achtsam sein. Dass das Dorfsyndikat von Pascual Tapias Söhnen nicht zu Ubaldo Kuno geschickt wurde, hatte offenbar persönliche Gründe, wie Ina Rösing später erfuhr. Pascual selbst hätte lieber Ubaldo als Leiter des Wakan-Wañu-Rituals gesehen. Am Schicksal Amaretes hätte das aber wohl auch nichts geändert.

Das war die erste Begebenheit, nun folgt die zweite. Wieder steht ein Problem im Mittelpunkt, doch diesmal verlässt sich der Protagonist nicht einfach nur auf seinen gesunden Menschenverstand. Statt auf das Altbekannte und Nächstliegende zu setzen, suchte er sein Leben lang nach neuen Wegen.

Mit Blitzschlägen hatte sich auch Benjamin Franklin auseinandergesetzt. Doch statt sich ihnen in falscher Ehrfurcht zu ergeben, schlug er jenes Experiment vor, das noch Hunderte Jahre später jedem Schulkind bekannt ist. Zwar wird heute angezweifelt, ob er jemals tatsächlich einen Drachen bei Gewitter steigen ließ; seine Hypothese, Blitze seien elektrischer Natur und könnten aus den Wolken gezogen werden, erwies sich jedoch als goldrichtig. Mit Franklins Erfindung des Blitzableiters war aus einer schicksalsbedrohenden Gefahr eine kontrollierbare Plage geworden, gegen die man aktiv Vorsorge treffen konnte.

Benjamin Franklins Erkenntnisse am Gebiet der Elektrizität waren typisch für seine Art zu denken. So machte er bei seinen zahlreichen Seereisen die Beobachtung, dass Schiffsoffiziere sehr unterschiedliche Vorstellungen hatten, was das Hissen der Segel betraf. „Der eine wollte die Segel schärfer oder flacher zum Winde gebracht haben als der andere, so daß dieselben keine sichere Regel zu haben schienen, um sich danach zu richten",[392] wunderte sich Franklin. Seiner Meinung nach sollte daher eine Reihe von Experimenten durchgeführt werden, um die ideale Stellung der Segel für rasches Fortkommen zu bestimmen: „Wir leben in einem Zeitalter der Experimente, und ich meine, eine genau angestellte und gut kombinierte Reihe von solchen würde von großem Nutzen sein."

Seine naturwissenschaftlichen Leistungen waren jedoch nur ein Teil von Benjamin Franklins atemberaubender Karriere. Aus kleinen Verhältnissen kommend schaffte er es bis zum umschwärmten Diplomaten in Frankreich und Präsidenten von Pennsylvania. Mit 25 war er bereits selbstständiger Drucker, Zeitungsherausgeber und Gründer eines kleinen „Selbsterziehungsclubs", in dem er sich mit Unternehmern, Handwerkern und Künstlern austauschte. Bereits mit 42 zog er sich aus dem Geschäftsleben zurück, wurde etwas später ins Abgeordnetenhaus der Kolonie Pennsylvania gewählt und bekleidete diverse öffentliche Ämter. Als Unterzeichner der Verfassung der Vereinigten Staaten von Amerika wurde er zu einem der Gründerväter der USA.

Doch Benjamin Franklin war nicht einfach ein Karrierist, der bloß sein Ego befriedigen wollte. Sein Interesse galt stets auch dem Gemeinwohl. So lehnte er es ab, für seine Erfindungen Patente anzumelden, da jeder davon profitieren solle. Franklin gründete die erste Leihbibliothek Amerikas und die ersten freiwilligen Feuerwehren Philadelphias. Im Alter setzte er sich gegen die Sklaverei ein. Was Benjamin Franklin dabei stets auszeichnete, war sein enorm ausgeprägtes psychologisches Gespür. So bemerkte er bei der Suche nach Unterstützern für seine Idee der Leihbibliothek bald, „wie übel angebracht es sei, wenn jemand sich selbst als den Anreger irgendeines gemeinnützigen Planes darstellt, der mutmaßlich das Ansehen des Betreffenden auch nur im geringsten Grade über dasjenige der Nachbarn erheben kann, wenn man deren Unterstützung zur Vollführung jenes Vorschlags bedarf".[393] Franklin reagierte pragmatisch: „Ich rückte mich daher soviel wie möglich aus den Augen und gab es für ein Unternehmen einer *Anzahl von Freunden* aus, die mich gebeten hätten, herumzugehen und es denjenigen Leuten vorzuschlagen, die sie für Freunde des Lesens hielten. Auf diese Weise ging mein Geschäft glatter vonstatten, und ich bediente mich dieses Verfahrens von da an immer bei derartigen Gelegenheiten und kann es nach meinen häufigen Erfolgen herzlich empfehlen."

Sein Meisterstück in Sachen Menschenkenntnis lieferte Benjamin Franklin aber ab, als er es mit jemandem zu tun bekam, der ihm nicht nur skeptisch, sondern richtiggehend feindschaftlich gesonnen war. Als Franklin 1736 zum Schriftführer der Gesetzgebenden Versammlung Pennsylvanias gewählt wurde, fand seine Ernennung noch ohne Widerstand statt. Im Jahr darauf jedoch, als seine Wiederwahl anstand, „hielt ein neues Mitglied eine lange Rede gegen mich, um irgendeinen anderen Kandidaten zu begünstigen".[394] Zwar wurde Benjamin Franklin wiedergewählt, doch war ihm die Gegnerschaft des neuen Mitglieds alles andere als angenehm. Sein neuer Feind war reich, gebildet und hatte Fähigkeiten, die ihm noch gefährlich werden konnten. Was also tun? Manche würden in einem solchen Fall wohl alle Hebel in Gang setzen, um den Gegner zu bekämpfen. Andere würden vielleicht versuchen den Konkurrenten mit übertriebener Untertänigkeit milde zu stimmen. Benjamin Franklin jedoch, der nicht die Absicht hatte, die Gunst seines Gegners „durch irgendwelche Kriecherei" zu erwerben, gab auf diese Frage eine Antwort, die in jedem Sinn dem gesunden Menschenverstand widerspricht – und so erfolgreich war, dass man heute sogar vom „Benjamin-Franklin-Effekt" spricht:

Da ich gehört hatte, er besitze in seiner Bibliothek ein gewisses sehr seltenes und merkwürdiges Buch, drückte ich ihm in einem kurzen Brief meinen Wunsch aus, jenes Buch zu lesen, und bat ihn um die Gefälligkeit, es mir auf einige Tage zu leihen. Er übersandte es mir sogleich, und ich gab es etwa in einer Woche mit einer zweiten Zuschrift zurück, worin ich seine Gefälligkeit mit warmem Dank anerkannte. Als wir uns das nächste Mal im Hause trafen, sprach er mit mir (was er zuvor niemals getan hatte), und zwar mit ungemeiner Höflichkeit; und späterhin bewies er immer seine Bereitwilligkeit, mir bei allen Gelegenheiten gefällig zu sein, so daß wir gute Freunde wurden und unsere Freundschaft bis zu seinem Tode fortbestand.[395]

Benjamin Franklin machte sich daraus einen Lebensgrundsatz: „Derjenige, der dir einmal eine Gefälligkeit getan hat, wird weit bereitwilliger sein, dir eine zweite zu tun, als derjenige, den du dir selbst verpflichtet hast. Und es beweist, um wieviel nutzbringender es ist, feindseliges Gebaren klugerweise zu beseitigen, als es übelzunehmen, zu erwidern und fortzusetzen."[396] Weit mehr als 200 Jahre später konnten die Psychologen Jon Jecker und David Landy experimentell nachweisen, dass Benjamin Franklins Beobachtung kein Zufall war, sondern tatsächlich Gültigkeit besitzt.[397]

Die Entscheidung liegt bei Ihnen

Vom Okkultismus der Amareteñer können wir lernen, dass aller Eifer vergebens sein kann, wenn er bloß von den Empfindungen des gesunden Menschenverstands geleitet wird. Von Benjamin Franklin können wir lernen, wie wir es besser machen können. Entscheiden Sie selbst, was Ihnen lieber ist: der gesunde Menschenverstand, Truthiness, Opferschuld und „mehr desselben"? Oder wagen Sie es, den gesunden Menschenverstand zu hinterfragen, anstatt sich ihm zu ergeben?

Es gab eine Zeit, in der die Menschen dachten, die Sonne würde sich um die Erde drehen, und die oberflächliche Beobachtung schien ihrem gesunden Menschenverstand recht zu geben. Es gab eine Zeit, in der die Menschen dachten, eine Feder falle wegen ihres geringeren Gewichts langsamer zu Boden als ein Hammer und nicht wegen ihres höheren Luftwiderstands. Die oberflächliche Beobachtung schien auch ihrem gesunden Menschenverstand recht zu

geben. Es gab eine Zeit, in der man glaubte, Erdbeben seien eine göttliche Strafe für unsittliches Treiben, und wieder schien die oberflächliche Beobachtung ihrem gesunden Menschenverstand recht zu geben. Irgendein tadelnswertes Verhalten lässt sich schließlich immer finden.

Heute wissen wir es besser. Zu verdanken haben wir das der einfachen Tatsache, dass es in der Geschichte immer wieder Menschen gab, die es wagten, ihren gesunden Menschenverstand zu hinterfragen. Denn Fortschritt heißt den gesunden Menschenverstand zu überwinden.

ANHANG

Literatur und Quellen

Denn wir wissen nicht, was wir tun
Rösing, Ina ([2]2008): Religion, Ritual und Alltag in den Anden.
Die zehn Geschlechter von Amarete, Bolivien. Berlin:
Reimer
Rösing, Ina: Die zehn Geschlechter von Amarete. Spektrum
der Wissenschaft Dossier 6/08
Wille, Friedrich ([2]1984): Humor in der Mathematik.
Unveränderte Taschenbuchausgabe: Vandenhoeck &
Ruprecht
Bryson, Bill ([23]2005): Eine kurze Geschichte von fast allem.
München: Goldmann
Cialdini, Robert B. (2002): Die Psychologie des Überzeugens.
2., vollständig überarbeitete Auflage. Bern: Huber
Anderson, Jon Lee (1997): Che Guevara: A Revolutionary Life.
New York: Grove Press
Krämer, Walter/Trenkler, Götz (1996): Lexikon der populären
Irrtümer. 500 kapitale Mißverständnisse, Vorurteile und
Denkfehler von Abendrot bis Zeppelin. Frankfurt a. M.:
Eichborn
Meidenbauer, Jörg ([4]2007): Lexikon der Geschichtsirrtümer.
Von Alpenüberquerung bis Zonengrenze. München: Piper

Spitzer, Manfred: Das Wahre, Schöne und Gute. Ideen, Gehirnforschung und Aufklärung. Nervenheilkunde 4/2008

Forgas, Joseph P. (⁴1999): Soziale Interaktion und Kommunikation. Eine Einführung in die Sozialpsychologie. Weinheim: Psychologie Verlags Union

von Heusinger, Robert: Momente der Entscheidung Folge 6: Der Mann, die Gier, das Debakel. Die Zeit, 03. 04. 2003, Nr. 15

Rühle, Axel: Die großen Spekulanten (7): „Es war, als handelte man mit Seifenblasen." www.sueddeutsche.de, 04. 03. 2008

www.sueddeutsche.de/geld/sz-serie-die-grossen-spekulanten-es-war-als-handelte-man-mit-seifenblasen-1.600371

de Botton, Alain (²2004): Trost der Philosophie. Eine Gebrauchsanweisung. Frankfurt a. M.: Fischer

de Montaigne, Michel (2005): Die Essais. Köln: Anaconda

Hans-Martins Versprechen

„Schlag den Raab", 12. 09. 2009, ProSieben

Schwartz, Barry (²2009): Anleitung zur Unzufriedenheit. Warum weniger glücklicher macht. Berlin: Ullstein

Gigerenzer, Gerd (⁷2007): Bauchentscheidungen. Die Intelligenz des Unbewussten und die Macht der Intuition. München: C. Bertelsmann

Watzlawick, Paul (Hg.) (⁹1997): Die erfundene Wirklichkeit. Wie wissen wir, was wir zu wissen glauben? Beiträge zum Konstruktivismus. München: Piper

Blümelhuber, Christian (2011): Ausweitung der Konsumzone. Wie Marketing unser Leben bestimmt. Frankfurt a. M.: Campus

MacArthur, John R. (1993): Die Schlacht der Lügen. Wie die USA den Golfkrieg verkauften. München: dtv

Report Mainz: Getarnte Werbung: Die fragwürdigen PR-Kampagnen der Bundesregierung. Ausgestrahlt am 27. 08. 2007/3sat

Wieczorek, Thomas (2009): Die verblödete Republik. Wie uns Medien, Wirtschaft und Politik für dumm verkaufen. München: Knaur

Davies, Nick (2008): Flat Earth News. London: Vintage

Surowiecki, James (^{2}2007): Die Weisheit der Vielen. Warum Gruppen klüger sind als Einzelne. München: Goldmann

Blasberg, Anita/Hamann, Götz: Zeitungen und Zeitschriften: Deutschland, entblättert. Die Zeit, 26. 11. 2009, Nr. 49

Die zwei Seiten des Würfels

Krems: 14-Jähriger bei Einbruch erschossen – Notwehr? www.diepresse.com, 05. 08. 2009
diepresse.com/home/panorama/oesterreich/500529/Krems_14Jaehriger-bei-Einbruch-erschossen

Lenski, Gerhard (1973): Macht und Privileg. Eine Theorie der sozialen Schichtung. Frankfurt a. M.: Suhrkamp

Maes, Jürgen (1998): Die Geschichte der Gerechte-Welt-Forschung: Eine Entwicklung in acht Stufen? GiP-Bericht Nr. 17
psydok.sulb.uni-saarland.de/volltexte/2004/164/

Lakoff, George / Wehling, Elisabeth (2008): Auf leisen Sohlen ins Gehirn. Politische Sprache und ihre heimliche Macht. Heidelberg: Carl-Auer

Deutscher, Guy (^{2}2010): Im Spiegel der Sprache. Warum die Welt in anderen Sprachen anders aussieht. München: C. H. Beck

Lifton, Robert Jay (1988): Ärzte im Dritten Reich. Stuttgart: Klett-Cotta

Gut gegen Böse – wer gewinnt?

Grimm, Jacob Ludwig/Grimm, Wilhelm Carl (1815): Kinder- und Hausmärchen, Band 2

Goffman, Erving ([6]2008): Wir alle spielen Theater. Die Selbstdarstellung im Alltag. Ungekürzte Taschenbuchausgabe

Bryson, Bill ([23]2005): Eine kurze Geschichte von fast allem. München: Goldmann

Withey, Lynne (1987): Voyages of Discovery. Captain Cook and the Expolration of the Pacific. Berkeley: University of California Press

Steyrer, Johannes (1995): Charisma in Organisationen: Sozialkognitive und psychodynamisch-interaktive Aspekte von Führung. Frankfurt a. M.: Campus

Zimbardo, P. G./Gerrig, R. J. (2004): Psychologie. 16., aktualisierte Auflage. München: Pearson Studium

Dickie, John ([4]2007): Cosa Nostra. Die Geschichte der Mafia. Erweiterte Taschenbuchausgabe

Babiak, Paul / Hare, Robert D. (2007): Menschenschinder oder Manager. Psychopathen bei der Arbeit. München: Hanser

Hess, Henner ([3]1988): Mafia: Zentrale Herrschaft und lokale Gegenmacht. Tübingen: Mohr

Sutton, Robert I. (2007): Der Arschloch-Faktor. Vom geschickten Umgang mit Aufschneidern, Intriganten und Despoten in Unternehmen. München: Heyne

Camilleri, Andrea (2009): M wie Mafia. Reinbek bei Hamburg: Rohwolt

Tomasello, Michael (2010): Warum wir kooperieren. Berlin: edition unseld

Ahrendt, Hannah ([5]2010): Eichmann in Jerusalem. Ein Bericht von der Banalität des Bösen (erweiterte Taschenbuchausgabe). München: Piper

Scobel, Gert (2008): Weisheit. Über das, was uns fehlt. Köln: Dumont

Zuckerbrot und Peitsche

Schultz, Uwe ([4]2008): Immanuel Kant (überarbeitete und erweiterte Neuausgabe 2003). Reinbek bei Hamburg: Rowohlt

Störig, Hans Joachim (1998): Kleine Weltgeschichte der Philosophie. Frankfurt a. M.: Fischer

Liessmann, Konrad Paul (2008): Theorie der Unbildung. Die Irrtümer der Wissensgesellschaft (ungekürzte Taschenbuchausgabe). München: Piper

Ariely, Dan (2008): Denken hilft zwar, nützt aber nichts. Warum wir immer wieder unvernünftige Entscheidungen treffen. München: Droemer

Frey, Bruno S. (2000): Wie beeinflusst Lohn die Motivation?, in: Frey, Bruno S./Osterloh, Margit (Hg.) ([2]2002): Managing Motivation. Wiesbaden: Gabler

Pfaller, Robert ([3]2010): Das schmutzige Heilige und die reine Vernunft. Symptome der Gegenwartskultur. Frankfurt a. M.: Fischer

Johnson-Smith, Jan (2005): American Science Fiction TV. Star Trek, Stargate, and Beyond. London: I.B. Tauris

Buchanan, Mark (2008): Warum die Reichen reicher werden und Ihr Nachbar so aussieht wie Sie. Neue Erkenntnisse aus der Sozialphysik. Frankfurt a. M.: Campus

Ahrendt, Hannah ([5]2010): Eichmann in Jerusalem. Ein Bericht von der Banalität des Bösen (erweiterte Taschenbuchausgabe). München: Piper

Jaspers, Karl (1958): Die Atombombe und die Zukunft des Menschen. Politisches Bewußtsein in unserer Zeit. München: R. Piper & Co

Alles Unsinn!

Taleb, Nassim Nicholas ([2]2010): Der Schwarze Schwan. Die Macht höchst unwahrscheinlicher Ereignisse. München: dtv

Horrorstunden für Alt-LH Partl. www.stol.it, 20. 07. 2010

www.stol.it/Artikel/Chronik-im-Ueberblick/Chronik/Horrorstunden-fuer-Alt-LH-Partl (03. 08. 2011)

Chabris, Christopher/Simons, Daniel (2011): Der unsichtbare Gorilla. Wie unser Gehirn sich täuschen lässt. München: Piper

Chistakis, N. A./Fowler, J. H. (2010): Connected. Die Macht sozialer Netzwerke und warum Glück ansteckend ist. Frankfurt a. M.: Fischer

Descartes, René (2011): Discours de la méthode. Hamburg: Felix Meiner

Spoerhase, Carlos (2007): Autorschaft und Interpretation. Methodologische Grundlagen einer philologischen Hermeneutik. Berlin: Walter de Gruyter

Mendelssohn, Moses (2008): Metaphysische Schriften. Philosophische Bibliothek Band 594. Hamburg: Felix Meiner

Zeilinger, Anton (2003): Einsteins Schleier. Die neue Welt der Quantenphysik. München: C.H. Beck

Bryson, Bill ([23]2005): Eine kurze Geschichte von fast allem. München: Goldmann

Barthes, Roland (2012): Mythen des Alltags. Berlin: Suhrkamp

Watzlawick, Paul (Hg.) ([9]1997): Die erfundene Wirklichkeit. Wie wissen wir, was wir zu wissen glauben? Beiträge zum Konstruktivismus. München: Piper

Leben mit Hausverstand

The Colbert Report: The Word Truthiness. 17. 10. 2005 www.colbertnation.com/the-colbert-report-videos/24039/october-17–2005/the-word---truthiness

Rösing, Ina ([2]2008): Religion, Ritual und Alltag in den Anden. Die zehn Geschlechter von Amarete, Bolivien. Berlin: Reimer

Watzlawick, Paul ([16]1997): Anleitung zum Unglücklichsein. München: Piper

Franklin, Benjamin: ([2]2010): Autobiographie. Mit einem Nachwort von Klaus Harpprecht. München: C. H. Beck

Anmerkungen

1. Rösing, Ina (2008): Religion, Ritual und Alltag in den Anden. Die zehn Geschlechter von Amarete, Bolivien. Berlin: Reimer. 94–95

2. Rösing, Ina (2008): Religion, Ritual und Alltag in den Anden. Die zehn Geschlechter von Amarete, Bolivien. Berlin: Reimer. 95

3. Ebenda

4. Rösing, Ina: Die zehn Geschlechter von Amarete. Spektrum der Wissenschaft Dossier 6/08

5. Ebenda

6. www.korrekturen.de/forum/index.cgi/read/26781 (23. 6. 2009)

7. Geraerts, E./Bernstein, D. M./Merckelbach, H./Linders, C. (2008): Lasting False Beliefs and Their Behavioral Consequences, in: Psychological Science 19. 749–753

8. Chabris, Christopher/Simons, Daniel (2011): Der unsichtbare Gorilla. Wie unser Gehirn sich täuschen lässt. München: Piper. 68

9. Wille, Friedrich (1984): Humor in der Mathematik. Unveränderte Taschenbuchausgabe: Vandenhoeck & Ruprecht. 73

10. Valins, S. (1966): Cognitive effects of false heart-rate feedback, in: Journal of Personality and Social Psychology 4. 400–408

11. Ross, L./Amabile, T./Steinmetz, J. (1977): Social roles, social control and biases in the social perception process, in: Journal of Personality and Social Psychology 37. 485–494

12. Anderson, Jon Lee (1997): Che Guevara: A Revolutionary Life. New York: Grove Press. 584

13. Kurtzburg, R. L./Safar, H./Cavior, N. (1968): Surgical and social rehabilitation of adult offenders, in: Proceedings of the 76th Annual Convention of the American Psychological Association 3. 649–650

14. Cialdini, Robert B. (2002): Die Psychologie des Überzeugens. 2., vollständig überarbeitete Auflage. Bern: Huber. 219

15. Stewart, J. E. (1980): Defendant's attractiveness as a factor in the outcome of trials, in: Journal of Applied Social Psychology 10. 348–361

16. Kulka, R. A./Kessler, J. R. (1978): Is justice really blind? The

effect of litigant physical attractiveness on judicial judgment, in: Journal of Applied Social Psychology 4. 336–381

17. Mack, D./Rainey, D. (1990): Female applicants' grooming and personnel selection, in: Journal of Social Behavior and Personality 9. 399–407

18. Budesheim, T. L./DePaola, S. J. (1994): Beauty or the beast? The effects of appearance, personality, and issue information on evaluation of political candidates, in: Personality and Social Psychology Bulletin 20. 339–348

19. Anderson, Jon Lee (1997): Che Guevara: A Revolutionary Life. New York: Grove Press. 585

20. Benson, P. L./Karabenic, S. A./Lerner, R. M. (1976): Pretty pleases: The effects of physical attractiveness on race, sex, and receiving help, in: Journal of Experimental Social Psychology 12. 409–415

21. Dion, K. K. (1972): Physical attractiveness and evaluation of children's transgressions, in: Journal of Personality and Social Psychology 24. 207–213

22. Freude am Hören. BMW Group, 23. 05. 2003, www.bmwgroup.com/d/nav/index.html?, www.bmwgroup.com/d/o_o_www_bmwgroup_com/forschung_entwicklung/science_club/veroeffentlichte_artikel/2003/news200310.html (14. 10. 2011)

23. Forgas, Joseph P. (41999): Soziale Interaktion und Kommunikation. Eine Einführung in die Sozialpsychologie. Weinheim: Psychologie Verlags Union. 61

24. Forgas, J. P./O'Connor, K./Morris, S. (1983): Smile and punishment: the effects of facial expression on responsibility attribution by groups and individuals, in: Personality and Social Psychology Bulletin 9. 587–596

25. Wan-chen Lee, Jenny (2010): Do organic snack foods taste healthier because of their label?, in: The FASEB Journal 24 (Meeting Abstract Supplement) 9.493

26. Spitzer, Manfred: Das Wahre, Schöne und Gute. Ideen, Gehirnforschung und Aufklärung. Nervenheilkunde 4/2008: Schattauer. 249

27. Krämer, Walter/Trenkler, Götz (1996): Lexikon der populären Irrtümer. 500 kapitale Mißverständnisse, Vorurteile und Denkfehler von Abendrot bis Zeppelin. Frankfurt a. M.: Eichborn. 171

28. Meidenbauer, Jörg (42007): Lexikon der Geschichtsirrtümer.

Von Alpenüberquerung bis Zonengrenze. München: Piper. 190

29. Krämer, Walter/Trenkler, Götz (1996): Lexikon der populären Irrtümer. 500 kapitale Mißverständnisse, Vorurteile und Denkfehler von Abendrot bis Zeppelin. Frankfurt a. M.: Eichborn. 171

30. Nisbett, R. E./Wilson, T. D. (1977): Telling more than we can know: verbal reports on mental processes, in: Psychological Review 48. 231–259

31. Nelson, L. D./Morrison, E. L. (2005): The symptoms of resource scarcity: Judgments of food and finances impact preferences for potential partners, in: Psychological Science 16. 167–173

32. Quinn, P. C. et al. (2008): Preference for attractive faces in human infants extends beyond conspecifics, in: Developmental Science 11. 76–83

33. Price, B. E./Murray, D. W. (2009): Match-up revisited: The effect of staff attractiveness on purchase intentions in younger adult females: Social comparative and product relevance effects, in: Journal of International Business and Economics 9. 55–76

34. Sigall, H./Ostrove, N. (1975): Beautiful but dangerous: effects of offender attractiveness and nature of crime on juridic judgments, in: Journal of Personality and Social Psychology 31. 410–414

35. Menon, T. et al. (1999): Culture and the construal of agency: Attribution to individual versus group dispositions, in: Journal of Personality and Social Psychology 76. 701–717

36. Markus, H. R./Kitayama, S. (1991): Culture and the self: Implications for cognition, emotion, and motivation, in: Psychological Review 98. 224–253

37. Nisbett, R. E./Masuda, T. (2005): The Influence of Culture Holistic versus Analytic Perception, in: Trends in Cognitive Science 9. 467–473

38. Leyacker-Schatzl, Markus (2008): Weisheiten. Zitatesammlung. Norderstedt: Books on Demand GmbH. 18

39. Der Hals-Nasen-Ohren-Arzt Jack M. Gwaltney hat beispielsweise gezeigt, dass beim Schnäuzen ein Innendruck in der Nase entstehen kann, der zehn Mal so hoch ist wie beim Niesen. Dadurch können Krankheitserreger in die Nebenhöhlen geblasen werden, wo der Nasenschleim einen

gefährlichen Infektionsherd darstellt. Gwaltney, J. M. et al. (2000): Nose Blowing Propels Nasal Fluid into the Paranasal Sinuses, in: Clinical Infectious Diseases 30. 387–391

40. Montaigne, Michel de (2005): Die Essais. Köln: Anaconda. 330
41. Botton, Alain de ([2]2004): Trost der Philosophie. Eine Gebrauchsanweisung. Frankfurt a. M.: Fischer. 178
42. Montaigne, Michel de (2005): Die Essais. Köln: Anaconda. 343
43. Ebenda, 325
44. Botton, Alain de ([2]2004): Trost der Philosophie. Eine Gebrauchsanweisung. Frankfurt a. M.: Fischer. 158
45. Montaigne, Michel de (2005): Die Essais. Köln: Anaconda. 42
46. „Schlag den Raab", 12. 09. 2009, ProSieben
47. Niggemeier, Stefan: Schlag den Raab: Wie man eine halbe Million er- und alle Sympathien verspielt. Das Fernsehblog, faz-community.faz.net, 13. 09. 2009, faz-community.faz.net/blogs/fernsehblog/archive/2009/09/13/schlag-den-raab-wie-man-eine-halbe-million-er-und-alle-sympathien-verspielt.aspx (21. 09. 2009)
48. tobias_nalepa: „keiner wird in deutschen wohnzimmern heute so gehasst wie dieser sozial-zurückgebliebene hansmartin. #SDR" 12. 09. 2009, 21:42 Uhr, twitter.com/tobias_nalepa/status/3939796191 (04. 04. 2012)
49. Ein Onlineredakteur (Scherzinfarkt): „Wie konnte ich mich bei der Vorstellung nur so täuschen und den Kerl sympathisch finden? Menschenkenntnis-Fail! Oh weh. #SdR" 12. 09. 2009, 22:45 Uhr, twitter.com/Scherzinfarkt/status/3940889700 (04.04.2012)
50. Alexander (Der_Ich_): „So viel zu ‚Schwarmintelligenz'. Was hat sich die Mehrheit nur dabei gedacht, für Hans-Martin anzurufen? #sdr" 12. 09. 2009, 22:59 Uhr, twitter.com/#!/Der_Ich_/status/3941129325 (04. 04. 2012)
51. Galton, Francis (1907): Vox Populi, in: Nature (March 7). 450
52. Schwartz, Barry ([2]2009): Anleitung zur Unzufriedenheit. Warum weniger glücklicher macht. Berlin: Ullstein. 9
53. Ebenda
54. Ebenda
55. Iyengar, S. S./Lepper, M. R. (2000): When choice is demotivating: Can one desire too much of a good thing?, in: Journal of Personality and Social Psychology 79. 995–1006

56. Schwartz, B. et al. (2002): Maximizing versus Satisficing: Happiness is a Matter of Choice, in: Journal of Personality and Social Psychology 83. 1178–1197

57. Thaler, Richard H./Tversky, Amos/Kahneman, Daniel/ Schwartz, Alan (1997): The Effect of Myopia and Loss Aversion on Risk Taking: An Experimental Test, in: Quarterly Journal of Economics (May). 647–661

58. Kahneman, Daniel/Tversky, Amos (1979): Prospect theory: An Analysis of Decision Under Risk, in: Econometrica 47. 263–291

59. Studie: Mobilfunk-Kunden bevorzugen Flatrates. www.chip. de, 25. 02. 2009, www.chip.de/news/Studie-Mobilfunk-Kunden-bevorzugen-Flatrates_35227999.html (26. 10. 2009)

60. Zydra, M.: „Es fällt mir nicht schwer, Lacher zu erzeugen." Interview mit Nick Leeson. Sueddeutsche.de, 06. 03. 2009. www.sueddeutsche.de/finanzen/97/460729/text/ (07. 09. 2009)

61. Schwartz, Barry ([2]2009): Anleitung zur Unzufriedenheit. Warum weniger glücklicher macht. Berlin: Ullstein. 136–137

62. Ebenda, 137

63. Botti, S./McGill, A. L. (2011): The Locus of Choice: Personal Causality and Satisfaction with Hedonic and Utilitarian Decisions, in: Journal of Consumer Research 37. 1065–1078

64. Scheibehenne, B./Greifeneder, R./Todd, P. M. (2010): Can There Ever Be Too Many Options? A Meta-Analytic Review of Choice Overload, in: Journal of Consumer Research 37. 409–425

65. Farrington, J. (2011): Seven plus or minus two, in: Performance Improvement Quarterly 23. 113–116

66. Hoffrage, U. (1995): The adequacy of subjective confidence judgments: Studies concerning the theory of probabilistic mental models. Unveröffentlichte Dissertation, hier zitiert nach: Gigerenzer, Gerd ([7]2007): Bauchentscheidungen. Die Intelligenz des Unbewussten und die Macht der Intuition. München: C. Bertelsmann

67. Gigerenzer, Gerd ([7]2007): Bauchentscheidungen. Die Intelligenz des Unbewussten und die Macht der Intuition. München: C. Bertelsmann. 130

68. Ebenda

69. Ebenda

70. Gigerenzer, Gerd (⁷2007): Bauchentscheidungen. Die Intelligenz des Unbewussten und die Macht der Intuition. München: C. Bertelsmann. 15
71. Gigerenzer, G./Goldstein, D. G. (2011): The recognition heuristic: A decade of research, in: Judgment and Decision Making 6. 100–121
72. Newell, B. R./Fernandez, D. (2006): On the binary quality of recognition and the inconsequentiality of further knowledge: Two critical tests of the recognition heuristic, in: Journal of Behavioral Decision Making 19. 333–346
73. Gigerenzer, Gerd (⁷2007): Bauchentscheidungen. Die Intelligenz des Unbewussten und die Macht der Intuition. München: C. Bertelsmann. 27
74. Es handelt sich dabei um ein unveröffentlichtes Experiment des Psychologen Alex Bavelas an der Stanford University. Hier zitiert nach Watzlawick, Paul (Hg.) (⁹1997): Die erfundene Wirklichkeit. Wie wissen wir, was wir zu wissen glauben? Beiträge zum Konstruktivismus. München: Piper. Einleitung 1. Kapitel
75. Das ist keine Behauptung von mir, sondern das Ergebnis einer Untersuchung des Psychologen Philip Tetlock, der Prognosen über geopolitische Ereignisse mit dem tatsächlichen Geschichtsverlauf verglich. Zwar schnitten die Experten generell miserabel ab, die Berühmten und Selbstbewussten mit großem Ruf aber ganz besonders. Kurz: Großmäuler, die von den Medien umgarnt werden, weil sie große Reden für große Ideen schwingen, liegen häufiger falsch als vorsichtig abwägende Skeptiker, die sich im Fernsehen natürlich weit weniger gut machen, siehe: Tetlock, Philip E. (2005): Expert Political Judgment: How Good Is It? How Can We Know? Princeton University Press (Taschenbuch)
76. Montaigne, Michel de (2005): Die Essais. Köln: Anaconda. 301
77. 11. September: Bush war gewarnt. www.faz.net, 16. 05. 2002 www.faz.net/aktuell/politik/11-september-bush-war-gewarnt-160946.html (21. 11. 2011)
78. Ambady, N./Rosenthal, R. (1993): Half a Minute: Predicting Teacher Evaluations from Thin Slices of Nonverbal Behavior and Physical Attractiveness, in: Journal of Personality and Social Psychology 64. 431–441
79. Rule, N. O./Ambady, N. (2008): The face of success:

Inferences from chief executive officers' appearance predict company profits, in: Psychological Science 19. 109–111

80. Program on International Policy Attitudes (PIPA): Americans Continue to Believe Iraq Supported Al Qaeda, Had WMD. www.pipa.org, 22. 04. 2004, www.pipa.org/OnlineReports/Iraq/IraqBeliefs_Apr04/IraqBeliefs%20Apr04%20pr.pdf (05. 01. 2009)

81. Program on International Policy Attitudes (PIPA): Large Majority Perceives Bush Administration Still Saying Iraq Supported Al Qaeda, Had WMD. www.pipa.org, 20. 08. 2004 www.pipa.org/OnlineReports/Iraq/IraqAttitudes_Aug04/IraqAttitudes%20Aug04%20pr.pdf (05. 01. 2009)

82. Horsley, William (2003): Polls find Europeans oppose Iraq war. news.bbc.co.uk, 11. 02. 2003, news.bbc.co.uk/2/hi/europe/2747175.stm (05. 01. 2009)

83. Powell über Irak-Rede vor UN-Sicherheitsrat: „Schandfleck meiner Karriere". www.sueddeutsche.de, 09. 09. 2005, www.sueddeutsche.de/politik/powell-ueber-irak-rede-vor-un-sicherheitsrat-schandfleck-meiner-karriere-1.928315 (06. 01. 2009)

84. Irak-Krieg: Wikileaks veröffentlicht geheime US-Dokumente. www.zeit.de, 23. 10. 2010, www.zeit.de/digital/internet/2010-10/wikileaks-pentagon-irak-krieg (19. 12. 2011)

85. Jones, Jeffrey M. (2008): Majority Continues to Consider Iraq War a Mistake. www.gallup.com, 06. 02. 2008, www.gallup.com/poll/104185/Majority-Continues-Consider-Iraq-War-Mistake.aspx (06. 01. 2009)

86. In Iraq Crisis, Networks Are Megaphones for Official Views. www.fair.org, 18. 03. 2003, www.fair.org/index.php?page=3158 (11. 12. 2009)

87. Report Mainz: Getarnte Werbung: Die fragwürdigen PR-Kampagnen der Bundesregierung. Ausgestrahlt am 27. 08. 2007/3sat. www.swr.de/report/-/id=233454/nid=233454/did=2478132/18nebdd/index.html (12. 12. 2009)

88. Ebenda

89. Dietrich Krauß: „Wie Wirtschaftsverbände die öffentliche Meinung beeinflussen", in: Plusminus, 30. 08. 2005/ARD. Zitiert nach: Wieczorek, Thomas (2009): Die verblödete Republik. Wie uns Medien, Wirtschaft und Politik für dumm verkaufen. München: Knaur. 170

90. Positionspapier zum Verhältnis von PR und Journalismus:

„PR-Einfluss auf Journalismus muss drastisch zurückgedrängt werden". www.netzwerkrecherche.de, www.netzwerkrecherche.de/files/nr-positionspapier-pr-und-journalismus.pdf (14. 08. 2010)

91. Davies, Nick (2008): Flat Earth News. London: Vintage
92. Vgl. zum Beispiel Allensbacher Berufsprestige-Skala: Ärzte weiterhin vorn. Grundschullehrer und Hochschulprofessoren haben an Berufsansehen gewonnen. www.ifd-allensbach.de, Ende Februar 2008, www.ifd-allensbach.de/news/prd_0802. html (11. 10. 2010)
93. Blasberg, Anita/Hamann, Götz: Zeitungen und Zeitschriften: Deutschland, entblättert. Die Zeit, 26. 11. 2009, Nr. 49, www.zeit.de/2009/49/DOS-Medien?page=all (11. 10. 2010)
94. Treynor, J. L. (1987): Market Efficiency and the Bean Jar Experiment, in: Financial Analysts Journal 43. 50–53
95. Surowiecki, James (^{2}2007): Die Weisheit der Vielen. Warum Gruppen klüger sind als Einzelne. München: Goldmann. 325
96. Schwartz, Barry (^{2}2009): Anleitung zur Unzufriedenheit. Warum weniger glücklicher macht. Berlin: Ullstein. 70–71
97. „TV total", 14. 09. 2009, ProSieben
98. Surowiecki, James (^{2}2007): Die Weisheit der Vielen. Warum Gruppen klüger sind als Einzelne. München: Goldmann
99. Gilbert, Daniel T./Tafarodi, Romin W./Malone, Patrick S. (1993): You Can't Not Believe Everything You Read, in: Journal of Psychology and Social Psychology 65. 221–233
100. Antonakis, J./Dalgas, O. (2009): Predicting Elections: Child's Play, in: Science 323. 1183
101. Todorov, A. et al. (2005): Inferences of Competence from Faces Predict Election Outcomes, in: Science 308. 1565–1566
102. Tsfati, Y./Markowitch-Elfassi, D./Waismel-Manor, I. (2010): Exploring the Association between Israeli Legislators' Physical Attractiveness and Their Television News Coverage, in: The International Journal of Press/Politics 15. 175–192
103. Heights of Presidents of the United States and presidential candidates. en.wikipedia.org, en.wikipedia.org/wiki/ Heights_of_Presidents_of_the_United_States_and_presidential_candidates (05. 04. 2010)
104. Gehaltszuschlag für große Männer: Neue Studie belegt erstmals Zusammenhang zwischen Körpergröße und Verdienst in Deutschland. www.diw.de, Pressemitteilung vom 22. 04. 2004, www.diw.de/de/diw_01.c.100319.de/presse/presse-

mitteilungen/pressemitteilungen.html?id=diw_01.c.10431.de (26. 03. 2008)

105. Sommers, P. M. (2002): Is Presidential Greatness Related to Height?, in: The College Mathematics Journal 33. 14–16

106. Klofstad, C. A./Anderson, R. C./Peters, S. (2012): Sounds like a winner: Voice pitch influences perception of leadership capacity in both men and women, in: Proceedings of the Royal Society B: Biological Sciences. DOI: 10.1098/rspb.2012.0311

107. Krems: 14-Jähriger bei Einbruch erschossen – Notwehr? www.diepresse.com, 05. 08. 2009, diepresse.com/home/panorama/oesterreich/500529/Krems_14Jaehriger-bei-Einbruch-erschossen

108. Pilz zu Krems: Politik muss ihre Verantwortung wahrnehmen. Presseaussendung des Grünen Parlamentsklubs, 06. 08. 2009, www.ots.at/presseaussendung/OTS_20090806_OTS0099 (21. 04. 2010)

109. Neue Kronen Zeitung vom 07. 08. 2009: „Post von Jeannée".

110. Lerner, M. J. (1965): Evaluation of performance as a function of performer's reward and attractiveness, in: Journal of Personality and Social Psychology 1. 355–360

111. Lerner, M. J./Simmons, C. H. (1966): The observer's reaction to the „innocent victim": Compassion or rejection?, in: Journal of Personality and Social Psychology 4. 203–210

112. Novak, Reiner: Stimmen wir über Krems ab? Die Presse am Sonntag, 09. 08. 2009

113. Österreich-Umfrage: Knappe Mehrheit steht im Fall Krems hinter Polizei. Aussendung der Mediengruppe „Österreich" GmbH, 07. 08. 2009, www.ots.at/presseaussendung/OTS_20090807_OTS0146 (14. 05. 2010)

114. Richter widerspricht Angeklagten: „Bin total erschrocken". orf.at, orf.at/100310-48887/?href=http%3A%2F%2Forf.at%2F100310-48887%2F48888txt_story.html (14. 05. 2010)

115. David-Freihsl, Roman: Mildes Urteil nach dem späten Schuldgeständnis. Der Standard, 13./14. 03. 2010, derstandard.at/1268402698026/Toedliche-Schuesse-in-Krems-Mildes-Urteil-nach-dem-spaeten-Schuldgestaendnis?seite=2 (20. 12. 2011)

116. Ebenda

117. Grotte, Werner: Mildes Urteil für Polizei-Schützen. www.wienerzeitung.at, 12. 03. 2010, www.wienerzeitung.at/nach-

richten/archiv/60301_Mildes-Urteil-fuer-Polizei-Schuetzen.
html (20. 12. 2011)

118. Fall Krems: Die Geschichte der verbannten Mutter. www.
florianklenk.com, 17. 11. 2010, www.florianklenk.
com/2010/11/17/fall-krems-die-geschichte-der-verbannten-
mutter/ (20. 12. 2011)

119. Demonstration in Kremser City: „Florian P., das war Mord,
Widerstand an jedem Ort". www.news.at, 09. 08. 2009,
www.news.at/articles/0932/10/248327/demonstration-
kremser-city-florian-p-mord-widerstand-ort (21. 05. 2010)

120. Lenski, Gerhard (1973): Macht und Privileg. Eine Theorie
der sozialen Schichtung. Frankfurt a. M.: Suhrkamp. 21

121. Ebenda, 22

122. Ebenda, 19

123. Ebenda, 24

124. Furnham, A./Gunter, B. (1984): Just world beliefs and attitudes towards the poor, in: British Journal of Social
Psychology 23. 265–269

125. Wagstaff, G. F. (1983): Correlates of the just world in Britain.
Journal of Social Psychology 121. 145–146

126. Smith, K. B./Green, D. N. (1984): Individual correlates of the
belief in a just world, in: Psychological Reports 54. 435–438

127. Miller, F. D./Smith, E. R./Ferree, M. M. (1976): Predicting
perceptions of victimization, in: Journal of Applied Social
Psychology 6. 352–359

128. Dalbert, C./Yamauchi, L. A. (1994): Belief in a just world
and attitudes toward immigrants and foreign workers: A cultural comparison between Hawai and Germany, in: Journal
of Applied Social Psychology 24. 1612–1626

129. Feinberg, M./Willer, R. (2010): Apocalypse Soon?: Dire
Messages Reduce Belief in Global Warming by Contradicting
Just-World Beliefs, in: Psychological Science 22. 34–38

130. Smith, K. B./Green, D. N. (1984): Individual correlates of the
belief in a just world, in: Psychological Reports 54. 435–438

131. Furnham, A./Gunter, B. (1984): Just world beliefs and attitudes towards the poor, in: British Journal of Social
Psychology 23. 265–269

132. Dalbert, C./Montada, L./Schmitt, M. (1987): Glaube an eine
gerechte Welt als Motiv: Validierungskorrelate zweier Skalen,
in: Psychologische Beiträge 29. 596–615

133. Österreich-Umfrage: Knappe Mehrheit steht im Fall Krems

hinter Polizei. Aussendung der Mediengruppe „Österreich" GmbH, 07. 08. 2009, www.ots.at/presseaussendung/ OTS_20090807_OTS0146 (14. 05. 2010)

134. Lincoln, A./Levinger, G. (1972): Observers' evaluation of the victim and the attacker in an aggression incident, in: Journal of Personality and Social Psychology 22. 202–210

135. Nominierungsrede von John F. Kerry am Parteitag der Demokratischen Partei in Boston 2004, anzusehen im offiziellen YouTube-Kanal der Demokratischen Partei unter www. youtube.com/watch?v=4MiBBb7DQpI (17. 03. 2009)

136. Kleine-Brockhoff, Thomas: US-Wahl: Das Rennen in Amerika ist jetzt offen. www.zeit.de, 05. 08. 2004, www. zeit.de/2004/33/Convention?page=2 (23. 03. 2009)

137. Arntz, Jochen: Kerry jr. www.berliner-zeitung.de, 31. 07. 2004, www.berlinonline.de/berliner-zeitung/archiv/.bin/ dump.fcgi/2004/0731/meinung/0019/index.html (23. 03. 2009)

138. 2004 Election Results. www.fec.gov, www.fec.gov/pubrec/ fe2004/tables.pdf (24. 03. 2009)

139. Direction of the Country. www.pollingreport.com, www. pollingreport.com/right.htm (24. 03. 2009)

140. Lakoff, George/Wehling, Elisabeth (2008): Auf leisen Sohlen ins Gehirn. Politische Sprache und ihre heimliche Macht. Heidelberg: Carl-Auer. 16

141. Deutscher, Guy ([2]2010): Im Spiegel der Sprache. Warum die Welt in anderen Sprachen anders aussieht. München: C. H. Beck. 169

142. Ebenda, 168

143. Ebenda, 197–198

144. Konishi, T. (1993): The semantics of grammatical gender: A cross-cultural study, in: Journal of Psycholinguistic Research 22. 519–534

145. Deutscher, Guy (22010): Im Spiegel der Sprache. Warum die Welt in anderen Sprachen anders aussieht. München: C. H. Beck. 239

146. Segel, E./Boroditsky, L. (2011): Grammar in Art, in: Frontiers in Psychology 1. Article 244

147. Wilson, D. K./Kaplan, R. M./Schneiderman, L. J. (1987): Framing of decisions and selections of alternatives in health care, in: Social Behaviour 2. 51–59

148. Levin, I. P. (1987): Associative effects of information framing

on human judgments. Paper presented at the annual meeting of the Midwestern Psychological Association, May, Chicago, IL.

149. Dunegan, K. J. (1993): Framing, cognitive modes, and image theory: Toward an understanding of a glass half full, in: Journal of Applied Psychology 78. 491–503

150. Levin, I. P./Gaeth, G. J. (1988): Framing of attribute information before and after consuming the product, in: Journal of Consumer Research 15. 374–378

151. Montaigne, Michel de (2005): Die Essais. Köln: Anaconda. 290

152. Lakoff, George/Wehling, Elisabeth (2008): Auf leisen Sohlen ins Gehirn. Politische Sprache und ihre heimliche Macht. Heidelberg: Carl-Auer. 45–46

153. Lingens-Reiner, Ella (1948): Prisoners of Fear. An account of life in the Auschwitz concentration camp. London: Victor Gollancz. 1–2. Zitiert nach: Lifton, Robert Jay (1988): Ärzte im Dritten Reich. Stuttgart: Klett-Cotta. 21

154. Lifton, Robert Jay (1988): Ärzte im Dritten Reich. Stuttgart: Klett-Cotta. 242

155. Thibodeau, P. H./Boroditsky, L. (2011): Metaphors We Think With: The Role of Metaphor in Reasoning, in: PLoS ONE 6(2): e16782. DOI: 10.1371/journal.pone.0016782

156. Bagh, J. A./Chen, M./Burrows, L. (1996): Automaticity of Social Behavior: Direct Effects of Trait Construct and Stereotype Activation on Action, in: Journal of Personality and Social Psychology 71. 230–244

157. Zhong, C.-B./DeVoe, S. E. (2010): You Are How You Eat: Fast Food and Impatience, in: Psychological Science 21. 619–622

158. Konrath, S./Meier, B./Schwarz, N. (2004): Seeing President Bush: Presidential Pictures Prime Aggressive Thoughts, Perceptions, & Behaviors. Poster presented at American Psychological Society in Chicago, IL.

159. Jostmann, N. B./Lakens, D./Schubert, T. W. (2009): Weight as an embodiment of importance, in: Psychological Science 20. 1169–1174

160. Williams, L. E./Bargh, J. A. (2008): Experiencing Physical Warmth Promotes Interpersonal Warmth, in: Science 322. 606–607

161. Zhong, C.-B./Leonardelli, G. J. (2008): Cold and Lonely:

Does Social Exclusion Literally Feel Cold?, in: Psychological Science 19. 838–842

162. Thibodeau, P. H./Boroditsky, L. (2011): Metaphors We Think With: The Role of Metaphor in Reasoning, in: PLoS ONE 6(2): e16782. DOI: 10.1371/journal.pone.0016782

163. Lifton, Robert Jay (1988): Ärzte im Dritten Reich. Stuttgart: Klett-Cotta. 242

164. Callan, M. J./Kay, A. C./Davidenko, N./Ellard, J. H. (2009): The effects of justice motivation on memory for self- and other-relevant events, in: Journal of Experimental Social Psychology 45. 614–623

165. Norton, M. I./Ariely, D. (2011): Building a Better America – One Wealth Quintile at a Time, in: Perspectives on Psychological Science 6. 9–12

166. Jost, J. T./Glaser, J./Kruglanski, A. W./Sulloway, F. J. (2003): Political Conservatism as Motivated Social Cognition, in: Psychological Bulletin 129. 339–3375

167. York, Byron: The „Conservatives Are Crazy" Study. www. nationalreview.com, 01. 08. 2003 www.nationalreview.com/ articles/207712/conservatives-are-crazy-study/byron-york

168. Arnold Schwarzenegger's 2010 Emory Commencement Address. Anzusehen im offiziellen YouTube-Kanal der Emory University unter: www.youtube.com/watch?v=lR_9uj5maUs

169. Maes, J. (1998): Die Geschichte der Gerechte-Welt-Forschung: Eine Entwicklung in acht Stufen?, GiP-Bericht Nr. 17, psydok.sulb.uni-saarland.de/volltexte/2004/164/ (20. 12. 2011)

170. Hertz, T. (2006): Understanding Mobility in America. Fort the Center of American Progress. www.americanprogress. org/kf/hertz_mobility_analysis.pdf

171. Bjørnskov, C./Dreher, A./Fischer, J. A. V. (2007): Cross-country determinants of life satisfaction: exploring different determinants across groups in society, in: Social Choice and Welfare 30. 119–173

172. Eidelman, S. et al. (2012): Low-Effort Thought Promotes Political Conservatism. Personality and Social Psychology Bulletin. DOI: 10.1177/0146167212439213

173. Lakoff, George/Wehling, Elisabeth (2008): Auf leisen Sohlen ins Gehirn. Politische Sprache und ihre heimliche Macht. Heidelberg: Carl-Auer. 75

174. Appel, M. (2008): Fictional narratives cultivate just world beliefs, in: Journal of Communication 58. 62–83

175. Grimm, Jacob Ludwig/Grimm, Wilhelm Carl (1815): Kinder- und Hausmärchen, Band 2. 1–7

176. James, J. M./Bolstein, R. (1992): Effect of monetary incentives and follow-up mailings on the response rate and response quality in mail surveys, in: Public Opinion Quarterly 54. 442–453

177. Montaigne, Michel de (2005): Die Essais. Köln: Anaconda. 340

178. Regan, D. T. (1971): Effects of Favor and Liking on Compliance, in: Journal of Experimental Social Psychology 7. 627–639

179. Benton, A. A./Kelley, H. H./Liebling, B. (1972): Effects of extremity of offers and concession rate on the outcomes of bargaining, in Journal of Personality and Social Psychology 24. 73–83

180. Goffman, Erving (⁶2008): Wir alle spielen Theater. Die Selbstdarstellung im Alltag. Ungekürzte Taschenbuchausgabe: Piper. 7

181. Worchel, S./Lee, J./Adewole, A. (1975): Effects of supply and demand on ratings of object value, in: Journal of Personality 24. 375–384

182. Rangel, Antonio et al. (2008): Marketing actions can modulate neural representations of experienced pleasantness, in: Proceedings oft he National Acedemy of Science 105. 1050–1054

183. Ariely, Dan et al. (2008): Commercial Features of Placebo and Therapeutic Efficacy, in: Journal of the American Medical Association 299. 1.016

184. Johnson, A. W./Gallagher, M. (2011): Greater effort boosts the affective taste properties of food, in: Proceedings of the Royal Society B 278. 1450–1456

185. Obesity and overweight. www.who.int, März 2011, www.who.int/mediacentre/factsheets/fs311/en/ (04. 04. 2011)

186. Rintala, M./Mustajoki, P. (1992): Could mannequins menstruate?, in: British Medical Journal 305. 1575–1576

187. Bryson, Bill (232005): Eine kurze Geschichte von fast allem. München: Goldmann. 317–318

188. Whitchurch, E. R./Wilson, T. D./Gilbert, D. T. (2011): „ He

Loves Me, He Loves Me Not ... " Uncertainty Can Increase Romantic Attraction, in: Psychological Science 22. 172–175

189. Weber, Max (⁵1972): Wirtschaft und Gesellschaft: Grundriß der verstehenden Soziologie. Tübingen: Mohr-Siebeck. 140

190. Steyrer, Johannes (1995): Charisma in Organisationen: Sozial-kognitive und psychodynamisch-interaktive Aspekte von Führung. Frankfurt am Main: Campus. 223

191. Aronson, E./Mills, J. (1959): The effect of severity of initiation on liking for a group, in: Journal of Abnormal and Social Psychology 59. 177–181

192. Freedman, J. L./Fraser, S. C. (1966): Compliance without pressure: The foot-in-the-door technique, in: Journal of Personality and Social Psychology 4. 195–203

193. Montaigne, Michel de (2005): Die Essais. Köln: Anaconda. 340–341

194. Zimbardo, P. G./Gerrig, R. J. (2004): Psychologie. 16., aktualisierte Auflage. München: Pearson Studium. 780

195. Aronson, E./Linder, D.: Gain and loss of self-esteem as determinants of interpersonal attractiveness, in: Journal of Experimental Social Psychology, 1965, 1, 156–171

196. Dickie, John (⁴2007): Cosa Nostra. Die Geschichte der Mafia. Erweiterte Taschenbuchausgabe: Fischer. 38

197. Jonason, P. K./Li, N. P./Webster, G.W./Schmitt, D.P. (2009): The Dark Triad: Facilitating short-term mating in men, in: European Journal of Personality 23. 5–18

198. Inman, Mason: Bad is good as a mating strategy, in: New Scientist, 21. 06. 2008. 12

199. Babiak, Paul/Hare, Robert D. (2007): Menschenschinder oder Manager. Psychopathen bei der Arbeit. München: Hanser. 162

200. Ebenda, 107

201. Erickson, A./Shaw, J. B./Agabe, Z. (2007): An empirical investigation of the antecidents, behaviors, and outcomes of bad leadership, in: Journal of Leadership Studies 1. 26–43

202. Brescoll, V. L/Uhlmann, E. L. (2008): Can an Angry Woman Get Ahead? Status Conferral, Gender, and Expression of Emotion in the Workplace, in: Psychological Science 19. 268–275

203. Abstimmung: Stalin zum drittgrößten Russen aller Zeiten gewählt. www.spiegel.de, 28. 12. 2008, www.spiegel.de/panorama/zeitgeschichte/0,1518,598594,00.html (06. 12. 2011)

204. Dickie, John ([4]2007): Cosa Nostra. Die Geschichte der Mafia. Erweiterte Taschenbuchausgabe. Frankfurt am Main: Fischer. 86

205. Greiner, Ulrich: Sozialverhalten: Rechthaber und Samariter. Die Zeit, 22. 12. 2009 Nr. 53, www.zeit.de/2009/53/DOS-Gutmensch?page=1

206. Parks, Craig D./Stone, Asako B. (2010): The desire to expel unselfish members from the group, in: Journal of Personality and Social Psychology 99. 303–310

207. Minson, J. A./Monin, B. (2011): Do-gooder derogation: Putting down morally-motivated others to defuse implicit moral reproach, in: Social and Psychological and Personality Science 3. 200–207

208. Babiak, Paul/Hare, Robert D. (2007): Menschenschinder oder Manager. Psychopathen bei der Arbeit. München: Hanser. 163

209. Dickie, John ([4]2007): Cosa Nostra. Die Geschichte der Mafia. Erweiterte Taschenbuchausgabe. Frankfurt am Main: Fischer. 54

210. Studie über Armut in Italien. www.tagesschau.sf.tv, 12. 10. 2006, www.tagesschau.sf.tv/Nachrichten/Archiv/2006/10/12/Vermischtes/Studie-ueber-Armut-in-Italien (17. 08. 2008)

211. 90 Milliarden Umsatz: Die Mafia dominiert die Wirtschaft. www.handelsblatt.com, 23. 10. 2007, www.handelsblatt.com/journal/nachrichten/die-mafia-dominiert-die-wirtschaft;1340636 (26. 08. 2008)

212. Dickie, John ([4]2007): Cosa Nostra. Die Geschichte der Mafia. Erweiterte Taschenbuchausgabe. Frankfurt am Main: Fischer. 123

213. Hess, Henner ([3]1988): Mafia: Zentrale Herrschaft und lokale Gegenmacht. Tübingen: Mohr. 134

214. Ebenda, 135

215. Ebenda, 103

216. Dickie, John ([4]2007): Cosa Nostra. Die Geschichte der Mafia. Erweiterte Taschenbuchausgabe. Frankfurt am Main: Fischer. 389

217. Ebenda, 446

218. Sutton, Robert I. (2007): Der Arschloch-Faktor. Vom geschickten Umgang mit Aufschneidern, Intriganten und Despoten in Unternehmen. München: Heyne. 30

219. Ebenda, 86
220. Ebenda, 33
221. Ebenda, 34
222. Maynard Smith, J./Price, G. R. (1973): The Logic of Animal Conflict, in: Nature 246. 15–18
223. Camilleri, Andrea (2009): M wie Mafia. Reinbek bei Hamburg: Rohwolt. 179
224. Charyn, J: Amerikas Totenmaske. Die Zeit, 14. 08. 2008, Nr. 34
225. Hamlin, J. K./Wynn, K./Bloom, P. (2007): Social evaluation by preverbal infants, in: Nature 450. 557–559
226. Singer, T. et al. (2006): Empathic neural responses are modulated by the perceived fairness of others, in: Nature 439. 466–469
227. Cameron, L. A. (1999): Raising the stakes in the Ultimatum Game: Experimental evidence from Indonesia, in: Economic Inquiry 37. 47–59
228. Takezawa, M./Gummerum, M./Keller, M. (2006): A stage for the rational tail oft the emotional dog: Roles of moral reasoning in group decision making, in: Journal of Economic Psychology 27. 117–139
229. Henrich, J. et al. (2005): „Economic man" in cross-cultural perspective: Behavioral experiments in 15 small-scale societies, in: Behavioral and Brain Sciences 28. 795–855
230. Heinrich, J./Heine, S. J./Norenzayan, A. (2010): The weirdest people in the world?, in: Behavioral and Brain Sciences 33. 61–135
231. Frank, R./Gilovich, T./Regan, D. (1993): Does Studying Economics Inhibit Cooperation?, in: Journal of Economic Perspectives 7. 159–171
232. Jensen, K./Call, J./Tomasello, M. (2007): Chimpanzees Are Rational Maximizers in an Ultimatum Game, in: Science 318. 107–109
233. Warneken, F./Tomasello, M. (2006): Altruistic Helping in Human Infants and Young Chimpanzees, in: Science 311. 1301–1303
234. Tomasello, Michael (2010): Warum wir kooperieren. Berlin: edition unseld. 29
235. Ebenda
236. Rivas, E. (2005): Recent use of signs by chimpanzees (Pan

troglodytes) in interactions with humans, in: Journal of Comparative Psychology 119. 404–417

237. Liszkowski, U. et al. (2006): Twelve- and 18-month-olds point to provide information for others, in: Journal of Cognition and Development 7. 173–187

238. Camilleri, Andrea (2009): M wie Mafia. Reinbek bei Hamburg: Rohwolt. 160

239. Ebenda, 161

240. Ebenda, 162

241. Fehr, E./Bernhard, H./Rockenbach, B. (2008): Egalitarianism in young children, in: Nature 454. 1079–1084

242. Choi, J.-K./Bowles, S. (2007): The Coevolution of Parochial Altruism and War, in: Science 318. 636–640

243. Dickie, John ([4]2007): Cosa Nostra. Die Geschichte der Mafia. Erweiterte Taschenbuchausgabe: Fischer. 43

244. Papachristos, A. (2010): Murder by structure: dominance relations and the social structure of gang homicide, in: American Journal of Sociology 115. 74–128

245. Ahrendt, Hannah ([5]2010): Eichmann in Jerusalem. Ein Bericht von der Banalität des Bösen (erweiterte Taschenbuchausgabe). München: Piper. 56

246. Ebenda, 58

247. Jaspers, Karl (1958): Die Atombombe und die Zukunft des Menschen. Politisches Bewußtsein in unserer Zeit. München: R. Piper & Co. 341

248. Haney, C./Banks, W. C./Zimbardo, P. G. (1973): Interpersonal dynamics in a simulated prison, in: International Journal of Criminology and Penology 1. 69–97

249. Milgram, S. (1963): Behavioral Study of Obedience, in: Journal of Abnormal and Social Psychology 67. 371–378

250. Burger, J. (2011): In Their Own Words: Explaining Obedience to Authority Through an Examination of Participants' Comments, in: Social Psychological and Personality Science. DOI: 10.1177/1948550610397632

251. Reicher, S. D./Haslam, S. D./Smith, J. R. (2012): Working Toward the Experimenter Reconceptualizing Obedience Within the Milgram Paradigm as Identification-Based Followership, in: Perspectives on Psychological Science 7. 315–324

252. Byrnes, D. A./Kiger, G. (1990): The Effect of a Prejudice-

Reduction Simulation on Attitude Change, in: Journal of Applied Social Psychology 20. 341–356

253. Dyer, J. R. G. et al. (2009): Leadership, consensus decision making and collective behavior in humans, in: Philosophical Transactions of the Royal Society B 364. 781–789

254. Abaid, N./Porfiri, M. (2010): Fish in a ring: spatiotemporal pattern formation in one-dimensional animal groups, in: Journal of the Royal Society Interface, 7. 1441–1453

255. Scobel, Gert (2008): Weisheit. Über das, was uns fehlt. Köln: Dumont. 18

256. Ebenda, 19

257. Schultz, Uwe (42008): Immanuel Kant (überarbeitete und erweiterte Neuausgabe 2003). Reinbek bei Hamburg: Rowohlt. 27

258. Störig, Hans Joachim (1998): Kleine Weltgeschichte der Philosophie. Frankfurt: Fischer. 387

259. Schultz, Uwe (^{4}2008): Immanuel Kant (überarbeitete und erweiterte Neuausgabe 2003). Reinbek bei Hamburg: Rowohlt. 91

260. Ebenda, 50

261. Liessmann, Konrad Paul (2008): Theorie der Unbildung. Die Irrtümer der Wissensgesellschaft (üngekürzte Taschenbuchausgabe). München: Piper. 88

262. Ebenda, 89

263. Ebenda, 86

264. Weit reichende Leistungen. Die LongLife Mobilitätsgarantie. www.volkswagen.de www.volkswagen.de/de/servicezubehoer/VolkswagenService/unsere_serviceleistungen/die_longlife_mobilitaetsgarantie.html (06. 05. 2011)

265. VW-Mobilitätsgarantie – ADAC-Mitgliedschaft kündigen? www.motor-talk.de, www.motor-talk.de/forum/vw-mobilitaetsgarantie-adac-mitgliedschaft-kuendigen-t713075.html (06. 05. 2011)

266. Pannenstatistik – Methodik und Hintergrund. www.adac.de, www.adac.de/infotestrat/unfall-schaeden-und-panne/pannenstatistik/default.aspx (06. 05. 2011)

267. Weit reichende Leistungen. Die Longlife Mobilitätsgarantie. www.volkswagen.de, www.volkswagen.de/de/servicezubehoer/VolkswagenService/unsere_serviceleistungen/die_longlife_mobilitaetsgarantie.html (06. 05. 2011)

268. Pannenstatistik – Methodik und Hintergrund. www.adac.de,

www.adac.de/infotestrat/unfall-schaeden-und-panne/pan-
nenstatistik/default.aspx (06. 05. 2011)

269. Ariely, Dan (2008): Denken hilft zwar, nützt aber nichts.
Warum wir immer wieder unvernünftige Entscheidungen
treffen. München: Droemer. 39–40

270. Ebenda, 40

271. Fliessbach, Elger et al. (2007): Social Comparison Affects
Reward-Related Brain Activity in the Human Ventral
Striatum, in: Science 318. 1305

272. Muise, A./Christofides, E./Desmarais, S. (2009): More
Information than You Ever Wanted: Does Facebook Bring Out
the Green-Eyed Monster of Jealousy?, in: CyberPsychology &
Behavior 12. 441–444

273. Liessmann, Konrad Paul (2008): Theorie der Unbildung.
Die Irrtümer der Wissensgesellschaft (ungekürzte
Taschenbuchausgabe). München: Piper. 43

274. Vgl. zum Beispiel Frey, Bruno S.: Wie die Universität der
Zukunft aussieht. Der derzeitige Trend zur Regulierung
der Forschung und der Lehre wird nicht anhalten. NZZ am
Sonntag, 17. 10. 2004

275. Deci, E. (1971): Effects of eternally mediated rewards on
intrinsic motivation, in: Journal of Personality and Social
Psychology 18. 105–115

276. Festinger, L./Carlsmith, J. M. (1959): Cognitive consequences of forced compliance, in: Journal of Abnormal and Social
Psychology, 58, 203–211

277. Frey, Bruno S. (2000): Wie beeinflusst Lohn die Motivation?,
in: Frey, Bruno S./Osterloh, Margit (Hg.) (22002): Managing
Motivation. Wiesbaden: Gabler. 97

278. Frey, Bruno S. (2000): Wie beeinflusst Lohn die Motivation?,
in: Frey, Bruno S./Osterloh, Margit (Hg.) (22002): Managing
Motivation. Wiesbaden: Gabler. 97

279. Deci, E. L./Koestner, R./Ryan, R. (1999): A Meta-Analytic
Review of Experiments Examining the Effects or Extrinsic
Rewards on Intrinsic Motivation, in: Psychological Bulletin
125. 627–668

280. Cameron, J./Banko, K. M./Pierce, W. D. (2001): Pervasive
negative effects of rewards on intrinsic motivation. The myth
continues, in: The Behavior Analyst 24. 1–44

281. Cooke, L. et al. (2011): Eating for Pleasure or Profit: The

Effect of Incentives on Children's Enjoyment of Vegetables, in: Psychological Science 22. 190–196

282. Warneken, F./Tomasello, M. (2008): Extrinsic Rewards Undermine Altruistic Tendencies in 20-Month-Olds, in: Developmental Psychology 44. 1785–1788

283. Frey, B. S./Oberholzer-Gee, F. (1997): The Cost of Price Incentives: An Empirical Analysis of Motivation Crowding-Out, in: American Economic Review 87. 745–755

284. Malmendier, U./Tate, G. (2009): Superstar CEOs, in: The Quarterly Journal of Economics 124. 1593–1638

285. Vohs, K. D./Mead, N. L./Goode, M. R. (2006): The Psychological Consequences of Money, in: Science 314. 1154–1156

286. Xhou, X./Vohs, K. D./Baumeister, R. F. (2009): The Symbolic Power of Money. Reminders of Money Alter Social Distress and Physical Pain, in: Psychological Science 20. 700–706

287. Rost, K./Osterloh, M. (2009): Management Fashion Pay-for-Performance for CEOs, in: Schmalenbach Business Review 61. 119–149

288. Niemiec, C. P./Ryan, R. M./Deci, E. L. (2009): The path taken: consequences of attaining intrinsic and extrinsic aspirations in post-college life, in: Journal of Research in Personality, 43. 291–306

289. Quoidbach, J. et al. (2010): Money giveth, money taketh away: The dual effect of wealth on happiness. Psychol Sci 21. 759–763

290. Kahneman, D./Deaton, A. (2010): High income improves evaluation of life but not emotional well-being, in: Proceedings of the National Academy of Sciences. DOI: 10.1073/pnas.1011492107

291. Rogers, Paul: Activist's archive preserves a vision of California's coast. The Mercury News, 01. 11. 2002, www.californiacoastline.org/news/sjmerc.html (30. 05. 2011)

292. Driscoll, R./Davis, K. E./Lipetz, M. E. (1972): Parental interference and romantic love: The Romeo and Juliet effect, in: Journal of Personality and Social Psychology 24. 1–10

293. Vgl. zum Beispiel Worchel, S./Arnold, S. E./Baker, M. (1975): The Effects of Censorship on Attitude Change: The Influence

of Censor and Communication Characteristics, in: Journal of Applied Social Psychology 5. 227–249

294. Bensley, L. S./Wu, R. (1991): The Role of Psychological Reactance in Drinking Following Alcohol Prevention Messages, in: Journal of Applied Social Psychology 21. 1111–1124

295. Miller, C. H. et al. (2006): Identifying principal risk factors fort he initiation of adolescent smoking behaviors: The significants of psychological reactance, in: Health communication 19. 241–252

296. Montaigne, Michel de (2005): Die Essais. Köln: Anaconda. 328–329

297. Pfaller, Robert (³2010): Das schmutzige Heilige und die reine Vernunft. Symptome der Gegenwartskultur. Frankfurt am Main: Fischer. 192

298. Ebenda

299. „Wutbürger" zum Wort des Jahres 2010 gewählt. Pressemitteilung der Gesellschaft für deutsche Sprache, 17. 12. 2010, www.gfds.de/presse/pressemitteilungen/171210-wort-des-jahres-2010/ (06. 06. 2011)

300. Kurbjuweit, Dirk: Der Wutbürger, in: Der Spiegel 41/2010. 26–27

301. „Die Zukunft wird sehr kleinteilig sein". Harald Welzer zu Stuttgart 21. www.taz.de, 22. 10. 2010, www.taz.de/1/zukunft/umwelt/artikel/1/die-zukunft-wird-sehr-kleinteilig-sein/ (06. 06. 2011)

302. Montaigne, Michel de (2005): Die Essais. Köln: Anaconda. 275

303. Brehm, J. W. et al. (1966): The attractivness of an eliminated choice alternative, in: Journal of Experimental Social Psychology 2. 301–313.

304. Nichelle Nichols Answers Fan Questions Part 2. www.startrek.com, 19. 10. 2010, www.startrek.com/article/nichelle-nichols-answers-fan-questions-part-2 (07. 06. 2011)

305. Johnson-Smith, Jan (2005): American Science Fiction TV. Star Trek, Stargate, and Beyond. London: I. B. Tauris. 80

306. Heine, S. J./Lehman, D. R. (1997): Culture, dissonance and self-affirmation, in: Personality and Social Psychology Bulletin 23. 289–400

307. Kitayama, S. et al. (in Press): Is there any free choice? Self and

dissonance in two cultures. Unveröffentlichtes Manuskript der Universität Kyoto 2003.

308. Iyengar, S./Lepper, M. R. (1999): Rethinking the Value of Choice: A Cultural Perspective on Intrinsic Motivation, in: Journal of Personality and Social Psychology 76. 349–366

309. Aronson, E./Carlsmith, J. M. (1963): Effect of the severity of threat on the devaluation of forbidden behavior, in: Journal of Abnormal and Social Psychology 66. 584–588

310. Freedman, J. (1965): Long-term behavioral effects of cognitive dissonance, in: Journal of Experimental Social Psychology 1. 145–155

311. Rosemberg, S./Marie, S. K./Kliemann, S. (1994): Congenital insensitivity to pain with anhidrosis (hereditary sensory and autonomic neuropathy type IV), in: Pediatr Neurol. 11. 50–56

312. Gneezy, U./Rustichini, A. (2000): A Fine is a Price, in: Journal of Legal Studies. 1–18

313. Ashcroft, J./Daniels, D. J./Hart, S. V. (2003): Correctional Boot Camps: Lessons From a Decade of Research. Bericht für das U.S. Department of Justice, Office of Justice Programs. www.ncjrs.gov/pdffiles1/nij/197018.pdf (05. 07. 2009)

314. Kutz, A. D./O'Connell, A. (2007): Residental Treatment Programs. Concerns Regarding Abuse and Death in Certain Programs for Troubled Youth. Bericht des United States Government Accountability Office, www.gao.gov/new. items/do8146t.pdf (05. 07. 2009)

315. Entorf, E./Spengler, H. (2008): Is Being ‚Soft on Crime' the Solution to Rising Crime Rates? Evidence from Germany. DIW Berlin Discussion Papers 837, www.diw.de/documents/ publikationen/73/diw_01.c.90288.de/dp837.pdf (05. 07. 2009)

316. Lee, D. S./McCrary, J. (2005): Crime, Punishment, and Myopia. NBER Working Paper No. 11491

317. Smith, D. J. (1999): Less crime without more punishment, in: Edinburgh Law Review 3. 294–316.

318. Windzio, M./Simonson, J./Pfeiffer, C./Kleimann, M. (2007): Kriminalitätswahrnehmung und Punitivität in der Bevölkerung – Welche Rolle spielen die Massenmedien? Ergebnisse der Befragungen zu Kriminalitätswahrnehmung und Strafeinstellungen 2004 und 2006. KFN

Forschungsbericht Nr. 103, www.kfn.de/versions/kfn/assets/ fb103.pdf

319. Studie Massenkommunikation 2010 (ARD/ZDF), www.media-perspektiven.de/pressemitteilung_mk_2010.html

320. Cooper, S. et al. (2010): Predicting protein structures with a multiplayer online game, in: Nature 466. 756–760

321. Popović, Z. et al. (2011): Crystal structure of a monomeric retroviral protease solved by protein folding game players, in: Nature Structural & Molecular Biology 18. 1175–1177

322. Taleb, Nassim Nicholas (^{2}2010): Der Schwarze Schwan. Die Macht höchst unwahrscheinlicher Ereignisse. München: dtv. 89

323. Ebenda, 101

324. Ebenda, 102

325. Boykoff, M. T./Boykoff, J. M. (2004): Balance as bias: global warming and the US prestige press, in: Global Environmental Change 14. 124–136

326. Krugman, Paul: Shape of planet blogging. Conscience of a liberal, 04. 08. 2009. krugman.blogs.nytimes.com/ 2009/08/04/shape-of-planet-blogging/ (21. 08. 2012)

327. Lorenz, J. et al. (2011): How social influence can undermine the wisdom of crowd effect, in: Psychological and Social Sciences 108. 9020–9025

328. King, A. J. et al. (2011): Is the true ‚wisdom of the crowd‘ to copy successful individuals?, in: Biology Letters. DOI: 10.1098/rsbl.2011.0795 rsbl.royalsocietypublishing.org/content/early/2011/09/07/rsbl.2011.0795

329. Ignorierten Passanten verletzten Alt-LH Partl? tirol.orf.at/ stories/457287/ (03. 08. 2011)

330. Horrorstunden für Alt-LH Partl. www.stol.it, 20. 07. 2010, www.stol.it/Artikel/Chronik-im-Ueberblick/Chronik/ Horrorstunden-fuer-Alt-LH-Partl (03. 08. 2011)

331. Alois Partl wird Gedächtnisverlust bescheinigt. tirol.orf.at , 16. 09. 2010, tirol.orf.at/stories/470147/ (03. 08. 2011)

332. Zenhäusern, M.: Zivilcourage, ein Fremdwort? Verletzter Alois Partl ohne Hilfe. Tiroler Tageszeitung, 20. 07. 2010 www.tt.com/csp/cms/sites/tt/%C3%9Cberblick/Chronik/ ChronikInnsbruck/1013277-6/zivilcourage-ein-fremdwort-verletzter-alois-partl-ohne-hilfe.csp (20. 12. 2011)

333. Klausner, M./Ruß, E.: Fall Partl sorgt für Entsetzen. Tiroler Tageszeitung, 21. 07. 2010, portal.tt.com/csp/cms/sites/tt/

Tirol/1020981-2/fall-partl-sorgt-f%C3%BCr-entsetzen.csp
(20. 12. 2011)

334. Darley, J. M./Latané, B. (1968): Bystander intervention in emergencies: Diffusion of responsibility, in: Journal of Personality and Social Psychology 8. 377–383

335. Latané, B./Nida, S. (1981): Ten years of research on group size and helping, in: Psychological Bulletin 89. 308–324

336. Die Zeitungsente des Jahres: Der Fall des Alois Partl. dietiwag. org, 09. 08. 2010, www.dietiwag.org/index.php?id=3290 (03. 08. 2011)

337. Alois Partl wird Gedächtnisverlust bescheinigt. tirol.orf.at/ stories/470147/ (03. 08. 2011)

338. Chabris, Christopher/Simons, Daniel (2011): Der unsichtbare Gorilla. Wie unser Gehirn sich täuschen lässt. München: Piper. 217–218

339. Massenselbstmord der Lemminge ist eine Legende. sciencev1.orf.at/science/news/94537 (20. 09. 2011)

340. Gilg, O./Hanski, I./Sittler, B. (2003): Cyclic Dynamics in a Simple Vertebrate Predator-Prey Community, in: Science 302. 866–868

341. Phillips, D. P. (1974): The influence of suggestion on suicide: Substantive and theoretical implications of the Werther effect, in: American Sociological Review 39. 340–354

342. Berger, Jens: Der Freitod eines Torwarts und die Ethik. www. spiegelfechter.com, 11. 11. 2009, www.spiegelfechter.com/ wordpress/1147/der-freitod-eines-torwarts-und-die-ethik (24. 09. 2011)

343. Niggemeier, Stefan: Über Enke und Werther. www.stefan-niggemeier.de, 16. 11. 2009, www.stefan-niggemeier.de/ blog/ueber-enke-und-werther/ (24. 09. 2011)

344. Eisenbahn-Bundesamt: Bericht des Eisenbahn-Bundesamts gemäß Artikel 18 der Richtlinie über Eisenbahnsicherheit in der Gemeinschaft (Richtlinie 2004/49/EG, „Sicherheitsrichtlinie") über die Tätigkeiten als Sicherheitsbehörde: Berichtsjahr 2007. www.eba.bund. de/cln_005/SharedDocs/Publikationen/DE/Infothek/ Allgemeines/Sicherheitsberichte/sicherheitsbericht__2007,t emplateId=raw,property=publicationFile.pdf/sicherheitsbericht_2007.pdf (24. 09. 2011)

345. Eisenbahn-Bundesamt: Bericht des Eisenbahn-Bundesamts gemäß Artikel 18 der Richtlinie über Eisenbahnsicherheit

in der Gemeinschaft (Richtlinie 2004/49/EG, „Sicherheitsrichtlinie") über die Tätigkeiten als Sicherheitsbehörde: Berichtsjahr 2008. www.eba.bund.de/cln_030/ SharedDocs/Publikationen/DE/Infothek/Allgemeines/ Sicherheitsberichte/sicherheitsbericht__2008,templateId=ra w,property=publicationFile.pdf/sicherheitsbericht_2008.pdf (24. 09. 2011)

346. Eisenbahn-Bundesamt: Bericht des Eisenbahn-Bundesamts gemäß Artikel 18 der Richtlinie über Eisenbahnsicherheit in der Gemeinschaft (Richtlinie 2004/49/EG, „Sicherheitsrichtlinie") über die Tätigkeiten als Sicherheitsbehörde: Berichtsjahr 2009. www.eba.bund. de/cln_030/SharedDocs/Publikationen/DE/Infothek/ Allgemeines/Sicherheitsberichte/sicherheitsbericht__2009,t emplateId=raw,property=publicationFile.pdf/sicherheitsbericht_2009.pdf (24. 09. 2011)

347. Phillips, D. P. (1979): Suicide, motor vehicle fatalities, and the mass media: Evidence toward a theory of suggestion, in: American Journal of Sociology 84. 1150–1174

348. Phillips, D. P. (1983): The impact of mass media violence on U.S. homicides, in: American Sociological Review 48. 560–568

349. Chistakis, N. A./Fowler, J. H. (2010): Connected. Die Macht sozialer Netzwerke und warum Glück ansteckend ist. Frankfurt am Main: Fischer. 146

350. Christakis, N./Fowler, J. (2007): The Spread of Obesity over 32 Years, in: New England Journal of Medicine 357. 370–379

351. Chistakis, N. A./Fowler, J. H. (2010): Connected. Die Macht sozialer Netzwerke und warum Glück ansteckend ist. Frankfurt am Main: Fischer. 151

352. Ebenda, 149

353. Ebenda, 150

354. Latzel, Clemens: Oberbayern: Yvonne sieht ruhigen Tagen im Mais entgegen. www.faz.net, 30. 08. 2011, www.faz.net/ artikel/C30176/oberbayern-yvonne-sieht-ruhigen-tagen-im-mais-entgegen-30493766.html

355. Eingefangene Kultkuh: Yvonne wankt, schwankt und fällt. www.spiegel.de, 02. 09. 2011, www.spiegel.de/panora-ma/0,1518,784030,00.html (27. 09. 2011)

356. Entlaufene Kuh wieder zurück: Yvonne hat keine Lust mehr auf die Freiheit. www.sueddeutsche.de, 01. 09. 2011, www.

sueddeutsche.de/bayern/entlaufende-kuh-wieder-zurueck-yvonne-hat-keine-lust-mehr-auf-die-freiheit-1.1138037 (27. 09. 2011)

357. Pidd, Helen: Yvonne the runaway cow brings fame to Bavarian village but no milk. www.guardian.co.uk, 15. 08. 2011, www.guardian.co.uk/world/2011/aug/15/cow-fugitive-germany-reward (29. 09. 2011)

358. Flüchtige Kuh: Yvonne wird zum internationalen Medienstar. www.focus.de, 12. 08. 2011, www.focus.de/panorama/welt/fluechtige-kuh-yvonne-wird-zum-internationalen-medienstar_aid_655083.html (29. 09. 2011)

359. Kümpfbeck, Andrea: Suche nach der Kuh: Yvonne allein im Wald. www.augsburger-allgemeine.de, 01. 09. 2011, www.augsburger-allgemeine.de/bayern/Yvonne-allein-im-Wald-id16530336.html (29. 09. 2011)

360. Für immer trivial: Kerstin Dombrowski war Boulevard-Journalistin, enthüllt Machenschaften der Yellow Press. SWR Leute, Baden-Württemberg, 27. 02. 2008, 10.00 Uhr., www.swr.de/swr1/bw/programm/leute/-/id=1895042/nid=1895042/did=3139696/10g295/index.html (29. 09. 2011)

361. Chistakis, N. A./Fowler, J. H. (2010): Connected. Die Macht sozialer Netzwerke und warum Glück ansteckend ist. Frankfurt am Main: Fischer. 176

362. Ebenda, 176–177

363. Raspe, H./Hueppe, A./Neuhauser, H. (2008): Back Pain, A Communicable Disease?, in: International Journal of Epidemiology 37. 69–74

364. Fowler, J. H./Christakis, N. A. (2008): Dynamic spread of happiness in a large social network: longitudinal analysis over 20 years in the Framingham Heart Study, in: British Medical Journal 337: a2338

365. Cacioppo, J. T./Fowler, J. H./Christakis, N. A. (2009). Alone in the crowd: The structure and spread of loneliness in a large social network, in: Journal of Personality and Social Psychology 97. 977–991

366. Mednick, S. C./Christakis, N. A. /Fowler, J. H. (2010): The Spread of Sleep Behavior Influences Drug Use in Adolescent Social Networks, in: PLoS One 5: e9775

367. Rosenquist, J. N. et al. (2010: The Spread of Alcohol

Consumption Behavior in a Large Social Network, in: Annals of Internal Medicine 152. 426–433

368. Perloff, R. M. (1993): Third-Person Effect Research 1983–1992: A Review and Synthesis, in: International Journal of Public Opinion Research 5. 167–184

369. Montaigne, Michel de (2005): Die Essais. Köln: Anaconda. 251

370. Descartes, René (2011): Discours de la méthode. Hamburg: Felix Meiner. 5

371. Spoerhase, Carlos (2007): Autorschaft und Interpretation. Methodologische Grundlagen einer philologischen Hermeneutik. Berlin: Walter de Gruyter. 261

372. Mendelssohn, Moses (2008): Metaphysische Schriften. Philosophische Bibliothek Band 594. Hamburg: Felix Meiner. 119

373. Mendelssohn, Moses (2008): Metaphysische Schriften. Philosophische Bibliothek Band 594. Hamburg: Felix Meiner. 178–179

374. Kant, Immanuel: Kritik der Urteilskraft. gutenberg.spiegel. de/buch/3507/50 (09. 11. 2012),

375. www.videoportal.sf.tv/video?id=D4700F1C-87E5-46EB-AD59-891F74DA9E07, Ökonomie contra Philosophie – Der Philosoph Richard David Precht und der Ökonom Ernst Fehr im Gespräch mit Norbert Bischofberger. Ausgestrahlt am 13. 11. 2011, 11:00 Uhr SF 1, www.videoportal.sf.tv/video?id=D4700F1C-87E5-46EB-AD59-891F74DA9E07 (10. 11. 2012)

376. Zeilinger, Anton (2003): Einsteins Schleier. Die neue Welt der Quantenphysik. München: C.H. Beck. 207

377. www.stupidedia.org: Gesunder Menschenverstand www. stupidedia.org/stupi/Gesunder_Menschenverstand (10. 11. 2012)

378. Bryson, Bill (232005): Eine kurze Geschichte von fast allem. München: Goldmann. 188

379. Barthes, Roland (2012): Mythen des Alltags. Berlin: Suhrkamp. 125

380. Barthes, Roland (2012): Mythen des Alltags. Berlin: Suhrkamp. 112

381. Watzlawick, Paul (Hg.) (⁹1997): Die erfundene Wirklichkeit. Wie wissen wir, was wir zu wissen glauben? Beiträge zum Konstruktivismus. München: Piper. 194

382. The Colbert Report: The Word – Truthiness. 17. 10. 2005, www.colbertnation.com/the-colbert-report-videos/24039/october-17-2005/the-word---truthiness (30. 09. 2011)

383. Russell, J. B. (1997): „The Myth of the Flat Earth". Studies in the History of Science, American Scientific Affiliation. www. asa3.org/ASA/topics/history/1997Russell.html (11. 10. 2011)

384. Regierungserklärung von Bundeskanzlerin Angela Merkel zur Energiepolitik: „Der Weg zur Energie der Zukunft" (Mitschrift), 09. 06. 2011, www.bundesregierung.de/Content/DE/Regierungserklaerung/2011/2011-06-09-merkel-energie-zukunft,layoutVariant=Druckansicht.html (03. 11. 2011)

385. Jelinek, Elfriede: Dem Faß die Krone aufsetzen. www.a-e-m-gmbh.com, www.a-e-m-gmbh.com/wessely/fkrone.htm (04. 10. 2011)

386. Dean, G./Kelly, I. W. (2003): Astrology Relevant to Consciousness and Psi?, in: Journal of Consciousness Studies 10. 175–198

387. Kruger, J./Dunning, D. (1999): Unskilled and Unaware of It: How Difficulties in Recognizing One's Own Incompetence Lead to Inflated Self-Assessments, in: Journal of Personality and Social Psychology 77.] 121-1134

388. Rösing, Ina (²2008): Religion, Ritual und Alltag in den Anden. Die zehn Geschlechter von Amarete, Bolivien. Berlin: Reimer. 486

389. Watzlawick, Paul (¹⁶1997): Anleitung zum Unglücklichsein. München: Piper. 27

390. Rösing, Ina (²2008): Religion, Ritual und Alltag in den Anden. Die zehn Geschlechter von Amarete, Bolivien. Berlin: Reimer. 496

391. Ebenda, 645

392. Franklin, Benjamin: (²2010): Autobiographie. Mit einem Nachwort von Klaus Harpprecht. München: C.H. Beck. 231

393. Ebenda, 111

394. Ebenda, 142

395. Ebenda, 142–143

396. Ebenda, 143

397. Jecker, J./Landy, D. (1969): Liking a Person as a Function of Doing Him a Favour, in: Human Relations 22. 371–378